U.S.
BASIC FACTS AND FIGURES OF TRAVEL & TOURISM

美国旅游业概况

薛亚平 ◎ 编著

中国旅游出版社

前　言

多年以来，美国一直是世界上许多旅游目的地的主要客源市场。在过去的30年里，中国一直将美国视为最重要的国际游客客源市场之一。2011年有超过200万人次美国游客到中国旅游。如今，美国已是中国旅游第三大国际市场客源国。

自20世纪90年代起，中国消费者对出境旅游的热情日益高涨，越来越多的消费者选择海外旅游目的地的旅游观光产品，这种新的趋势和发展给旅游市场带来了巨大的变化。因此，中美间的旅游关系也进入了新的阶段：中美间的旅游不再是单边往来关系，而是横跨太平洋的互利共赢的双边往来关系。

中美两个国家的旅游业界都迫切地期待去了解对方并与对方进行合作。然而对于中方而言，多年来我们一直没有一本综合介绍美国旅游产业数据和信息的汇编图书可供参考。于是《美国旅游业概况》这本书就应运而生。

本书收集了2007~2011年美国旅游市场的有关事实、统计数据和其他相关信息，从宏观和微观的角度介绍了美国旅游产业的大致情况。中国国家旅游局驻纽约办事处作为此书的作者，希望借此为中国旅游业界提供有益和实际的帮助，以便于大家更加深入地了解美国旅游业，并为双方将来双边交流和合作提供服务。

由于此书是第一次出版，在许多内容方面我们还只是初步的实验性的探索。我们欢迎大家提出任何有价值的反馈和建议，使我们能够在此基础上进行更好的改进。

在此我们也要诚挚地感谢Partner Concept公司主席 Paul Cohen 先生为本书编撰而倾注的努力，以及他的同事斯凡先生的贡献。

薛亚平

中国驻纽约旅游办事处 主任

金宝石

主任助理

2012年6月26日

目 录

第一章 美国旅游业市场概况 ·· 1

 1 2007年到2011年美国入境旅游市场和国内旅游市场规模概况 ············ 2
 2 2007年到2011年美国出境旅游市场规模概况 ································ 4

第二章 美国旅游业界概况 ·· 6

 1 美国旅游批发商概况 ·· 6
 2 美国旅游零售商和旅游管理公司概况 ··· 7
 3 美国旅游市场供应商 ··· 8
    3.1 美国酒店产业 ·· 8
    3.2 美国航空业 ··· 11
    3.3 美国邮轮业 ··· 13
    3.4 美国汽车租赁业 ·· 14
    3.5 美国零售和购物业 ··· 14
    3.6 美国主题公园 ··· 15
 4 美国旅游业相关协会和组织 ·· 16
    4.1 国际旅游组织和机构 ·· 16
    4.2 美国旅游组织和机构 ·· 25
    4.3 美国旅游产业相关的联邦政府机构和私有企业 ······················· 32

第三章 美国旅游资源及相关组织机构概况 ·························· 47

 1 美国旅游资源概况 ··· 47
    1.1 地理 ·· 47

1

1.2　气候······47
　　1.3　地形······48
　　1.4　动植物种类······48
　　1.5　旅游类型······48
2　美国国家公园系统概况······55
3　美国旅游媒体概况······60
4　美国公共节假日概况······60
5　美国旅游面向业界和消费者展览会概况······62
6　旅游研究组织、公司和大学概况······62
7　美国交通运输基础建设概况······62
　　7.1　美国公路系统概况······63
　　7.2　美国客运航空系统概况······65
　　7.3　美国客运铁路系统概况······66
　　7.4　美国水路系统概况······67

第四章　科技发展推动美国旅游产业······70

1　社交网络和用户生成内容（UGC）······71
2　脸谱网（Facebook）······72
　　2.1　旅游目的地运用Facebook开展营销活动实例······73
　　2.2　旅游目的地在Facebook建立公共页面并与粉丝互动的10个实例······74
　　2.3　旅游消费者运用Facebook制订旅行计划和购买旅游产品实例······80
3　博客······83
4　推特（微博）······85
　　4.1　旅游供应商运用推特开展营销活动的实例······85
　　4.2　推特在制订旅行计划方面的应用······88
5　在线视频······88
　　5.1　YouTube在线视频频道······89
　　5.2　旅游目的地运用YouTube在线视频开展营销活动实例······89
6　照片分享网站······90
7　播客······92

8	简易资讯集合（RSS）	94
9	标签	95
10	混搭和开放的API	97
11	维基	98
12	AJAX	99
13	移动科技和旅游产业	100
14	搜索引擎和陈列式广告在旅游营销方面的应用	103

表格目录

附录1 ·· 107

表格1	2007～2011年美国入境旅游市场10大客源地［按游客数量（万人次）排名］	107
表格2	2007～2011年美国入境旅游市场10大客源地［按游客消费金额（亿美元）排名］	108
表格3	美国入境旅游市场15大港口城市排名	109
表格4	2007年～2010年美国入境旅游市场上市场占有率（%）最大的10大旅游目的地	109
表格5	美国国内旅游市场最受游客欢迎的旅游目的地	110
表格6	2009年美国各州旅游数据统计和旅游经济效益	111
表格7	2007年～2011年美国国内和入境旅游市场接待人数和消费收益统计	113
表格8	美国旅游产业从业人数最多的7大细分市场	113
表格9	2007～2011年美国出境旅游市场旅游总人数和消费统计	113
表格10	2007～2010年美国出境去中国旅游总人数和消费统计	114
表格11	2007～2010年美国10大出境旅游目的地市场	114
表格12	2007年～2011年美国出境旅游人数历史统计	115
表格13	2010年美国出境市场30大出境机场	117
表格14	2007～2010年美国出境旅游客源地市场统计	118

附录2 119

- 表格15　美国国家旅游协会中国入境旅游项目批发商名单 119
- 表格16　美国旅游市场主要的销售中国旅游产品的旅游批发商
（按旅游产品主题分类） 121
- 表格17　美国旅游市场主要旅游零售商和管理公司（按营业额排名） 127
- 表格18　美国旅游市场主要旅游零售商集团/公司（按门店数量排名） 131
- 表格19　美国旅游市场主要特许经营旅游零售商（按营业额排名） 131
- 表格20　美国旅游市场拥有客房数量最多的20大酒店企业 131
- 表格21　美国旅游市场拥有客房数量最多的50大酒店品牌 133
- 表格22　美国市场50大第三方酒店管理公司（按所管理的酒店客房数量排名） 135
- 表格23　美国连锁酒店星级等级分类 136
- 表格24　2010年美国市场酒店物业按地区分类 139
- 表格25　2011年美国主要航空控股公司（按2011年年营业额排名） 139
- 表格26　美国市场主要航空公司 140
- 表格27　2010年美国市场主要机场（按乘客数量排名） 141
- 表格28　主要航空公司联盟 142
- 表格29　2010年邮轮业发展迅速的主要国家和地区
（按照邮轮乘客占总人口比重排名） 142
- 表格30　2011年全球邮轮产业主要目的地市场（按邮轮公司部署的
轮船数量和其承载乘客在船上过夜的数量统计排名） 143
- 表格31　2011年主要邮轮公司（按邮轮数量和可停靠锚位数量排名） 143
- 表格32　主要受消费者喜爱的邮轮公司（按用户体验排名） 144
- 表格33　美国邮轮市场主要登船港口及主力轮船 145
- 表格34　2011年主要邮轮出发港口城市（按载客数量排名） 147
- 表格35　2011年美国市场主要租车公司（按可供使用的租车数量排名） 147
- 表格36　美国市场主要购物中心（按商场面积排名） 148
- 表格37　美国市场规模最大的折扣商场及开发商 150
- 表格38　2010年美国市场前20大零售连锁公司（按2010年销售额排名） ... 152
- 表格39　美国市场主要主题连锁公园（按2010年游客数量排名） 152
- 表格40　2010年美国市场按游客数量排名最多的主题公园 155
- 表格41　美国旅游产业私营企业和政府机构之间的协同作用 155

附录3 ·· 157

表格42	2010年美国旅游市场上文化遗产游客访问最多的14个旅游目的地	157
表格43	2010/2011季度美国各州运营的滑雪场数量排名	157
表格44	美国主要的滑雪度假管理公司	158
表格45	美国50处最大的滑雪度假区（按滑雪场海拔排名）	159
表格46	美国国家公园系统各州分布情况	161
表格47	美国58处国家公园（按地点分布排列）	162
表格48	美国76处国家历史纪念碑（按地点分布排列）	170
表格49	美国18处国家保护区（按地点分布排列）	172
表格50	美国46处国家历史公园（按地点分布排列）	172
表格51	美国89处国家历史遗址（按地点分布排列）	174
表格52	美国4处国家战地公园（按地点分布排列）	177
表格53	美国9处国家军事公园（按地点分布排列）	177
表格54	美国11处国家战役遗址（按地点分布排列）	177
表格55	美国34处国家纪念碑（按地点分布排列）	178
表格56	美国18处休闲娱乐区（按地点分布排列）	179
表格57	美国10处国家海岸（按地点分布排列）	180
表格58	美国4处国家湖岸（按地点分布排列）	180
表格59	美国15处国家河道（按地点分布排列）	180
表格60	美国3处国家保护区（按地点分布排列）	181
表格61	美国10处国家公园大道（按地点分布排列）	181
表格62	美国世界遗产（按加入世界遗产名录年份排列）	181
表格63	美国前25大报纸（按发行量排名）	186
表格64	精选美国旅游细分市场杂志	188
表格65	美国联邦节日列表	193
表格66	精选美国每年旅游消费者和贸易展销会列表	194
表格67	精选美国旅游业研究机构	196
表格68	主要州/城市的州际公路	198
表格69	美国客运铁路系统	208
表格70	美国主要地铁系统（按客流量排名）	211

第一章

美国旅游业市场概况

旅游业是美国重要的产业之一,每年为数以百万计的国际和国内消费者提供旅游服务。美国入境游客不但欣赏美国的自然景观、城市风情、历史古迹,而且体验旅游设施,探索人文情怀。同样地,美国人也热衷于同样的风景名胜、休闲度假胜地[1]。

19世纪末到20世纪初,美国旅游业以"都市旅游"的形式迅猛发展。19世纪50年代,不论作为文化活动,还是作为产业模式,美国旅游业都已经颇具雏形。19世纪90年代,纽约、芝加哥、波士顿、费城、华盛顿特区和旧金山等诸多城市吸引了大批游客前往,逐渐成为重要的旅游目的地。20世纪中叶,人们对"都市旅游"这一概念从初期的模糊认知有了显著的提高,并且逐步形成了游览现代化进程标识的城市建筑和环境业态的趋势[2]。

科技的发展也潜移默化地影响着美国旅游产业的发展。20世纪早期,汽车的发明革命性地推动了美国旅游产业的发展。同样地,在1945年至1969年间,航空工业的革新也深刻影响着美国旅游产业的发展[3]。

2011年美国旅游市场概况

美国旅游业是美国国内生产总值、出口和就业的重要组成部分。美国作为全球最受欢迎的旅游目的地,其旅游产业提供了巨大的就业机会和经济贡献。2011年,美国商务部的报告显示,旅游业共创造了1.2万亿美元的经济收入[4]。整体经济增长为1.7%,实际旅游消费增长了3.5%,远超整体经济增速[5]。

2011年,旅游产业为美国国内生产总值直接贡献了434.4亿美元,占美国国内

---

[1] 维基百科,"美国旅游业",参看 http://en.wikipedia.org/wiki/Tourism_in_the_United_States
[2] 维基百科,"美国旅游业",参看 http://en.wikipedia.org/wiki/Tourism_in_the_United_States
[3] 维基百科,"美国旅游业",参看 http://en.wikipedia.org/wiki/Tourism_in_the_United_States
[4] 商务部,工业与贸易管理局,旅游产业办公室,《2011年美国旅游产业概况》,参看 http://tinet.ita.doc.gov/outreachpages/download_data_table/Fast_Facts.pdf
[5] 商务部,经济分析局(BEA),新闻发布,2012年3月21日,参看 http://www.bea.gov/newsreleases/industry/tourism/2012/pdf/tour411.pdf

生产总值的 2.7%[①]。同时，旅游业也创造了 188.4 亿美元的工资，并为美国政府直接贡献了 118 亿美元财政税收[②]。

2011 年，旅游业为美国整体出口业贡献了 807 亿美元的直接收入和 385 亿美元的间接收入，规模占美国整体出口的 7%。美国入境旅游市场，国际游客消费共计 153 亿美元，使得 2011 年旅游进出口贸易市场顺差达到 42.8 亿美元[③]。全球旅游市场中，国际游客在美国的消费支出最多，占全球游客消费总额的 11.2%，远远领先于西班牙和法国。美国接待的国际游客人数占全球游客总数的 6.4%，屈居于法国位居第二[④]。

旅游产业还为美国提供了 760 万个就业岗位，其中 540 万个为旅游产业发展直接贡献（占美国就业市场总数的 4.1%），另外 220 万个为旅游产业发展间接贡献[⑤]。从业人员最多的美国旅游业相关产业依次分别是酒店业、航空业、交通相关产业、食品餐饮业、休闲娱乐和购物业。附录 1-表格 8，罗列了从业人员最多的美国旅游业相关产业。此外，表格显示截至 2011 年年底，美国旅游市场共有 30730 位注册的团队导游，4110 位个人导游，以及 67490 位旅游代理商。预计到 2012 年，美国旅游业将会直接创造大约 560 万个就业机会[⑥]。

1 2007 年到 2011 年美国入境旅游市场和国内旅游市场规模概况

根据美国商务部旅游办公室的报告，美国入境旅游的游客数量自 2007 年的 5590 万人次增长到 2008 年的 5790 万人次，其后由于全球金融危机，2009 年入境旅

---

① 商务部，经济分析局（BEA），新闻发布，2012 年 3 月 21 日，参看 http://www.bea.gov/newsreleases/industry/tourism/2012/pdf/tour411.pdf

② 美国旅游协会，《旅游行业岗位就业增长，超过了其他行业》，2012 年 2 月 3 日，参看 http://www.ustravel.org/news/press-releases/travel-industry-posts-employment-gains-outpacing-other-sectors

③ 商务部，工业与贸易管理局，旅游产业办公室，《2011 年美国旅游产业概况》，参看 http://tinet.ita.doc.gov/outreachpages/download_data_table/Fast_Facts.pdf

④ 商务部，工业与贸易管理局，旅游产业办公室，《2011 年美国旅游产业概况》，参看 http://tinet.ita.doc.gov/outreachpages/download_data_table/Fast_Facts.pdf

⑤ 商务部，工业与贸易管理局，旅游产业办公室，《2011 年美国旅游产业概况》，参看 http://tinet.ita.doc.gov/outreachpages/download_data_table/Fast_Facts.pdf

⑥ 商务部，工业与贸易管理局，旅游产业办公室，《2011 年美国旅游产业概况》，参看 http://tinet.ita.doc.gov/outreachpages/download_data_table/Fast_Facts.pdf

游人数回落到5500万人次。到2010年，美国入境旅游人数迅速反弹，旅游人数达到了5980万人次。2011年入境旅游人数持续增长，达到6230万人次，使得美国成为全世界最大的入境旅游目的地市场，之后依次是西班牙和法国[①]。

加拿大是最大的美国入境旅游市场客源地市场。按美国入境旅游市场客源地规模排序，加拿大之后依次是墨西哥、英国、日本、德国、法国、韩国、澳大利亚、巴西和意大利。附录1-表格1罗列了2007年至2011年美国入境旅游市场10大客源地及入境游客数量。附录1-表格2展示了从2007年至2011年美国入境主要客源地市场及对应的游客消费支出信息。图表显示加拿大在这五年中连续排名第一，日本和英国在第二位的名次上互相胶着，2007到2008年英国位列第二，而2009到2011年日本胜出。但根据消费支出统计，墨西哥是美国第二大入境游客来源地。

截至2011年年底，纽约州已经连续十年成为接待国际游客数量最多的州。根据接待游客数量排名，加利福尼亚州、佛罗里达州、内华达州、夏威夷州、马萨诸塞州、得克萨斯州、伊利诺伊州、关岛和新泽西州分别位列第二到第十位。附录1-表格4罗列了2007年至2010年间美国十大接待国际游客最多的目的地市场（根据市场占有率排名）。2011年，纽约成为境外游客访问最多的城市。在纽约之后，国际游客接待数量最多的城市依次为洛杉矶、迈阿密、旧金山、拉斯维加斯、奥兰多、华盛顿特区、火奴鲁鲁檀香山、波士顿和芝加哥。这些知名城市热门旅游目的地，也深受国际游客欢迎。附录1-表格3详细展示了2011年美国入境旅游市场15大港口城市（此白皮书定义美国的"海外市场"中不包括加拿大和墨西哥），纽约、迈阿密和洛杉矶是三大主要美国入境港口城市。

美国入境旅游市场上，2011年国际游客共消费了1530亿美元，相比于2010年的1344亿美元的总消费增长了13.8%。2009年，美国入境国际游客消费共计1203亿美元。2007年和2008年美国入境国际游客总消费金额分别为1224亿美元和1417亿美元[②]。［附录1-表格7展示了2007年至2011年间美国国内和入境游客消费对于美国旅游产业的经济贡献。该表格清晰地显示了美国国内旅游市场游客消费总额的变化（2007年美国国内旅游市场游客消费总额为6413亿美元，而2011年达到了7043亿美元）和美国入境国际游客消费总额的变化（2007年美国入境旅游市场国际游客消费总额为1224亿美元，2011年为1530亿美元）］。

《2011年美国旅游协会旅游预测报告》显示，2011年美国国内旅游市场的旅游

[①] 商务部，工业与贸易管理局，旅游产业办公室，《2011年美国国际游客数量：美国访问量统计摘要》，参看 http://www.tinet.ita.doc.gov/outreachpages/download_data_table/2011_Visitation_Report.pdf

[②] 商务部，工业与贸易管理局，旅游产业办公室，《美国旅游观光趋势：国际游客消费》，参看 http://www.tinet.ita.doc.gov/outreachpages/download_data_table/2011_International_Visitor_Spending.pdf

总人数为 20.049 亿人次（2011 年美国公民平均每人每年旅游次数为 6.43）。2010 年为 19.657 亿人次（平均每人每年旅游次数为 6.39），2009 年美国国内旅游市场的旅游人数为 19.006 亿人次（年平均 6.22 次 / 人），2008 年为 19.649 亿（年平均 6.46 次 / 人），2007 年则为 20.045 亿人次（年平均 6.63 次 / 人）。2011 年美国国内旅游市场游客消费总额为 7043 亿美元。2010 年统计数据为 6552 亿美元，2009 年为 6102 亿美元，2008 年和 2007 年分别为 6624 亿美元和 6413 亿美元[①]。2011 年美国国内旅游市场接待游客数量最多的城市依次是拉斯维加斯、纽约、奥兰多、芝加哥、洛杉矶、旧金山、圣地亚哥、迈阿密、波士顿和亚特兰大。附录 1- 表格 5 总结了美国国内旅游市场接待游客数量最多的旅游目的地。拉斯维加斯、纽约、奥兰多、芝加哥和洛杉矶是美国国内旅游市场五大主要旅游目的地，而夏威夷则排除在美国国内旅游市场最受欢迎的 20 大旅游目的地榜单外。

2　2007 年到 2011 年美国出境旅游市场规模概况

根据美国商务部旅游办公室报告，2011 年美国出境旅游人数为 5850 万人次，相比 2010 年同期的 6030 万人次出境游客人数降低了 3%[②]。附录 1- 表格 9 显示了 2007 年到 2011 年美国出境游客人数和对应的境外消费总额。尽管自 2007 年来美国出境游客人数持续减少，然而境外消费支出却大幅度提高。2009 年，美国出境旅游人数为 6140 万人次，2008 年和 2007 年分别为 6360 万人次和 6400 万人次。2010 年，美国游客的境外消费总额为 1028 亿美元，与 2009 年同期的 993 亿美元消费相比增长了 3.5%。2008 年，美国游客境外消费共计 1123 亿美元，2007 年为 1048 亿美元[③]。

美国商务部提供的 2007 年至 2010 年美国出境旅游的数据展示了美国出境旅游主要客源地市场（统计数据不包括出境加拿大和墨西哥的游客人数）。附录 1- 表格 14 总结了美国主要地区、州和城市出境旅游的统计数据。其中，大西洋中部地区（纽约州、新泽西州、宾夕法尼亚州）在出境游客数量所占比例中排名领先，而南太平

[①] 美国旅游协会，《2011 年美国旅游预测摘要》，参看 http://www.ustravel.org/sites/default/files/page/2009/09/ForecastSummary.pdf

[②] 商务部，工业与贸易管理局，旅游产业办公室，《2011 年美国公民出境旅游市场报告》，参看 http://www.tinet.ita.doc.gov/view/m-2011-O-001/index.html

[③] 商务部，工业与贸易管理局，旅游产业办公室，《2010 年美国旅行和旅游出口，进口和贸易平衡》，参看 http://www.tinet.ita.doc.gov/outreachpages/download_data_table/2010_International_Visitor_Spending.pdf

洋地区（佛罗里达州、弗吉尼亚州、佐治亚州、华盛顿特区、马里兰州和南卡罗来纳州）出境游客数量所占比例逐年增长（2007年所占比例为15%，2011年数据增长为22%）。此外，商务部的报告中还展示了美国出境旅游市场最繁忙的30个机场的详细数据。附录1-表格13罗列了美国出境旅游市场最繁忙的机场。根据载客量显示，位于纽约、迈阿密和洛杉矶的机场占有较大的市场份额。值得注意的是这三大市场也与表格3中呈现的主要入境市场目的地一致。

最受美国旅游消费者欢迎的出境旅游市场地区依次是北美地区（墨西哥和加拿大）、欧洲、加勒比海地区、亚洲、美洲中部、南美洲、中东地区、大洋洲和非洲。附录1-表格12展示了2007年至2011年5年期间美国公民出境旅游目的地的数据统计。

2010年，最受美国出境旅游消费者欢迎的十大目的地市场依次为墨西哥、加拿大、英国、多米尼加共和国、法国、意大利、德国、牙买加、中国和日本[①]。附录1-表格11展示了2007年到2010年美国出境旅游主要的目的地市场及游客数量。表格还展示了前往中国旅游的美国游客数量。中国作为美国主要的出境旅游市场，2007年和2008年在美国游客数量上排在第九位，2009年的美国游客数据跌落到第十位，2010年再次回到第九大美国出境旅游市场的位置。根据世界旅游组织的预测，到2020年，中国将成为最大的海外旅游目的地。此外，中国是2006到2015年间出境旅游消费支出增长最快的国家，其境外支出消费总额预期在2015年跃升至第二位[②]。附录1-表格10显示美国出境前往中国的游客数量。数据显示出2009年经济跌落后呈现出强健的复苏态势。

[①] 商务部，工业与贸易管理局，旅游产业办公室，《2010年美国居民出境旅行摘要》，参看 http://www.tinet.ita.doc.gov/outreachpages/download_data_table/2010_US_Travel_Abroad.pdf

[②] 维基百科，"中国旅游"，参看 http://en.wikipedia.org/wiki/Tourism_in_China

第二章

美国旅游业界概况

1 美国旅游批发商概况

旅游批发商，又称为旅游承包商。他们筹划、组装、推广和销售包含各种旅游元素的旅游套餐和服务。这些服务可以包括安排飞机或陆地上的交通及酒店住宿等。团队游套餐通常通过旅游代理（又称为旅游零售商）出售给大众消费者。旅游批发商通常会和旅游供应商比如航空公司、酒店、其他陆地接待厂商和邮轮公司等合作，以创建更轻松和经济的旅行组合产品及提供特别的目的地旅游体验[1]。

在美国有成千上万家旅游批发商。他们针对细分市场规划、销售和提供美国出境旅游、外国团入境美国旅游，以及美国国内旅游的产品和服务。从组团游到自由行，这些旅游批发商提供非常广泛的旅游产品，比如休闲游、探险游、文化游、美食游、会议和奖励旅游等，用以满足游客不同的兴趣和要求。这些旅游批发商服务于不同年龄层次的游客，从高龄老者到年轻学生。2011年，美国市场上拥有超过2600家旅游批发商公司。他们雇用了超过27000名员工，年销售额超过40亿美元[2]。美国两大最主要的旅游批发商协会收录了绝大多数在美的旅游批发商公司。

全美旅游协会（NTA）会员名单中有近700家旅游批发商公司。他们提供国外旅游团入境美国、美国出境旅游以及美国国内旅游的产品和服务。对于全美旅游协会的旅游批发商来说，中国已经成为美国入境旅游的重要客源地市场。2011年，有146家获中国国家旅游局核批，并在全美旅游协会登录在册的旅游批发商具有资格承接中国团的旅游项目[3]。附录2-表格15提供了全美旅游协会登录在

---

[1] IBISWorld，《美国旅游运营商：市场调研报告》，参看 http://www.ibisworld.com/industry/default.aspx?indid=1482

[2] IBISWorld，《美国旅游运营商：市场调研报告》，参看 http://www.ibisworld.com/industry/default.aspx?indid=1482

[3] 国家旅游局，《国家旅游局旅游运营商摘要》，参看 http://www.ntaonline.com/includes/media/docs/NTA-Tour-Operator-Snapshot.pdf

册会员中获中国国家旅游局核批具有承接中国旅游团资格的旅游批发商名单和地址。需要指出的是，150家被中国国家旅游局核准的旅游批发商中，76家来自加利福尼亚州，55家来自夏威夷，14家来自纽约，5家来自内华达州。美国旅游批发商协会（USTOA）拥有超过140家旅游批发商会员，这些会员需要交纳100万美元作为定金，以保证其游客基本权利。这其中有42家旅游批发商销售前往中国的旅游项目[①]。附录2-表格16列举了销售前往中国项目的主要旅游批发商名单（按旅游产品主题分类）、它们的地理位置、开展这项业务的时间和关于该项目的简短介绍。42家登记在册的旅游批发商中，15家来自加利福尼亚州，7家来自马萨诸塞州，5家来自纽约州。

2 美国旅游零售商和旅游管理公司概况

旅游零售商一般是指私有的零售商或者是向大众消费者提供旅游相关服务的旅游供应商，比如航空公司、汽车租赁公司、邮轮公司、酒店、铁路公司和旅游代理。除了和普通的观光客打交道以外，大多数旅游零售商还有一个专门的部门用来为商务旅行者和其他专项服务于商务和贸易旅游的旅游零售商制定旅行安排[②]。

美国有四种不同类型的旅游零售商：超大规模零售商，集团旅游零售商，地方零售商和独立零售商[③]。美国运通和卡尔森嘉信旅行公司是超大规模旅游零售商的代表。Ensemble 和 Virtuoso 是旅游集团零售商的代表。独立零售商的产品和服务通常针对一个特殊或者细分的市场，比如为一些处于高端市场的居民组织一些类似的活动，如橄榄球、高尔夫或网球等体育活动，并为他们提供来回城镇和郊区通勤的交通服务。超大规模零售商通过特许经销方式扩展业务，被特许经销的加盟厂商支付一定比例的特许经销费用来获得超大规模零售商一系列的经销系统，包括在一定时间内使用特许经销公司的名字和获得营销和公关等方面的帮助。Travel leaders 和 Uniglobe 是特许经销公司的代表。

随着网络的发展，一些旅游零售商开始建立自己的网站，并提供详细的信息和强大的在线预订功能来获得品牌的网络曝光率。本文称类似的 Expedia.com 和 Priceline.com 等网站为在线旅游零售商（OTA）。在线旅游零售商主要采用电脑预订

---

① 美国旅游批发商协会（USTOA），《美国旅游运营商协会名单》，参看 http://www.ustoa.com/2009/ActiveMemberProfile.cfm

② 维基百科，《旅游零售商》，参看 http://en.wikipedia.org/wiki/Travel_agency

③ 维基百科，《旅行社类型》，参看 http://en.wikipedia.org/wiki/Travel_agency#Types_of_agencies

系统，又叫作全球零售系统（GDS），例如SABRE，Amedeus CRS，Galileo CRS等。通过这些全球范围的电脑预订系统，大众旅游消费者能够在旅游零售商的网站上预订和购买机票、酒店客房、汽车租赁和其他旅游相关服务。大多数旅游零售商允许游客根据自己的偏好、价格范围和距离来排序旅游项目[①]。

2011年，美国有11159家旅游零售商和超过117551位员工，累计营业额达到220亿美元[②]。Expedia、美国运通、卡尔森嘉信、霍格罗宾森集团、差旅治理公司（BCD旅行）、Priceline、Orbitz、美国汽车协会旅游部门（AAA旅游）、Travel leaders、Flight Central USA是2011年按营业额收入排名前十大的旅行零售商和旅游管理公司（附录2-表格17列举了美国这些顶尖的旅行零售和旅游管理公司，包括它们的排名、位置和成立时间，2010年它们的营业额收入，它们的员工数目和每个公司的简短介绍；除了上述的前十家公司，表格还列举了表单的其他十五家公司）。Vacation.com、Travelsavers.com、Ensemble、Virtuoso、Nest、Signature Travel Network、Mast Vacation Planners是按门店数量排列的前七大旅游零售商集团（附录2-表格18列举了美国前七大旅游零售商集团的排名、总部、门店数目以及每年的营业额；Vacation.com、Travelsavers.com、Ensemble和Virtuoso排名前四）。按照特许经营旅行公司的规模排名，美国运通是最大的旅行代理公司，其后依次是Uniglobe、Results Travel、Travel Leaders、Cruise Holidays、CruiseOne和Travel Network。附录2-表格19列举了按照年营业额排列的美国特许经营旅行公司名称和排名，门店数量和年营业额。

3 美国旅游市场供应商

3.1 美国酒店产业

酒店行业术语一览
以下是酒店业中常用的专业术语指南：
ADR（平均每日房价）[③]
平均每日房价：计算方法是用房间总收入除以已预订房间的总数

[①] 维基百科，《旅行社类型》，参看http://en.wikipedia.org/wiki/Travel_agency#Types_of_agencies
[②] IBISWorld，《美国旅游运营商：市场调研报告》，参看http://www.ibisworld.com/industry/default.aspx?indid=1481
[③] STR国际，术语表，参看http://www.str.com/Resources/Glossary.aspx

Location Segment（按地域细分）[1]

按地域细分就是根据酒店所在地的不同位置进行的酒店分类。连锁酒店按地域细分包括：

城市——人口高度密集的大都市，比如亚特兰大、波士顿、旧金山、伦敦、东京等。

郊区——大都市的郊区地段。比如纽约州的萨格港和白原市，它们在地理上靠近纽约市，还有靠近英国伦敦的克里登和温布尔登。到市中心的距离根据人口密度和市场导向有所不同。

机场附近——靠近某一机场并主要服务机场通勤的酒店。距离远近的界定视情况有所不同。

两州交会区——靠近主干道、高速公路和其他主要大道的酒店，客源主要来源于过路的旅客。在郊区又在两州交会区的酒店还是被分类为郊区酒店。

度假村/景区酒店——坐落在风景区或度假村，客源主要来源于休闲旅游或目的地旅游的酒店通常被归类为度假酒店。例如奥兰多、太浩湖、代托纳比奇、希尔顿海德岛、维京沙滩等。

小城镇酒店——位于偏远地区，少数人口驻扎的地段或者只提供少量服务的酒店。酒店规模由消费市场导向。这些地方不靠近郊区位置。在北美地区，小城镇通常是指少于 15 万人口的地区。

按星级等级分类[2]

星级等级是针对连锁经营酒店和独立酒店进行的产业分类。连锁经营酒店的等级与其规模和地理位置有关（参看连锁酒店等级分类）。独立酒店的分类则是基于平均每日房价。以下是六个细分等级：

- 超豪华（五星）
- 豪华（四星）
- 高档（三星）
- 中高档（二星）
- 中档（一星）
- 经济酒店

酒店入住率[3]

酒店入住率是在一定时期内已经预订的酒店客房比例。酒店入住率的计算方式

---

[1] STR 国际，术语表，参看 http://www.str.com/Resources/Glossary.aspx
[2] STR 国际，术语表，参看 http://www.str.com/Resources/Glossary.aspx
[3] STR 国际，术语表，参看 http://www.str.com/Resources/Glossary.aspx

是用已预订的房间的数量除以总房间的数量。

酒店入住率 = 已预订的房间数量 / 总房间的数量

RevPAR（每间房间收入）[①]

每间房间收入等于总客房收入除以总客房数量。每间房间收入不同于平均每日房价，因为每间房间收入受未入住客房数量的影响，而每日平均房价只显示已预订房间的平均价格。

酒店入住率 × 平均每日房价 = 每间房间收入

根据美国酒店和住宿协会提供的 2011 年租赁市场剖析报告，2010 年，美国共计拥有 51015 家规模超过 15 间客房的酒店。它们总共供应 4801890 间客房。2010 年，美国酒店产业共创造了 180 亿美元的税前利润。行业总利润从 2009 年的 1272 亿美元缓慢上升到 2010 年的 1277 亿美元。平均每日房价从 2009 年的 97.85 美元上升到 2010 年的 98.07 美元。回顾平均每日房价，2008 年为 107.18 美元，2007 年为 104.24 美元，2006 年为 97.97 美元，2005 年为 91.06 美元，2004 年为 86.26 美元，2003 年为 82.80 美元，2002 年为 82.68 美元，2001 年为 83.91 美元，2000 年则为 85.11 美元。2010 年，美国酒店产业的平均每间客房收入（RevPAR）为 56.47 美元，平均酒店入住率为 57.6%。美国酒店产业共雇用了 176 万员工并创造了共计 1880 亿美元的酒店行业相关薪酬[②]。根据拥有的客房数量排名，希尔顿是全球最大的酒店集团。万豪国际、温德姆酒店集团、洲际酒店集团、精选国际酒店集团、贝斯特韦斯特国际酒店集团、喜达屋酒店集团、马格纳森酒店集团、雅高国际酒店集团、凯悦酒店集团分列美国酒店集团的前十位。附录 2- 表格 20，列举了美国前 20 大酒店集团的详细信息（排名依据客房数量），酒店集团总部的位置、客房数量、物业数量，以及旗下品牌的组合。举个例子来说，希尔顿国际集团、万豪国际集团和温德姆国际酒店集团分列美国酒店集团的前三名，在美国市场拥有合计超过 150 万间的客房和超过 12000 间的物业。附录 2- 表格 21 根据其客房数量总结了前 50 大酒店品牌；表格除了提供客房数量和酒店数量以外，还展示了包括各酒店品牌的总公司以及酒店的现状，例如多少酒店是集团自有的、特许经营的、受管理的，或者"其他"的状态。贝斯特韦斯特酒店集团、汉普顿酒店集团、假日快捷酒店集团分列酒店集团资产前三位，它们合计在美拥有超过 356000 间酒店

[①] STR 国际，术语表，参看 http://www.str.com/Resources/Glossary.aspx

[②] 美国酒店协会，《2011 年住宿业概况》，参看 http://www.ahla.com/content.aspx?id=32567

和近 5500 间物业。

在某些情况下，酒店管理公司在美国也会经营和自己品牌不同的酒店。[附录 2- 表格 22 列举了美国市场按所经营的房间数量排名前 50 大第三方酒店管理公司。表格不仅包含了第三方酒店管理公司所拥有和经营的房间和酒店数量，还包括了公司为其他物业管理的房间数量信息。美国市场前三大酒店管理企业（州逸酒店管理公司、怀特住宿服务以及 GF 管理公司）管理了总计超过 98500 间客房。]

连锁酒店通常会面向不同的地域和消费市场，推出不同的品牌和星级酒店（定义请见上述）。附件 2- 表格 23 列举了依据不同星级等级分类评选的前 50 大连锁酒店和品牌。

按地域细分，即根据不同的地理位置进行的酒店分类（包括城市、郊区、机场附近、两州交会处、度假村和景区、小城镇）。[附录 2- 表格 24 提供了 2010 年酒店及其客房的相关数据，并根据地区、酒店入住率和酒店规模（基于客房数量）进行归类。例如根据地域分类，"郊区"地域拥有最多房间数量的酒店；按价格分类，85 美元以下的酒店所拥有的房间总数最多，这样结构的酒店通常拥有 75～149 间房间。]

3.2　美国航空业

在美国航空业中，大约 100 家经认证的客运航空公司[1]每年运营超过 1100 万次航班，承担了全球 1/3 的航空运输——美国航空公司在 2011 年运营了 970 万次航班（包括 880 万美国国内航班），搭载了 7.3660 亿位乘客（包括 6.408 亿美国国内旅游游客），创造了 8143 亿美元的营业额（其中 5636 亿美元来自美国国内旅游）[2]。[附录 2- 表格 25 按照营业额排列了美国前 11 大航空公司。表格展示了各主要航空公司总部的位置，飞行的目的地的数量，所属航空联盟，雇用的员工数目和 2011 年营业额。排名前三的公司（美国达美航空、美国联合大陆航空和美国之鹰控股公司）合计运营超过 16000 条路线，合计雇用超过 23 万名员工并在 2011 年创造了超过 900 亿美元的营业额。]根据拥有的飞机架数和目的地数量，美国联合大陆航空公司是美国最大的航空公司。达美航空、美国航空、西南航空和全美航空是美国前五大航空公司。附录 2- 表格 26 将美国主要的航空公司按照"网络航空公司""低价

---

[1] 交通部，"美国列表—进认证的航空公司"，参看 http://ostpxweb.dot.gov/aviation/certific/CertList.pdf
[2] 交通部，"美国列表—进认证的航空公司"，参看 http://ostpxweb.dot.gov/aviation/certific/CertList.pdf

航空公司"和"地域性的航空公司"进行了分类,并展示了2010年和2011年各主要航空公司搭载的乘客数量、拥有飞机数量、目的地数量。美国联合大陆航空、达美航空和美国航空位于"网络航空公司"的前三位。该三家航空公司2011年合计的搭载的乘客数量相比2010年同期增长了92.6万人次,涨幅为0.5%;前三名"经济航空公司"(西南航空、捷蓝航空和穿越航空)2011年合计的搭载的乘客数量相比2010年同期增长495.1万人次,微幅增长3.2%;前三位的"地域性的航空公司"(美国之鹰航空、快捷航空和天西航空)2011年合计的搭载的乘客数量相比2010年同期增长了156.5万人次,增幅为3%。值得注意的是这样小的增幅主要是由于天西航空的乘客数目大幅减少,因此拉低了前三个"地域性的航空公司"的平均水平。如果只考虑前两名"地域性的航空公司"搭载的乘客的数量,美国之鹰航空和快捷航空2011年合计的搭载的乘客数量相比2010年同期增长了8%。

  2010年年底,美国航空业共创造了超过1745亿美元的营业额,大约55.8万个全职和兼职岗位,8000架飞机每天运营31000次航班[1]。航空业带来的经济影响包括对航空就业、企业盈利和净收入的直接影响,对航空制造业、机场建设和旅游产业的间接影响,以及对其他几乎所有依靠航空运输发展的产业的影响。[附录2-表格27展示了基于2010年搭乘飞机数(乘客登机数量)排名的美国前15大机场。2010年的前三位机场依次是佐治亚州的亚特兰大机场、伊利诺伊州的芝加哥机场和加利福尼亚州的洛杉矶机场,合计搭载乘客数量超过1.04亿人次。]根据美国航空协会的报告,商业飞机业务为美国国民生产总值贡献了5%[2]。[附录2-表格28,列举了前三大航空联盟——星空联盟、天合联盟和寰宇一家,并展示了各个联盟拥有的会员数目、目的地机场数量、飞行路线或目的地数量、年搭载乘客数量以及拥有的飞机数目。表格显示这三家联盟(包括51个正式会员和12个待批准会员)服役超过3000家目的地机场,拥有超过9000架飞机,每年为超过13亿的乘客提供服务。]

  2011年,美国共有503家商业服务机场;这中间,121家为非主要机场,382家为主要商用机场,其中29家是大型航空枢纽机场,37家是中型航空枢纽机场,72家是小型航空枢纽机场,其他244家是非航空枢纽机场[3]。

---

  [1] 研究和技术管理局,交通运输统计局,《美国航空运输流量统计》,参看 http://www.bts.gov/xml/air_traffic/src/datadisp.xml

  [2] 研究和技术管理局,交通运输统计局,《美国航空运输流量统计》,参看 http://www.bts.gov/xml/air_traffic/src/datadisp.xml

  [3] 美国航空公司,"机场问答",参看 http://www.airlines.org/Pages/Airports-QA.aspx

3.3 美国邮轮业

国际邮轮协会（CLIA）发布的报告称邮轮行业在2010年为美国经济整体贡献了378.5亿美元，相比2009年的351亿美元增长了7.8%。2010年，邮轮业创造了329943个工作岗位及152亿美元的薪酬收入，相比2009年同期的数据统计，工作岗位增长了5.1%，薪酬收入增加了7%[①]。

截至2011年年底，国际邮轮协会注册拥有26家邮轮公司会员，共运营211艘船只，并提供32.54万张床位。2011年，26家邮轮公司共计搭载超过1600万位乘客，其中61.6%的乘客（1010万，占美国人口的3%）来自美国市场。2011年，26家邮轮公司的客运承受量为972万人次，而在邮轮上过夜乘客的天数共计7182万天[②]。据预测，2012年将会有共计222艘船只，提供342012张床位，服务超过1100万的美国乘客。国际邮轮协会中的26家邮轮公司的乘坐率高达103%，巡航时间平均超过7天[③]。（附录2-表格30罗列了最受消费者欢迎的前11大邮轮航行目的地，以及到达该目的地所需的"过夜"天数。最受欢迎的三大目的地分别是加勒比海地区、地中海地区、欧洲大陆/斯堪的纳维亚，这三大目的地合计贡献超过6600万的"过夜天数"，占总邮轮公司"过夜天数"的62%。）与此同时，邮轮业持续高速地发展。2012年已经增加了14艘新船，2013年至2015年将有10艘新邮轮订单。2011年到2015年共计将有超过220亿美元用于投资建设新的船只。美国邮轮业发展成熟，市场规模和邮轮载客能力均排世界首位，英国和澳大利亚在市场规模方面分别排在第二位和第三位[④]。[附录2-表格29详述了这一排名。此外，表格还展示了2010年全球邮轮行业发展迅速的20个国家和地区（美国、英国、澳大利亚、加拿大、德国、意大利、西班牙、挪威、爱尔兰和瑞士分别占据"市场渗透"的前十位）。]

按照可停靠锚位数量排名，皇家加勒比国际邮轮公司是最大的邮轮公司，其次是嘉年华邮轮公司、公主邮轮公司、歌诗达邮轮公司、地中海韵律邮轮公司、挪威邮轮公司、荷兰美国邮轮公司、名人邮轮公司、丘纳德邮轮公司和迪士尼邮轮公司。（附录2-表格31详细展示了排名前25家邮轮公司、邮轮公司拥有的船只数量和可停靠

[①] 国际游轮协会，"游轮业事实"，参看 http://cruiseindustryfacts.com/2011/07/26/cruise-industrys-contribution-to-u-s-employment-economy-grows-in-2010/

[②] 国际游轮协会（CLIA），"2012年行业更新"，参看 http://www.slideshare.net/monifacio/2012-clia-crusie-update

[③] 国际游轮协会（CLIA），"2012年行业更新"，参看 http://www.slideshare.net/monifacio/2012-clia-crusie-update

[④] 国际游轮协会（CLIA），"2012年行业更新"，参看 http://www.slideshare.net/monifacio/2012-clia-crusie-update

锚位数量。前 10 家邮轮公司，共计拥有 128 艘船只及超过 30.1 万个可停靠的锚位。）（附录 2- 表格 32 展示了深受消费者欢迎的邮轮公司。水晶邮轮公司、丽晶七海邮轮公司、大洋洲邮轮公司、迪士尼邮轮公司、丘纳德邮轮公司、精钻俱乐部邮轮公司、名人邮轮公司、荷兰美国邮轮公司、皇家加勒比国际邮轮公司和公主邮轮公司表现突出，在大型海洋邮轮公司排名中分列前十位；银海邮轮公司、海梦游艇俱乐部和星风邮轮公司在小型海洋邮轮公司中位列前三，而陶克邮轮公司、超尘精品游船公司、维京邮轮公司、AMA 水道公司和阿瓦隆水道公司分获河道邮轮公司前五位。）美国邮轮市场，最繁忙的 5 大邮轮港口分别是迈阿密、劳德代尔堡、卡纳维拉尔港、纽约港、圣胡安港。（附录 2- 表格 34 罗列了 2011 年 25 大北美邮轮出行港口及对应的邮轮乘客数量。）〔附录 2- 表格 33 将邮轮市场细分成了西海岸邮轮市场、墨西哥海湾邮轮市场、东北部邮轮市场和东南部邮轮市场及各细分地区市场代表性的邮轮航线。皇家加勒比邮轮公司、嘉年华邮轮公司和迪士尼邮轮公司在所有的细分地区市场都具有航线运营，而其他邮轮公司（例如公主邮轮公司）只在某一地域市场运营。〕

3.4 美国汽车租赁业

2011 年，美国市场拥有超过 13 家主要的汽车租赁公司，运营着超过 22 个品牌，平均拥有 176 万台车辆可供使用，在美国境内 17758 个地区提供服务。数据相比 2010 年同期的 163 万可供使用的车辆，增幅为 8.1%。2011 年，美国汽车租赁业创造了 224 亿美元的营业额，相比 2010 年的 205.9 亿美元增长了 8.1%[①]。2011 年，企业租车控股公司（旗下包括阿拉莫汽车租赁和国内汽车租赁）是美国市场拥有可供使用汽车数量最多的汽车租赁公司，赫兹是第二大汽车租赁公司。接下来是安飞士巴基特汽车租赁、道乐国际汽车租赁和 U-Save 汽车租赁系统公司。（附录 2- 表格 35 根据可供租车的车辆数量对美国市场主要汽车租赁公司进行了排名。此外，该表格还包括各汽车租赁公司的总部地址和 2011 年各汽车租赁公司的网点数目以及 2011 年的营业额。值得注意的是，美国前三位的汽车租赁公司，2011 年拥有的汽车数量占行业总租赁汽车数量的 86.5%，并在美国 62% 的地区提供租赁服务。）

3.5 美国零售和购物业

根据全球购物中心理事会（ICSC）提供的报告显示，2011 年美国市场拥有 109491

---

① 汽车租赁新闻，研究及统计数据，《美国汽车租赁收入和车队规模比较》，参看 http://www.autorentalnews.com/fileviewer/1408.aspx

家购物中心，共计约 6.87 亿平方米的购物面积及 1220 万名员工。2011 年，这些购物中心共创造了 2.36 万亿美元的营业额[①]。（附件 2-表格 36 展示了按购物面积排名的美国市场 20 大购物中心。这其中有三家位于加利福尼亚州，而佛罗里达州、宾夕法尼亚州、得克萨斯州、纽约州和伊利诺伊州各有两家，明尼苏达州、马萨诸塞州、新泽西州、弗吉尼亚州、亚利桑那州、夏威夷和波多黎各则各有一家购物中心。）

2011 年年末，美国市场 59 家开发商拥有超过 179 家奥特莱斯折扣商城，其购物面积共计约 627 万平方米，平均每个奥特莱斯折扣商城的购物面积约为 3.5 万平方米[②]。其中 40 家开发商拥有一家奥特莱斯折扣商城，其购物面积共计约 106.8 万平方米。11 家开发商拥有两家及以上的奥特莱斯折扣商城，合计拥有 139 家折扣商城和约 520 万平方米的购物面积，其中 3 家开发商拥有 110 家超过约 92.9 万平方米的奥特莱斯折扣商城，其拥有的购物面积共计约 440.4 万平方米，约为美国市场所有购物中心面积的 61%，所有奥特莱斯折扣商城面积的 71%[③]。［附录 2-表格 37 罗列了美国市场规模最大的奥特莱斯折扣商城和开发商，Premium 品牌奥特莱斯，西蒙地产集团拥有数量最多的折扣商城（70 家），其商城面积共计约 241.5 万平方米；接下来是 Mills 品牌奥特莱斯，西蒙地产集团，其拥有 7 家奥特莱斯折扣商城，购物面积共计约 102.2 万平方米。坦格尔工厂折扣中心是第三大折扣商场开发商，旗下拥有 33 家折扣商城，购物面积超过 92.9 万平方米。］2011 年，美国零售和购物业创造了超过 224 亿美元的营业总额[④]。（附录 2-表格 38 收录了美国市场前 20 大零售连锁公司。此外，表格还提供了公司地址、2010 年拥有的门店数目及营业额等信息。美国市场前十位的零售商分别是：沃尔玛、克罗格、塔吉特、沃尔格林、家得宝、好市多、希维斯、洛斯、百思买和西尔斯。）

3.6 美国主题公园

休闲娱乐主题公园是指包含娱乐项目和其他活动组合，为大众提供休闲娱乐的地点。相比简单的城市公园或者运动场所，休闲娱乐主题公园的设施更加精良。美

[①] 国际购物中心协会（ICSC），购物中心的统计数据，参看 http://www.icsc.org/government/shopping_center_statistics.php

[②] 国际购物中心协会（ICSC），购物中心的统计数据，参看 http://www.icsc.org/government/shopping_center_statistics.php

[③] 国际购物中心协会（ICSC），购物中心的统计数据，参看 http://www.icsc.org/government/shopping_center_statistics.php

[④] 国际购物中心协会（ICSC），购物中心的统计数据，参看 http://www.icsc.org/government/shopping_center_statistics.php

国市场主题公园会面向某一特定年龄层群体提供娱乐休闲活动和服务，但是也有一些面向所有年龄层的娱乐主题公园。

截至2011年，美国主题公园产业规模为全球最大。根据美国2007年人口普查局的统计数据，全美共有468家休闲娱乐公园。其中，157家水上乐园于2007年创造了超过6.15亿美元的营业收入；其他311家主题公园（非水上乐园）于2007年创造的年收入共计超过113亿美元。产业合计雇有超过1.004亿名员工[①]。

2010年年底，美国市场拥有6家主要的连锁主题公园，管理着122家主题公园。这其中既包括40多家每年超过100万人次游客的大型主题公园，又包括了大约55家每年游客数量为50万～100万人次的中型公园[②]。（附录2-表格40展示了美国市场游客数量最多的十家主题公园。这其中，7家位于佛罗里达州的主题公园合计吸引了6394万人次游客；3家位于加利福尼亚州的公园吸引了2721万人次游客。）按照游客数量排名，沃尔特迪士尼主题公园是最受消费者欢迎的主题公园运营商，环球影城娱乐集团位列第二，接下来分别是六旗、雪松娱乐、海洋世界娱乐公园和贺森娱乐集团。（附录2-表格39罗列了6家主要主题公园运营商及运营的主题公园的类型和名字。此外，表格还提供了2010年每家公园运营商的游客数量等统计数据。2010年，这六家大型主题公园的访问量共计超过2.26亿人次。）

4 美国旅游业相关协会和组织

4.1 国际旅游组织和机构

4.1.1 世界旅游组织（UNWTO）[③]
办公地点：西班牙马德里市

世界旅游组织总部设在西班牙马德里市，是处理各种旅游问题的联合各国间的机构。世界旅游组织是一个非常重要的国际组织，它收集和核对各种全球旅游相关的统计信息。这个机构代表世界上的不同国家旅游行业的公共部门，它发布的数据使得在全球范围内量化比较旅游产业成为可能。该组织也是联合国发展委员会的会

---

① 美国人口普查局，产业统计取样器，北美产业分类系统，参看http://www.census.gov/econ/industry/hierarchy/i713110.htm

② 经济学研究协会，《主题公园在国际旅游方面的未来》，参看http://www.hotel-online.com/Trends/ERA/ERARoleThemeParks.html

③ 世界旅游组织，"我们是谁"，参看http://unwto.org/en/content/who-we-are-0

员。世界旅游组织的官方语言为阿拉伯语、英语、法语、俄语、西班牙语和中文。

职能

世界旅游组织在促进全球旅游业发展、普及旅游业、发展可持续旅游业方面起着重要作用。该机构十分重视和维护发展中国家的利益。

世界旅游组织鼓励实施旅游行业内的通用准则，并且积极地帮助会员国家、旅游目的地和行业企业发展旅游业，促使其旅游产业的发展对经济、社会和文化起到积极的作用，并且最大限度地减少旅游发展对社会和环境的负面影响。

此外，世界旅游组织负责联合国"千年发展项目"，即在全球范围内致力于减少贫困，促进可持续发展。

历史

世界旅游组织的前身是世界旅游官方宣传组织（IUOTPO）。

1970年，世界旅游官方宣传组织会员根据章程，投票赞成成立世界旅游组织（WTO）。该机构在获得51个目的地国家会员的批准后于1974年11月1日开始运作。

在2003年举行的第十五届世界旅游组织全体大会上，世界贸易组织总理事会和联合国同意将世界旅游协会纳入联合国，成为联合国负责旅游业务的专署机构。

会员

世界旅游组织的会员包括来自7个大洲的155个目的地国家，400多家私人企业、教育机构、旅游协会和当地旅游部门。该机构还有7个准会员：弗拉芒语区、波多黎各、荷兰阿鲁巴、中国香港、中国澳门、马德拉群岛、荷属安的列斯群岛，以及两个观察员：罗马教廷和巴勒斯坦。

秘书－世界旅游组织秘书长

- 1975～1985年：罗伯特·罗南迪（法国）
- 1986～1989年：威廉·保帕尔（奥地利）
- 1990～1996年：安东尼奥·安立奎·赛维格纳格（墨西哥）
- 1998～1999年：弗朗西斯·科佛兰格力（法国）
- 2010至今：塔兰博瑞发（约旦）

组织结构

世界旅游组织的构成部门包括联合国大会、地方委员会、执行委员会和委员会。

世界旅游组织全体大会是世界旅游协会的重要部门。该部门每两年召开一次会议来审批预算经费和项目，同时对于旅游业的重要话题进行讨论。每四年，该部门将选举一位秘书长领导部门的工作。2011年，世界旅游协会全体大会共有155个正式会员和7个准会员。

世界旅游协会在七个地区设有地方委员会，即非洲地区、美洲地区、东亚地区、太平洋地区、欧洲地区、中东地区和南亚地区。该委员会由地方的正式会员和准会员组成，每年至少会晤一次。地方的联盟会员也能以观察员的身份参与会晤。

执行委员会作为世界旅游协会的执行董事，负责确保组织工作的正常运作和预算的审核。该理事会由组织内全体大会按1∶5的比例在正式会员中选举组成，每年至少会晤两次。作为世界旅游组织的总部所在地，西班牙在执行委员会中担任常任理事国。准会员和联盟会员代表可以观察员身份出席执行委员会的会议。

由8位世界旅游组织会员组成的专项委员会向组织提出组织实施项目的建议。专项委员会分别是：项目委员会、预算和财务委员会、统计和旅游卫星账户委员会、市场和竞争力委员会、可持续旅游发展委员会、世界旅游道德委员会、扶贫委员会和审查附属会员申请委员会。

秘书处由总秘书领导，监管大约110位在马德里总部的职员的日常工作。这些员工负责世界旅游组织项目的执行和回应会员的诉求。位于马德里总部的执行董事为联盟会员提供支持。秘书处在亚太地区设有地区办事处。办事处位于日本大阪，由日本政府出资支持日常工作。

4.1.2 世界旅行和旅游理事会（WTTC）[①]

总部：英国伦敦

历史

世界旅行和旅游理事会，总部设在英国伦敦。1980年，一群旅游行业的企业家提出了建立世界旅游理事会的概念。他们认为，旅游业作为世界上最大的服务产业同时是最大的就业岗位创造者，却没有口径一致的客观数据为政府官员和决策者提供有用的信息。

世界旅行和旅游理事会于1990年建立。如今，该理事会为全球旅游行业领袖提供商业论坛。该论坛由100家全球重要企业和机构的主席和首席执行官组成，涵盖了各个行业。

职能

世界旅行和旅游理事会是旅游业内商业领袖的论坛。其会员包括100家知名旅游公司的首席执行官，因此，世界旅游理事会在旅游业有关事务上有着独特的见解和使命。

世界旅行和旅游理事会旨在发展旅游产业，使之成为全球最大的产业。旅游行业提供了2.55亿个岗位并贡献了9%的世界国民生产总值。

世界旅行和旅游理事会呼吁政府部门和私企之间紧密合作，并期望基于以下三方面的要求，满足经济、地方政府、当地社区和商业的需求。

[①] 世界旅行和旅游理事会，"我们的使命"，参看 http://www.wttc.org/our-mission/

1. 政府认可旅游产业的优先地位
2. 平衡商业和人文及环境之间的关系
3. 分享对于长远发展和繁荣的追求

会员

世界旅行和旅游理事会是为全球 100 家主要的旅游公司的主席、董事长和执行董事提供讨论的论坛。该委员会会员只接受邀请入会，不过委员会也会酌情考虑申请者的诚意和兴趣。

世界旅游理事会研究

1990 年在世界旅游理事会成立初期，会员发起人就认识到旅游产业对世界和国家经济的影响能以具体的数据来实现，即提高执政者和决策者对于旅游产业的重视，发展旅游经济，增加财富和就业人数。

政策报告和精神

世界旅行和旅游理事会和其会员紧密合作，并发布一系列与旅游有关的政策文件。这些文件致力于指导会员如何应对挑战并抓住机遇。世界旅行和旅游理事会的政策文件既有针对一些地区的，也有面向全球的，向企业处理社会责任、基础建设、人力资源和气候变化等方面提供策略支持。此外，世界旅游理事会于 1998 年也发起了世界绿色环境意识项目，该项目之后以独立自治机构运营。

全球旅游峰会

每年全球旅游峰会上，世界旅行和旅游理事会收集旅游行业政府和私企领导人信息。该峰会致力于促进世界旅游业领军人物和政府领导人之间开展对话，深入合作。

旅游明日奖

旅游明日奖于 1989 年由旅游批发商联盟创办，用以鼓励旅游行业各部门协作保护环境的行为。世界旅行和旅游理事会于 2004 年接管了该项目。世界旅行和旅游理事会每年鉴别和推广绿色旅游发展实例，四个奖项分别是：

- 目的地管理工作奖
- 环境保护奖
- 有益社区奖
- 全球旅游商业奖

4.1.3 国际邮轮协会（CLIA）[①]

所在地：佛罗里达州劳德代尔堡市

国际邮轮协会（CLIA）是一家非营利性组织，是北美地区最大的邮轮公司、邮

---

① 国际邮轮协会，"关于 CLIA"，参看 http://www.cruising.org/vacation/about-clia

轮行业供应商和旅游零售商行业组织。国际邮轮协会代表邮轮公司、100 家执行伙伴和 14000 多位旅游零售商的利益。国际邮轮协会积极地参与邮轮行业政策的制定的同时，努力创建一个安全、稳定和健康的邮轮环境。国际邮轮协会的执行伙伴项目旨在在行业供应商和机构、邮轮公司、港口和停靠码头间建立战略伙伴关系，并且与政府机构诸如美国国土安全局、美国环境保护局、美国海关与边防局、美国海岸警卫队和联邦调查局建立积极的对话机制。

2011 年，国际邮轮协会的邮轮公司会员搭载了超过 1600 万名乘客。预计在 2012 年，搭载乘客将超过 1700 万人次。邮轮产业不断发展，2012 年 14 艘新船将交付使用，2013 年到 2015 年期间已有 10 艘新船订单，2011 年到 2015 年期间购买新船只的投资额将超过 220 亿美元。

历史

国际邮轮协会是邮轮公司的联盟机构。2006 年它和世界邮轮理事会（ICCL）合并，拓展后的机构融合了两家组织拥有的职能。合并后的组织沿用了国际邮轮协会的名字，并于 2007 年 1 月搬迁到佛罗里达州的劳德代尔堡市，同时保留了位于华盛顿特区的卫星办事处。

会员
- 26 家邮轮公司，其业务占据北美地区 97% 的邮轮市场份额
- 16000 位旅游零售商会员
- 近 100 位执行伙伴、行业战略供应商伙伴和港口

4.1.4　世界休闲娱乐公园协会（IAAPA）[①]

所在地：弗吉尼亚州亚历山德拉市

世界休闲娱乐公园协会（IAAPA）成立于 1918 年，是全球最大的代表娱乐场所利益的国际贸易机构。该机构代表了来自超过 93 个国家的 4000 多家娱乐场所、供应商和个体会员的利益。世界休闲娱乐公园协会致力于帮助会员提高推广效率、安全性能和盈利能力的同时，保持行业最高专业标准。

世界休闲娱乐公园协会摘要
- 世界休闲娱乐公园协会是一家代表全球的娱乐设施利益的国际贸易机构，致力于促进娱乐行业的发展和繁荣。
- 世界休闲娱乐公园协会代表了来自超过 90 个国家 4000 多个娱乐设施、供应商和独立会员的利益，其中包括大部分美国游乐园和景点。
- 娱乐设施包括娱乐公园、主题公园、水上乐园、家庭娱乐中心、动物园、水族馆、

[①] 世界休闲娱乐公园协会，"关于我们"，参看 http://www.iaapa.org/aboutus/index.asp

博物馆、科学中心、休闲度假村和赌场。
- 世界休闲娱乐公园协会在全球范围内，组织和筹办三场娱乐公园和景点为主题的贸易展销会，即世界休闲娱乐公园旅游景点博览会、亚洲旅游景点博览会和欧洲旅游景点博览会。
- 世界休闲娱乐公园协会出版月刊杂志《FUNWORLD》，主要介绍新的景点。每日电子邮件新闻简报报道产业最新动态。
- 世界休闲娱乐公园协会为景点行业各部门提供相关培训，并且采取多种形式以提高效率：研讨班、在线讨论、视频介绍和宣传手册，以及协会管理学校和执行教育机构。在贸易展销会中，世界休闲娱乐公园协会举办100多场教育研讨会讨论围绕娱乐公园和景点的重要话题。
- 世界休闲娱乐公园协会的总部设在美国，并有两个分支办事处——一个位于比利时布鲁塞尔，主要开展欧洲地区的工作，另一个位于墨西哥的墨西哥城，服务拉丁美洲地区的会员。世界休闲娱乐公园协会与东南亚休闲娱乐公园协会（IAAPA ASEAN）、澳大利亚和新西兰休闲娱乐公园协会（AALARA），印度休闲娱乐公园协会（IAAPI）和中国休闲娱乐公园协会（CAAPA）积极展开对话以寻求地区联盟伙伴之间的合作。
- 世界休闲娱乐公园协会促进制定严格的娱乐公园内的安全标准，并与美国测试和材料协会（ASTM）不断合作，制定严格的游乐设施安全标准。
- 世界休闲娱乐公园协会的政府关系部门与多个国家负责休闲娱乐公园行业的标准和政策制定的部门机构保持良好关系。
- 自1995年起世界休闲娱乐公园协会和"把世界还给儿童"（GKTW）——一家满足佛罗里达州中部地区患重病的儿童及其家庭的"假日心愿"的非营利性机构达成伙伴关系。世界休闲娱乐公园协会会员也向"把世界还给儿童"组织捐赠礼物、玩具、设备和供给。此外，250多家公园也通过"世界儿童通行项目"将娱乐公园的赠票送给"把世界还给儿童"组织的孩子们。

4.1.5 旅行社协会联合会（UFTAA）[①]

所在地：摩纳哥蒙特卡洛

旅行社协会联合会起源于1966年11月22日在意大利罗马成立的国际旅行社协会联盟。旅行社协会联合会最初是由两个世界机构——FIAV和UOTAA基于对将旅行社和旅游批发商联合在同一国际组织的需求而合并而成。1989年，旅行社协会

---

① 旅行社协会联合会，"关于我们"，参看http://www.uftaa.org/index.php?option=com_content&view=article&id=116&Itemid=55

联合会从布鲁塞尔搬迁到摩纳哥并建立了总秘书处。

旅行社协会联合会于2003年1月1日正式运营。这个非营利性组织代表了全球80多个国家的旅游协会的利益。

职能

旅行社协会联合会是代表旅游零售商和旅游行业利益的世界组织。它与其他世界组织诸如国际航空运输协会（IATA）、国际酒店和餐厅协会（IH&RA）、世界铁路协会（IUR）、世界公路协会（IRU）和世界商会（ICC）等其他世界组织开展长期对话，及时、有效地代表旅游零售商和旅游批发商表达其对美国入境旅游和出境旅游市场的观点。旅行社协会联合会和联合国、非营利机构和联合国经济社会历史委员会、世界教科文组织、世界卫生组织紧密合作，共同研究可持续的旅游发展。旅行社协会联合会还是世界旅游协会（WTO）和其商业委员会（WTOBC）的附属会员。

4.1.6 国际酒店和餐厅协会（IH&RA）[①]

所在地：瑞士洛桑

职能

国际酒店和餐厅协会是代表全球酒店和餐厅业利益的国际贸易组织。

历史

国际酒店和餐厅协会于1947年在伦敦成立，前身名为国际酒店协会。1949年9月23日，法国政府注册了该协会并于1949年到2007年期间将总部设在巴黎。该协会曾经以1921年成立的国际酒店联盟姿态被世人知晓，直到1960年美国酒店协会才加入该组织。

1997年11月1日，该组织和国际餐厅组织合并成了国际酒店和餐厅协会。2008年1月，该组织总部搬迁至瑞士洛桑市。

组织结构

国际酒店和餐厅协会的会员包括世界各地代表50多个品牌的酒店和餐厅，以及各个国家的酒店和餐厅协会。国际酒店和餐厅协会代表酒店和餐厅业这一拥有大约30万家酒店和800万家餐厅、6000万名员工，每年贡献9500亿美元产值的集体利益，如今正式受到联合国的认可。

4.1.7 奖励旅游执行会（SITE）[②]

所在地：伊利诺伊州芝加哥市

职能

奖励旅游执行会成立于1973年，是目前唯一一个致力于推动奖励旅游这一产

[①] 国际酒店和餐馆协会，"关于我们"，参看 http://www.ih-ra.com/about-us/

[②] 奖励旅游执行会，"关于SITE"，参看 http://www.siteglobal.com/AboutSite/StoryofSite.aspx

值达几十亿美元产业的国际非营利性机构。该组织总部位于美国伊利诺伊州的芝加哥市。奖励旅游执行会为那些设计、发展、促进、销售、管理和运行奖励旅游项目供应商提供教育研讨和信息服务。

会员

奖励旅游执行会拥有35年的历史。如今，这一包括会议、旅游和展会专业人员的国际网络拥有超过2100个来自87个国家地区的会员，35个地区性分会。会员们代表了企业执行官、奖励旅游公司、目的地管理企业、旅游和会展策划者、官方旅游者协会、交通运输公司、酒店和度假村、邮轮公司、贸易出版公司和餐厅和观光景点等支持性机构的集体利益。

4.1.8　世界可持续旅游遗产协会（WHA）[①]

所在地：美国华盛顿特区

职能

2005年由联合国基金会和Expedia公司成立的世界可持续旅游遗产协会是一个全球旅游行业领先机构，其致力于保护世界遗产，发展可持续旅游，支持世界教科文组织认证的世界遗址所在地经济建设。

世界可持续旅游遗产协会致力于：

- 保护世界文化遗址的环境，促进环境和经济持续发展的商业活动
- 教育旅游者，提倡负责任的旅游
- 支持这些遗址当地社区的发展

该协会包括50个来自旅游行业、政府机构和保护组织的会员成员，旨在保护来自7个国家20多个世界文化历史遗址。

4.1.9　世界导游协会联合会（WFTGA）[②]

所在地：奥地利维也纳

世界导游协会联合会是一个非政府、非营利性的机构。该协会的会员包括全球各地导游协会、个人独立导游、该协会或其会员协会的合作伙伴、旅游业面向导游的教育机构、会议观光局，以及与该协会有直接或间接联系的附属会员。

职能

世界导游协会联合会的主要意图是促进导游成为某一目的地的宣传大使。他们是游客最先甚至是唯一接触到的代表。该协会不但向其会员提供服务，而且为寻找某特定地区的导游的人或机构的消费者提供信息。他们也积极促进协会会员与旅游

[①] 世界可持续旅游遗产协会，"我们是谁"，参看 http://www.unfoundation.org/what-we-do/campaigns-and-initiatives/world-heritage-alliance/

[②] 世界导游协会联合会，"什么是WFTGA"，参看 http://wftga.org/who-we-are/what-wftga

建立更紧密的伙伴关系。

世界导游协会联合会鼓励和支持在特定的会员地区里采用当地导游的行为,这样不但能够给当地导游提供工作机会,也能更好地确保游客在会员地区游览时获得精准和专业的导游服务。

世界导游协会联合会的官方语言是英语。然而,2005年至2007年联合会执行董事会还使用法语、阿拉伯语、西班牙语、意大利语、德语、俄语、希腊语、亚美尼亚语、中文和土耳其语。此外,该协会也很乐意为不使用英语的人员提供其他语言服务。

历史

成立世界导游协会联合会的想法在1985年2月第一届世界导游大会上正式提出。1987年,在维也纳举行的第二届大会上,该协会在奥地利法案下正式注册成为非营利性机构。之后每届大会上,世界导游协会联合会都不断发展壮大。如今该机构拥有来自超过70个国家,20多万位独立导游。该联合会还建立了唯一一个世界导游论坛及专业导游网络,并随着行业的不断变化而发展。

4.1.10 国际航空运输协会(IATA)[①]

所在地:加拿大魁北克市

国际航空运输协会是航空行业的国际贸易组织,其总部设在加拿大魁北克的蒙特利尔市,国际民用航空组织总部也坐落于此。

会员

国际航空运输协会一直努力致力于代表、引领和服务航空业。该协会代表的240家航空公司承担了84%的国际航班运输业务。目前,国际航空运输协会在全球150个国家设有101个办事机构。

职能

国际航空运输协会的使命是代表、引领和服务航空业。所有航空行业的规则和法案都由该协会制定。其主要目标是为乘客提供安全而稳定的交通运输服务。

历史

国际航空运输协会于1945年4月19日在古巴哈瓦那成立,其前身是于1919年在海牙成立的世界航空交通协会,当年世界第一个国际定期航班也正式运营。建立初期,该协会拥有来自31个国家的57个会员,大部分来自欧洲地区和北美地区。而截至2012年4月,国际航空运输协会拥有来自126个国家的243个会员。

---

① 国际航空运输协会,"关于我们",参看 www.iata.org/aboutus

4.2 美国旅游组织和机构

4.2.1 美国国家旅游协会（NTA）[①]

所在地：肯塔基州列克星敦市

职能

美国国家旅游协会是一个非政府协会机构，服务于包价旅游项目的旅游业者。该协会的会员包括包价旅游团队、旅游协调员、旅游供应商。尽管总部设在北美，该协会会员分布世界各地。

美国国家旅游协会积极促进会员间的合作和沟通，为会员提供差异于非会员的关键信息，以帮助其提高市场竞争力。

会员

美国国家旅游协会服务国外游客入美、美国游客国内游、出境游。自1951年成立以来，该协会通过先进的商业工具、战略伙伴合作帮助其会员提高市场竞争力，扩大市场份额。美国国家旅游协会的会员来自40多个国家和地区：

- 1500家旅游批发商
- 600个旅游目的地
- 1500家旅游供应商

组织结构

美国国家旅游协会按职能和业务划分成了七个部门，它们分别是执行办公室、运营和会员服务办公室、营销传播办公室、国际教育和科研办公室、会展办公室、美国国家旅游协会服务（出版社）办公室和美国国家旅游协会访美中心。

协会主席直接负责行政办公室，并负责监管协会。该办公室也监管协会内部的财务管理和人力资源工作。运营和会员服务办公室主要管理协会活动，监管会员关系。市场部主要监管协会所有在线、社交媒体、电子商务的战略实施。国际教育和科研办公室主要负责商业的发展，代表协会国际会员的集体利益。该办公室还负责中国入境旅游项目，积极地与中国国家旅游局审批的旅游批发商交流与合作，它也是位于中国上海的美国国家旅游协会访美中心的联络总部。会展办公室负责和管理所有协会的会议和展览。美国国家旅游协会服务部门管理所有的会员名录等资料的销售工作。

[①] 美国国家旅游协会，"总部员工"，参看 http://www.ntaonline.com/for-members/leadership/headquarters-staff/#Executive%20Office

美国国家旅游协会中国入境项目[1]

美国国家旅游协会的中国入境项目在促进中国休闲旅游团体入境美国旅游方面扮演重要的角色。2007年12月11日中美双方签署的备忘录允许美国旅游产业私营企业和协会将符合资格的地接旅游批发商名单提交中国国家旅游局。获中国国家旅游局审批的美国地接批发商必须致力于为中国入境游客提供卓越的服务和体验。美国国家旅游协会也是唯一一家获中国国家旅游局认可的拥有旅游批发商资格认证项目的贸易协会。

4.2.2 美国旅游协会（前身为美国旅游产业协会）[2]

所在地：美国华盛顿特区

美国旅游协会是一个代表全国旅游业者的非政府、非营利性的机构。其会员每年创造1.9万亿美元经济收入，贡献1440万个工作机会。

职能

美国旅游协会的宗旨是提高美国入境旅游以及美国国内旅游业务。它们的主要任务和职能包括：

- 联系行业内各部分或机构，积极交流、学习，并开展商业合作
- 促进美国国内旅游和入境旅游业务
- 支持有益于旅游或/和旅游相关的政策
- 研究旅游带来的经济影响及旅游相关的议题

会员

美国旅游协会代表1300多个会员或机构的利益，这些会员大多来自以下四个领域：

- 旅游服务提供商
- 旅游目的地
- 旅游有关同盟会/附属会
- 旅游协会

每年会议和活动安排

- 旅游企业首席执行官圆桌会议（只限邀请）：每年4月和11月
- 美国旅游董事局会议（只限邀请）：每年3月/4月，7月，11月/12月
- Pow Wow 国际旅游交易会：每年4月/5月

---

[1] 美国国家旅游协会，"美国国家旅游协会中国入境项目"，参看 http://www.ntaonline.com/for-members/resources/china-inbound-program/

[2] 美国旅游协会，"美国旅游概述"，参看 http://www.ustravel.org/sites/default/files/page/2009/08/About_US+Travel.pdf

- 旅游组织教育研讨会（ESTO）：每年 8 月
- 旅游营销论坛（MOF）：每年 10 月

委员会
- 旅游企业首席执行官圆桌对话：邀请世界各地旅游行业中产值在 10 亿美元以上的公司的主席团成员。圆桌对话给旅游行业从业者提供了一个交流和探讨短期刺激政策，长期政策规划和游说决策者的有效平台。
- 世界休闲和奖励旅游展委员会：美国旅游协会董事直接负责此委员会，致力于在旅游业决策者、意见领袖和商业精英中推广美国入境旅游、美国国内休闲游、会展奖励旅游以及贸易展销会的价值。
- 国家旅游景点委员会：该协会为会员提供职业发展的教育项目；连接各旅游景点和旅游企业间的沟通；提高景点对其所创造的经济影响的意识。
- 国家旅游目的地委员会组织：该委员会组织内部讨论热点旅游问题，逐渐形成会员交流机制，以增强和巩固旅游目的地在美国旅游业中的地位；实施对旅游目的地有益的项目；向目的地管理机构提供有效的工具和资源，以提高其效率。
- 全国旅游局长理事会：该委员会代表会员在重要的公共政策上发言；为州立旅游机构提供学习的机会，以提高其专业性和效率；促进委员会内外之间的沟通和交流；发展和支持国内外营销上的协作。

其他产业的努力
- 旅游联合力：为所有旅游有关协会和业者的沟通与协作提供交流平台。
- 旅游政策执行委员会：美国旅游政策执行委员会是一个代表美国旅游会员和员工集体利益的非营利性机构，该协会的目的是设立征求、收集和发放政治捐款来支持亲旅游的候选人选举联邦职位。

4.2.3　美国酒店及住宿协会（AH&LA）[①]

所在地：美国华盛顿特区

美国酒店及住宿协会成立于 1910 年，拥有 13000 个会员，运营着超过 170 万间客房。美国酒店及住宿协会曾经被称为美国酒店和汽车旅馆协会。

职能

美国酒店及住宿协会服务美国酒店产业多达一个世纪，是唯一一个代表酒店业所有部门和董事的国家级别的协会。其会员包括独立酒店、酒店企业、在校学生和教师、行业供应商。美国酒店及住宿协会总部设在华盛顿特区，致力于为会员提供

[①] 美国酒店及住宿协会，"关于我们"，参看 http://www.ahla.com/content.aspx?id=3438

政策支持、公共关系管理、教育、信息与研究及其他具有高附加价值的服务，为酒店业建立积极的商业氛围。

组织结构

美国酒店及住宿协会董事会拥有83个会员。此外，酒店财务技术专业协会（HFTP），国际酒店销售和营销协会（HSMAI），国际酒店咨询社团（ISHC），国际执行家政协会（IEHA），以及全国饭店协会（NRA）虽没有投票选举权，却是该协会重要的咨询顾问。

4.2.4 美国旅游零售商协会（ASTA）[①]

所在地：弗吉尼亚州亚力克山大市

美国旅游零售商协会是世界最大的旅游零售商协会。该协会成员来自世界各地120多个国家，包括旅游零售商和销售观光、邮轮、酒店和汽车租赁等产品和服务的公司。该协会代表旅游零售商、旅游行业和大众旅游消费者的利益。

职能

美国旅游零售商协会为其会员和大众旅游消费者提供许多益处。该协会的主要成员是旅游零售商。然而，旅游供应商，如航空公司、酒店、汽车租赁、邮轮公司和旅游批发商也同样加入该协会。该协会还设有学生、旅游学校、旅游零售商家和其他会员分类。美国旅游零售商协会是为所有和旅游相关的人而设的协会。

历史

美国旅游零售商协会于1931年4月20日在纽约正式成立，当时协会名为美国蒸汽机和旅游零售商协会。该协会在1946年正式更名为美国旅游零售商协会。2000年1月26日，美国旅游零售商协会收购了国家认证旅游零售商协会的资产。因此，国家认证旅游零售商协会自2009年起，成为美国旅游零售商协会的分会，并更名为美国职业旅游零售商协会。美国职业旅游零售商协会代表独立旅游零售商、邮轮零售者、家庭作坊式的零售商和面向海外销售的旅游零售商。

会员

其大部分的会员来自美国旅游市场。美国旅游零售商协会的日常运作遵照纽约州企业法。然而为了更好地处理政府和旅游产业之间的事务，协会搬迁至华盛顿特区附近的弗吉尼亚州。美国地区的旅游零售商会员和高级会员享有选举权。根据美国旅游零售商协会内部章程（2009年8月版），该协会有八个会员类别：

- 旅游零售商会员
- 高级会员

[①] 美国旅游零售商协会，"关于ASTA"，参看http://www.asta.org/about/index.cfm?navItemNumber=502

- 国际旅游零售商公司
- 国际旅游行业业者
- 旅游学校
- 战略伙伴公司（旅游产品、服务和信息提供商）
- 战略伙伴协会
- 名誉会员

4.2.5　美国航空协会［前身为美国航空运输协会（ATA）］[①]

所在地：美国华盛顿特区

历史

美国航空协会，又称美国航空运输协会，是美国第一个也是至今唯一一个代表美国主要航空公司利益的贸易组织。该协会于1936年由14家航空公司建立。在其超过75年的历史中，美国航空协会支持美国航空业不断地进化发展。如今，美国航空协会的会员和附属企业承担了美国航空业客运以及货运90%的业务量。

由于美国航空协会突出的专业和权威，美国国会、各州政府、交通运输部、联邦航空管理局、国家安全局、运输安全部、媒体及大众消费者均认可该组织。美国航空协会为会员提供有价值的专业服务、指导和协助，帮助其在不断变化的市场竞争中占据主动。

职能

美国航空协会致力于为航空运输的安全和稳定提供一个商业和规范的环境，并促进美国航空业不断繁荣，刺激地区间、国家和世界经济发展。通过与会员在科技、法制和政治领域的紧密合作，美国航空协会带领航空行业制定政策，用以促进航空业安全、稳定和健康地发展。

会员

美国航空协会共有13个航空公司会员、1个准航空会员、4个产业伙伴和53个行业会员。

4.2.6　美国旅游批发商协会（USTOA）[②]

所在地：美国纽约市

职能

美国旅游批发商协会是个专业的、自发成立的贸易协会。该协会倡导诚实守信，并在旅游批发商中积极推广这一概念。美国旅游批发商协会既不是旅游业的管理机

[①] 美国航空协会，"关于ATA"，参看 http://www.airlines.org/Pages/m_About.aspx

[②] 美国旅游批发商协会，"关于USTOA"，参看 http://www.ustoa.com/2009/WhoWeAre.cfm

构,也不提供关于如何建立或销售旅游产品的信息。

1972年,基于对旅游批发商破产的担忧,一群来自加利福尼亚州的旅游批发商成立了美国旅游批发商协会。这些旅游批发商意识到一个保护大众旅游市场并能代表旅游批发商利益的组织的重要性。1975年,美国旅游批发商协会成为全国性的组织并将总部设在纽约。

如今,美国旅游批发商协会的活跃会员都是业界重要的厂商。大多数北美地区旅游批发商都加入了美国旅游批发商协会。

历史和成就

美国旅游批发商协会于1976年建立了全球第一个保护大众消费者的基金。该项目要求每个会员批发商缴纳10万美元的存款,用以支付公司破产或违约情况下消费者蒙受的损失。

几年来,该项目积极适应变幻莫测的经济环境,不断完善自身。如今,美国旅游批发商协会的100万美元旅游者协助项目被认为是行业同类产品中最重要的一个。该项目要求每个活跃会员公司交纳100万美元来保护消费者的定金和付款以防范其突然破产、倒闭或中止生意带来的损失。

职能

- 向旅游行业、政府机构和大众消费者提供有关旅游产品和旅游批发商等方面的信息
- 在活跃会员破产、清算或中止运营后,保护消费者和旅游代理的财务损失
- 在旅游批发商范围内建立高度的职业精神
- 在世界范围内培养和发展旅游产业

会员

2011年年底,该协会共有859个注册会员,包括45个活跃会员(旅游批发商),711个准会员(旅游供应商)。

4.2.7 美国巴士协会(ABA)[①]

所在地:美国华盛顿特区

美国巴士协会代表大约1000家美国和加拿大的公共汽车和巴士公司的利益。其会员运营包车、观光、常规线路、机场快线、特别服务和合约服务(通勤、学校、运输)等方面的业务。其他2800个会员机构为巴士旅游产品和服务的供应商。美国巴士协会建立了美国巴士协会基金,是一个注重奖学金、科研和再教育项目的非营利性组织。

---

① 美国巴士协会,"关于我们",参看 http://www.buses.org/About-Us

职能
- 制定行业政策备忘录
- 吸引并服务协会内部不同支部的会员
- 加强公众对于公共交通旅游的认知
- 增强该协会市场价值
- 提供行业和市场趋势的研究信息
- 帮助协会会员直接获得经济利益
- 在现有和潜在的会员中提高协会会员价值的认知度
- 在协会管理框架下代表所有会员的利益

历史

美国巴士协会成立于1926年，最初名为美国汽车协会公共汽车部。于1930年改称为美国公共汽车运营商协会，1969年更名为国家公共汽车业主协会。1977年该协会再次更名为美国巴士协会并沿用至今。

组织结构

董事会除了主席和首席行政官外，还有6位准会员、6位旅游供应商会员、6位旅游批发商会员、巴士运营会员或巴士运营商的协会会员。至少有6个席位保留给拥有不超过25辆巴士的小（企业）巴士运营商。至少6个席位保留给有非固定线路的运营商。至少6个席位保留给固定线路运营商。此外该协会同样拥有名誉会员和无选举权会员，这些会员名单会随时变化。另有一席为目前的市场主席所保留。

会员
- 公共汽车运营商——拥有公交汽车的运营商或是提供诸如车辆包租、旅游、观光、定点服务、小车服务、特别服务等业务的运营商。
- 旅游批发商——无固定资产投入，即和公共汽车或其他交通工具、酒店、景点和其他旅游供应商无契约的旅游批发商，他们提供的旅游路线大多远离公司所在地。
- 旅游产业——包括旅游公司、目的地营销机构、酒店、景区、食物服务组织等旅游产业相关公司以及开展旅游规划业务的旅游批发商。
- 战略伙伴公司——巴士产品和服务的供应商。

北美地区最受欢迎的100项活动

美国巴士协会整合了一份北美地区团队旅游必去的活动或节目名单。该名单包括庆典、节日、游行、集市、展会、秀场、纪念活动等。美国巴士协会公共汽车会员和旅游批发商委员会从若干个被提名的活动中精选出这些活动。在最后的节目名单中，美国巴士协会再分别提名美国地区和加拿大地区最受欢迎的项目。该名单和其会员将会通过电视、广播和印刷媒体等传播媒介在世界范围进行宣传。

北美地区最受欢迎的100项活动始于1982年。如今，这一评选活动已经通过电视、广播和印刷媒体受到全世界的关注。这些活动信息的主要来源是《北美地区最受欢迎的100项活动》杂志，由美国巴士协会会员和成千上万的游客进行传播。

4.3 美国旅游产业相关的联邦政府机构和私有企业

自从1996年美国国家旅游局停止运营后，美国旅游一直没有在国际旅游市场进行宣传推广。而现在是政府联合大众消费者和旅游产业私营企业推出一套可持续发展的国际旅游推广方案的绝佳时机。接下来介绍的政府职能部门和机构是美国旅游产业重要的组成部分，它们的政策和职能的些许调整将对美国旅游业产生重要的影响。

4.3.1 旅游推广公司，业务模式类似品牌美国（一个非营利性机构）

所在地：美国华盛顿特区

品牌美国

品牌美国是根据旅游促进法在2010年设立的，负责首次美国旅游全球营销方案，宣传美国入关及出关的有关政策和流程，进一步促进美国发展成重要的旅游目的地。品牌美国是一个政府机构和私营企业结合的产物，与营销公司为旅游目的地推广一样，品牌美国也于近期在世界范围内推出了第一阶段的美国旅游的推广工作，即建立和发布"发现美国"网站。2012年5月，在加拿大、英国和日本正式开展第一阶段美国旅游的推广工作。第二阶段的推广工作计划于同年在韩国和巴西展开。未来，品牌美国计划增加其他目的地市场推广美国旅游的计划，包括澳大利亚、印度、墨西哥、中国、阿根廷和部分欧洲国家[1]。

主要职能

品牌美国和联邦机构紧密合作，共同推广美国入境旅游，鼓励境外游客前往美国境内50个州开展休闲、商业和学术旅游，介绍国际游客并不熟知的地区，最终增加旅游经济，提供就业机会[2]。

组织结构

品牌美国由美国商务部部长指派的11个董事会成员具体管理。每位董事会会

---

[1] 品牌美国，"品牌美国手册"，参看 http://www.thebrandusa.com/egallery/upload/Corporation%20for%20Travel%20Promotion/The%20Brand%20USA/Files/faqs_for-web.pdf

[2] 品牌美国，"品牌美国手册"，参看 http://www.thebrandusa.com/egallery/upload/Corporation%20for%20Travel%20Promotion/The%20Brand%20USA/Files/faqs_for-web.pdf

员都是旅游行业不同领域的专家。21 个会员组成的执行领导团队负责与旅游产业和政府机构紧密合作,建立市场营销和推广方案[①]。品牌美国已经成立了三个咨询团体,即商业发展部、市场营销部、研究和统计部,提供专业的知识和经验,以克服推广新品牌而出现的各种困难[②]。

品牌美国是如何筹资的[③]

品牌美国的资金没有占用任何纳税人的钱。该项目超过一半的预算由私企投资募集。其余的预算通过旅游授权电子系统(ESTA)向那些来美旅游不需要签证的游客收取 14 美元的手续费筹集完成。品牌美国的年度预算已经达到 2 亿美元左右。

注意:

品牌美国的预算一部分是由来自免签国的国际游客缴纳的费用而筹集的。2012 年到 2015 年期间,只要民间的资金到位,不论现金还是别的方式,联邦政府会给予同样资金的支持,最多高达每年 1 亿美元的资金支持。(2012 财务年,所需要的民间资金与公共募集资金的比例为 1:2,2015 年的比例将是 1:1。)2015 年后,旅游促进法将不会向品牌美国提供任何联邦资金支持。联邦政府有权审核品牌美国每年的目标和计划,但无权干预其每年的营销计划和预算。

4.3.2 美国商务部下属美国旅游咨询委员会[④](商务部旅游咨询委员会)

所在地:美国华盛顿特区

职能

美国旅游咨询委员会作为咨询机构,就美国旅游产业和相关事务向美国商务部部长给予咨询支持。该委员就影响旅游产业的政府政策和项目向商务部部长提供意见,并就当前或潜在的问题提出建议,讨论并提出解决方案。

组织结构

该委员会由商务部部长委派的 32 个会员组成。会员代表了旅游行业公司和组织的集体利益,尽管这些公司规模、地理位置、产品和服务都不同。商务部部长有权决定委员会会员的任期长度。

制造业和服务业部长助理担任美国旅游咨询委员会的执行总监。咨询委员会办

---

① 品牌美国,"品牌美国手册",参看 http://www.thebrandusa.com/egallery/upload/Corporation%20for%20Travel%20Promotion/The%20Brand%20USA/Files/faqs_for-web.pdf

② 《2012 年全国旅游业策略——提高旅游业竞争力》,参看 http://hirono.house.gov/UploadedFiles/Obama_Travel_and_Tourism_Strategy.pdf

③ 品牌美国,"品牌美国手册",参看 http://www.thebrandusa.com/egallery/upload/Corporation%20for%20Travel%20Promotion/The%20Brand%20USA/Files/faqs_for-web.pdf

④ 商务部,旅游产业办公室,"美国旅游咨询委员会",参看 http://tinet.ita.doc.gov/TTAB/TTAB_Home.html

公室同时担任美国旅游咨询委员会执行秘书。

4.3.3 美国商务部旅游产业办公室[①]（联邦机构）

所在地：美国华盛顿特区

旅游产业办公室致力于加强美国旅游业的国际影响力，增加旅游行业出口，增加美国的就业率，促进经济增长。

主要职能

（1）旅游产业办公室在制定美国旅游产业相关的政策上起着积极的作用。该办公室促进制定有利于美国旅游产业发展的政策。

- 通过与其他战略国家缔结双边合约促进美国旅游出口的增长，其中包括与中国签署的团队休闲旅游备忘录。
- 在政府内部中谋求美国旅游业的利益，引领全球关注并参与解决旅游业问题。担任经济合作与发展组织旅游委员会主席。
- 作为旅游政策委员会内部机构的秘书处，确保联邦机构决策者考虑美国的旅游利益。该委员会由超过18家政府机构和办公室组成。
- 作为美国政府代表参与亚洲太平洋经济合作组织（APEC）旅游工作小组会议。
- 作为美国政府官方观察员参与联合国世界旅游组织委员会的活动。

（2）旅游产业办公室负责管理旅游统计系统，以评估旅游行业创造的经济贡献。旅游产业办公室提供美国入境旅游、出境旅游市场独家的客观数据，以帮助政府机构或私营企业正确地作出决策，使联邦机构更好地衡量和量化其发展旅游业的努力。统计系统包括：

- 国土安全局的国际游客数据库。该系统可以统计客源地市场、入境港口、签证类型、旅行方式等评估入境美国的海外游客（美国海外市场不包括加拿大和墨西哥）。
- 国土安全局的国际航空运输数据库。该系统预测美国出境旅游的人数，以及统计国外航空飞机入境美国或美国航空公司出境港口的有关数据。
- 国际航空旅客调研（开展机上调研）。该研究项目收集30多项来往美国的国际游客特征。该项目提供了一套独一无二且综合的数据，包括美国州和城市的境外游客数量，以及美国游客出境旅游的目的地的数量。
- 接待国际游客及其消费数据，为经济分析部独家信息来源，由此该部门就30多个国家的航空客运票价对美国的进出口的影响进行估算。

[①] 商务部，旅游产业办公室，"有关旅游产业办公室"，参看 http://tinet.ita.doc.gov/about/overview.html

- 从大型目的地到小型个人企业，旅游产业办公室为旅游供应商提供出口协助服务。
- 为美国旅游业提供研究报告和分析数据、营销情报，帮助其甄别目标市场。
- 与美国商务部的工作人员密切合作。商务部拥有超过100个出口援助中心，在80个国家有150家办公机构，以提高美国旅游业竞争力，吸引更多国际游客到美国旅游。
- 通过签署合作协议及多语言面向消费者网站 www.DiscoverAmerica.org 与美国旅游协会（前身为美国旅游产业协会）合作，为国际游客提供了50个州旅游办事处、5个美国大区域和近100个旅游目的地的旅游资料。

推广美国旅游的未来战略

更多地参与到政府机构和私企，以及和州、地方、部落和区域政府的伙伴合作中，提供美国旅游推广和宣传的内容以及非现金的支持，并且充分利用美国国内和境外市场营销的资源。

- 和州、地方、部落和区域政府建立伙伴关系。参与非政府旅游机构基于地区或者活动的推广方案。给符合条件的公共部门提供补助津贴和技术帮助，以支持其吸引更多游客并提供更好的服务。
- 与私营企业建立伙伴关系。协调旅游产业的推广工作。利用与私营企业签订的合约，以及政府独特的资产和旅游企业的专业的知识和资源，开展联合促销。
- 协调政府推广方案与品牌美国营销方案之前的协调合作，品牌美国的推广主要目标市场是加拿大和墨西哥，一些免签证国家如澳大利亚、法国、德国、日本、韩国和英国，以及发展迅速的经济体像巴西、中国和印度。为品牌美国提供其营销传播项目和活动的信息。

组织结构

旅游产业办公室隶属于商务部国际贸易局。该办公室直接向制造和服务业助理秘书报告，副秘书会将报告进一步呈给商务部下的国际贸易局副局长。目前，该办公室有12名全职工作人员，处理日常运营和其统计系统的管理工作。

4.3.4 美国国务院下属外交部领事事务局[①]（联邦机构）

所在地：美国华盛顿特区

职能

外交部领事事务局（CA）的主要任务是保护美国公民出境旅游期间的生命和财

[①] 美国国务院，外交部领事事务局，"关于我们"，参看 http://travel.state.gov/about/about_304.html

产安全，增加对签证和护照的审查力度，加强美国边境的安全。该局也负责签署美国公民出境旅游、合法移民和国外游客到美国旅游的相关文件，并给予海外的美国公民必要的日常生活方面的支持。

（1）外交部领事事务局为美国公民提供旅游信息和小贴士。
- 该局提供各个国家的重要信息，比如美国大使馆或领事馆办事处的地理位置、签证信息、犯罪率和安全信息、健康和用药条款，以及当地热门旅游目的地等。
- 该局向准备到某一特定国家的美国游客发送当地正在发生的事件的"旅游警报"。发送的短期"旅游警报"包括大选期间可能出现的罢工，卫生警报比如禽流感的爆发等。他们会在短期事件结束后取消警报。
- 该局向美国出境游客发送旅游警告。旅游警告包括当地不稳定的政权、人权战争，或者日趋紧张的暴力和犯罪等。旅游警告会持续直到情况变化为止。
- 该局还会向加入"智慧旅客"项目的美国公民发送即将出发旅行或居住的目的地的最新信息。

（2）外交部领事事务局还为美国公民提供护照的有关信息。这些信息包括申请美国护照、更新美国护照、护照遗失或被盗登记、更正或更改护照信息等。

（3）外交部领事事务局给准备出境旅游的美国公民提供签证信息。此外，该局也为国外居民来美提供签证服务。签证的类型包括访问、学习、工作或移民。
- 与国土安全局、外交部领事事务局签证服务办事处、国务院紧密合作，根据移民和国籍法案，监管美国移民和非移民签证的发放。

推广美国旅游的未来战略

（1）与国土安全局和商务部紧密合作，在境外游客入关期间，展示美国人的友好，使其有温馨的入关体验。此外，外交部领事事务局致力于推广美国旅游，增加美国旅游贸易出口，鼓励美国居民开展国内旅游。
- 通过美国政府官方旅游推广项目宣传美国旅游，欢迎国外游客。
- 欢迎游客，并提供来美旅游的准确信息，包括旅游设施的改进等，积极鼓励境外游客来美开展旅游活动。

（2）进一步合理签证申请流程，降低旅游服务贸易的壁垒并提高旅游流动性。

（3）与国土安全局紧密合作，拓展免签证项目。

（4）致力于满足不断增长的签证需求，持续地投入更多人力和资源到签证发放过程中，重点关注中国和巴西对领事馆及大使的巨大需求。
- 该部门将雇用大量能说中文和葡萄牙语的签证官，今明两年将在中国和巴西添加 98 位签证裁决人员。

- 大幅延长在中国和巴西的签证服务点的运营时间,充分利用现有的设施和仪器。该部门将与双边政府进一步合作,不断改进签证发放的设施,扩大接收面试申请的数量。
- 该部门采用各种不同先进工具来提高生产力,运用先进的科学技术开展安全审核。

组织结构

美国国务院的外交部领事事务局负责为来美的国际游客签发签证,在全球范围内共有222个签证签发使馆和领事馆。外交部领事事务局的助理秘书向国务卿监管的管理局副局长汇报工作。

4.3.5 美国国土安全局[①](联邦机构)

所在地:美国华盛顿特区

职能

美国国土安全局主要负责国家交通系统的安全,审查游客的合法停留文件,检查游客和行李,确保审查过程持续有效,并管理"可信赖的旅游者项目",为已被批准的低风险的游客加速办理签证。

目前面向国内游客开展的活动和项目

美国国土安全局通过交通安全管理局,负责交通系统安全的管理。

美国国土安全局旅客申诉项目(DHS TRIP)是为在美国边境交通枢纽(例如机场和火车站)审核中遇到麻烦需要申请或寻求解决方案的游客提供联系的项目。项目的范围包括:

监视名单问题;

入境港口审查;

游客认为遭遇不公正的或非正常的延误、拒绝登陆,或在美国交通枢纽上要求额外审查的等情况。

该项目是美国国土安全局旨在欢迎合法的境外游客的同时,积极保障国家安全的诸多项目之一。

目前面向海外游客开展的活动和项目

"访问美国"(US-VISIT)项目是指在美国签证核发中心和入境关口收集国际游客的电子指纹和照片,并利用生物识别技术,帮助联邦、州立和当地政府的决策者精准识别该游客,以决定该游客是否会对美国国土产生危险。

"游客认证电子系统"是一款界面友好,以网络为基础的系统(ESTA),用来审

---

① 美国国土安全局,"游客",参看 http://www.dhs.gov/files/travelers.shtm

核入关之前申请"免签项目"（VWP）[1]的游客。

可信赖游客项目

- 美国海关和边境保护局的"可信赖游客项目"通过专用通道为已获批的、低风险的游客提供加速签证服务。美国和加拿大公民可使用 NEXUS，SENTRI 和 FAST 卡进入美国境内。
- "NEXUS 项目"，是美国海关和边境保护局试点项目，并在加拿大与美国之间的航空、海上、地面运输等渠道上实施，为已获批的游客提供加速签证服务。
- "ENTRI 项目"，是美国海关和边境保护局试点项目，并在墨西哥与美国之间的航空、海上、地面运输等渠道上实施，为已获批的游客提供加速签证服务。
- "FAST 项目"，是美国海关和边境保护局试点项目，为已获批的商业货车在美国与加拿大、墨西哥之间来往提供加速签证服务。
- "国际入境项目"，是美国海关和边境保护局试点项目，为已审核的国际游客进入美国提供加速签证服务。

推广美国旅游的未来战略

（1）简化签证申请手续

- 在重要的入关港口城市的站点提高工作人员数量；
- 研究并实施提高工作人员效率的项目和政策；
- 简化低风险的申请人的签证申请；
- 扩大现有设施，并考虑在中国和巴西增加额外的签证审核设施；
- 进一步扩大免签证项目和免签证国家的数量；
- 利用私营企业和政府机构的渠道来教育境外大众消费者。

（2）完善入关港口城市客户服务

- 扩大"可信赖游客项目"的实施。增加 NEXUS、SENTI 和"国际入境项目"等项目的实施，以释放美国海关和边境保护局的资源来服务其他类别的游客。继续与外部战略伙伴合作，扩大"可信赖游客项目"。
- 继续在入境港口城市部署先进的设施，以提高签证审核的效率。
- 重新设计签证审核流程。完善所有审核环境中的工作方式，持续地评估并逐步改进审核流程。
- 提升客户服务质量。通过内部协作，充分利用资源以提高工作效率，全面提

---

[1] 签证免签项目（VWP）使得参与该项目的 36 个国家到美国进行等于或少于 90 天的观光和旅游活动时不需要获得签证（只可作访客【B】签证）。参与该项目的 36 个国家的名单参看：http://travel.state.gov/visa/temp/without/without_1990.html

高游客体验。
- 充分利用伙伴关系。发展、利用与航空、机场、旅游业代表以及其他利益相关者的伙伴关系，不断评估和解决挑战、分享机遇。

（3）加强机场内审核
- 扩大加速签证审核的规模。
- 发展和使用基于风险的审核方式。集中资源，加速游客签证服务，提高安全检查点的旅客体验。

组织结构

美国国土安全局部共聘有24万名员工。美国国土安全局主要由以下几部分组成：
- 海关和边境保护局是国土安全部最大且最复杂的部门之一，其主要目标是识别并隔离恐怖分子和武器。该部门致力于安全和便利地开展旅游贸易，并且严格执行包括移民法和毒品法等在内的上百条美国的法律规定，以保护美国国土安全。
- 联邦应急管理局（FEMA）在美国共雇用7474名员工，他们致力于防范、保护、应对和减缓类似地震、飓风、龙卷风、洪流、森林火灾等灾难带来的隐患和危害。该机构有10个地区办事处，一个国家紧急训练中心，一个国内事故防范/训练中心。
- 美国移民和海关执法局（ICE）是美国国土安全部主要的调查机构，也是联邦政府内最大的调查机构。2003年，美国移民和海关执法局与美国海关总署和移民归化局合并，在美国50个州和海外47个国家拥有超过2万位员工。
- 交通安全部（TSA）保护美国的交通系统，确保人民和商业活动的自由开展。该部门在全美共有5万名安全人员、巡视员、主任和空军中将。
- 美国公民及移民服务局（USCIS）是监管美国合法移民的政府机构。该机构共有1.8万名政府雇员和合同工作人员在全球250个办事处工作。
- 美国海岸警卫队是美国五个拥有武装力量的部门之一，也是美国国土安全局唯一的武装机构。
- 美国特勤处是一个联邦执法机构，在美国和海外拥有150多个办事处。
- 检察长办公室负责对国土安全部的项目和运营进行监督、审计、调查和视察。该部门检查、评估，并在必要时，对这些运营和活动进行批评，为国土安全部建言献策，使其更有效、更快速和更经济地履行职责。

4.3.6 美国内政部[①]（联邦机构）

所在地：美国华盛顿特区

美国内政部是一个内阁机构，主要负责管理美国丰富的自然和文化资源。该部门7万名员工和28万位志愿者管理超过2400个运营单位。

主要职能

美国内政部管理美国1/5的领土。每年，超过5亿人次游客参观该部门管辖的国家公园、纪念碑、野生动物保护区和休闲娱乐场所。其中，国家公园系统接待了大约2.71亿人次游客，国家野生动物保护系统接待了7200万人次游客。另有5600万人次游客参观了公共公园，9000万人次游客参观了垦务局管辖的区域。

推广美国旅游的未来战略

- 协调政府机构跨部门的协作推广。在全球旅游市场上建立一套统一的联邦推广方案，以鼓励境外游客到美国开展旅游活动。
- 提供美国境内旅游目的地信息。加强旅客对政府部门所管辖的旅游目的地的认知。协同政府其他部门交叉推广美国的城市、公园、博物馆和其他景区。开发、推广特定的线路，以满足游客对特定主题、活动、历史事件和热门景区的兴趣。
- 向旅游消费者提供易操作的旅游规划工具及资源。向网络终端消费者提供一整套详细的旅游计划，向合作伙伴提供便携数据以开发其自身的旅游规划工具。

组织机构

美国内政部雇用了7万名工作人员，包括专业科学家和资源管理专家，他们供职于以下九大技术部门：

- 印第安人事务局（IA）是美国内政部内历史最悠久的部门。该部门主要面向近190万美国印第安人和阿拉斯加土著提供服务，支持的形式包括直接的物质支持、合同契约或补贴。
- 土地管理局（BLM）管辖面积约为102.4万平方千米，约占美国土地面积的1/8。该部门管辖联邦、州立和私人土地共计约283.3万平方千米的地下矿产资源。
- 海洋能量管理局（BOEM）负责美国近海资源的探索和开发。该部门寻求通过石油和天然气的租赁、可再生能源的发展以及环境评估和研究，以达到平衡经济发展、能源独立和环境保护三者间的关系。

[①] 美国内政部，网站，参看 http://www.doi.gov/whoweare/index.cfm

- 垦务局监管水资源管理。目前该部门是美国最大的饮用水批发商,为3100多万人提供纯净水,并为20%的西部农民提供水资源,用以灌溉约4.05万平方千米的农田,这些土地生产美国60%的蔬菜和25%的水果和坚果。该局也是美国西部第二大水力发电供应商。
- 安全和环境执法局的主要工作是通过积极的监管和执法来促进离岸资源安全开发、环境保护,以及离岸资源的保护。
- 国家公园管理局致力于保护近400处地点,并不断提升游客接待能力。每年国家公园系统接待超过2.75亿人次游客。
- 露天采矿复垦和执法办公室(OSM)主要负责全国范围的保护项目,以保护社会和环境免受露天采矿带来的负面影响。该部门负责平衡国家对于持续的矿物生产和环境保护之间的关系。它共有三个地方办公室:阿巴拉契亚山脉地区、中部和西部办公室。
- 鱼类和野生动物服务局致力于保存、保护并发展鱼类、野生动物和植物以及它们的栖息地,以保障美国人民的长远利益。
- 美国地质调查局是一个科研机构,主要研究生态系统和环境健康、自然危害、自然资源、环境和土地使用变化所产生的影响等方面。该局作为全美的核心研究系统,能向各研究组织提供及时、相关和有用的信息。

4.3.7 美国农业部[①](联邦机构)

所在地:美国华盛顿特区

主要职能

农业部通过健全的公共政策、先进的科学技术和高效管理,指导解决食物、农业、自然资源和其他相关的问题。

目前正在实施的提升美国旅游的项目

保护美国资源是一个政府资助的项目,其鼓励并支持社会共同保护并享受文化和自然遗产。该项目的目的是更好地分享美国的历史,加强地区的认知和自豪感,增加保护遗产的力度,支持社区开展经济活动。

推广美国旅游的未来战略

- 在政府管辖的地区,提高对游客的服务:致力于提供超越游客预期的服务和信息,鼓励游客到访非热门旅游目的地,协同政府其他部门开展交叉联合推广,以提升游客的数量,并努力满足大部分游客的需求。
- 服务不同的受众群体:向游客提供英语和其他外语的信息和翻译。在热门公

---

① 美国农业部,网站,参看 http://www.usda.gov/wps/portal/usda/usdahome

园及纪念碑地区开展"志愿者大使"项目，为国际游客提供更个性化的体验。农业部也运用新的科技及新媒体，向游客提供个性化信息，以满足游客不同文化、年龄层次、语言和兴趣，并减少对员工的需求，尤其在超负荷景点和季节。
- 加强交通基础的建设：完成战略公路升级和重建，发展公共交通和多模式的运输连接，实施土地和地役权收购，增加获得休闲、历史和文化活动等信息的途径。简化野外露营的批准流程。
- 促进地区间的旅游活动：在关键战略目标市场，开展以社区为基础的旅游合作，特别是与那些有风景的小道、沿海资源、国家名胜和历史古迹、自然与风景河流，和其他自然和文化景点的地区紧密合作。与当地社区建立伙伴合作关系，为游客提供独特的文化体验。

组织结构

美国农业部部长协同农业部副部长指导农业的日常工作。农业部下属共有17个办事处和17个机构。

4.3.8 美国贸易代表办公室（USTR）[①]（联邦机构）

所在地：华盛顿特区、瑞士日内瓦、比利时布鲁塞尔

主要职能

美国贸易代表办公室成立于1962年。该组织负责发展和协调美国国际贸易、商品和直接投资政策，并负责与其他国家就贸易纠纷展开谈判。

该组织是总统执行办公室下属的一个部门。美国贸易代表办公室协同政府不同部门，协调贸易政策的制定、解决纠纷，并为总统决策提供参考。该组织也是海外私人投资公司（OPIC）董事会副主席、千禧挑战公司董事、进出口银行董事局无投票权会员以及国际货币和金融政策的国家咨询委员会会员。

推广美国旅游的未来战略

- 降低旅游服务的贸易壁垒，促进旅游贸易的开展。

  不断开放航空自由：在维持互相开放领空权限的105个伙伴国家的基础上，继续扩大合作的范围[②]，包括参与制定开放领空条款，或帮助其余国家逐渐开放领空权限。

- 甄别阻碍关键市场发展的因素：与私营企业一起协作，识别并应对旅游自由贸易带来的挑战。在关键市场与当地政府一起加入合作条款，以扩大安全合作的范围并促进旅游活动的顺利开展。

[①] 美国贸易代表办公室，"美国贸易代表办公室的使命"，参看 http://www.ustr.gov/about-us/mission
[②] 美国国务院，"开放天空伙伴"，参看 http://www.state.gov/e/eb/rls/othr/ata/114805.htm

组织结构

美国贸易代表办公室有 200 名工作人员，参谋长兼任美国贸易代表负责贸易办公室的日常工作。该办公室在主要贸易问题上向总统提供参考。美国贸易代表办公室在华盛顿特区和瑞士日内瓦共 23 个地区设有办公室。华盛顿特区办公室由 6 个组织机构组成，它们分别是：双边贸易谈判部、多边贸易谈判部、会议活动部、分析部、法务和政策调整部，以及公共宣传部。

4.3.9 美国交通运输部[①]（联邦机构）

所在地：美国华盛顿特区

主要职能

交通运输部在国会法案下于 1966 年 10 月 15 日成立。该机构于 1967 年 4 月 1 日正式开始运营。

交通运输部旨在为国家提供快速、安全、高效、便捷的交通运输系统，满足国家利益，并不断提高美国人民的生活质量，维持并不断改进交通基础建设设施。

- 积极推进航空合作项目。采纳交通运输部下属航空咨询委员会的建议，扩大交通运输部与欧盟、中国的合作[②]。该委员会支持美国作为客源市场或目标市场航空运输服务的发展。
- 投资基础设施的建设。继续致力于改善交通和陆地港口入口的基础设施；不断改进检查站、公路、大桥、隧道和渡轮等项目；更新航空运输基础设施和系统。通过实施下一代航空交通系统（NextGen）[③]来改进全国航空交通基础的条件。该系统采用全球卫星定位系统技术，可以帮助飞机缩短飞行线路，以节省飞行时间和燃料、减少运输延误、增加搭载容量，并提高飞机的安全性能。
- 鼓励游客前往标志性或非热门旅游目的地。交通运输部开展美国小路[④]、联邦地政公路计划[⑤]、过境公园项目[⑥]、休闲线路项目[⑦]等一些项目，以帮

---

① 美国交通运输部，"关于 DOT"，参看 http://www.dot.gov/about.html#whatwedo

② 美国交通运输部，"航空咨询委员会的未来"，参看 http://www.dot.gov/faac/

③ 美国交通运输部，联邦航空管理局，"NextGen 下一代"，参看 http://www.faa.gov/nextgen/

④ 美国交通运输部，联邦高速公路管理局，"了解美国小路"，参看 http://byways.org/learn/

⑤ 美国交通运输部，联邦高速公路管理局，"欢迎进入联邦地政公路办公室"，参看 http://flh.fhwa.dot.gov/

⑥ 美国交通运输部，联邦高速公路管理局，"保罗·S.萨班斯过境公园项目"，参看 http://www.fta.dot.gov/grants/13094_6106.html

⑦ 美国交通运输部，联邦高速公路管理局，规划环境不动产办公室（HEP），"休闲线路项目"，参看 http://www.fhwa.dot.gov/environment/recreational_trails/index.cfm

助游客了解非热门目的地,最终提高这些目的地的访问量和认知度。此外,交通运输部积极建设交通基础设施,方便游客前往。

组织结构

交通部部长协同副部长直接负责指导交通运输部的日常工作。交通部部长为美国总统就交通运输项目提供参考意见。交通运输部雇用了大约6万名员工,该部门共有12个机构,以保障公众安全和社会稳定。这些机构包括:

- 部长办公室(OST)监管负责制定国家交通运输政策,发展多种形式的交通运输。
- 联邦航空管理局(FAA)保障民用航空的安全。
- 联邦公路管理局(FHWA)与州政府和其他伙伴合作,共同协调"高速公路交通运输项目",提升经济活力,改善美国国民生活质量和环境质量。
- 联邦汽车安全运输管理局(FMCSA)的主要任务是防范商业汽车相关事故和伤亡。
- 联邦铁路管理局(FRA)推广对环境无危害、安全的铁路交通运输。
- 联邦过境管理局(FTA)协助发展大众交通运输。
- 海事管理局(MARAD)鼓励发展并维护一支规模适当、平衡的美国商用船队,使其能够肩负全美海运商业贸易的同时,还能承担部分与外国开展商业贸易的职能。遇到战争时期或紧急情况下,船队有能力协助海军开展军事活动。
- 国家高速安全管理局(NHTSA)致力于减少汽车撞击事故导致的人员伤亡和经济损失。
- 管道与危险材料管理局(PHMSA)监管超过80万种日常危险材料的运输安全,以及通过管道运输的资源安全,这些资源占美国总资源的64%。
- 研究和创新科技管理局(RITA)的主要任务是识别美国交通运输系统面临的机遇及挑战,并提出解决方案。
- 圣罗伦斯航道发展公司(SLSDC)为行驶在大湖区和大西洋间的船只创建并维持安全、稳定和高效的水路交通。
- 地面运输委员会(STB)主要负责美国州际间的地面运输,特别是公路运输的经济管理。

4.3.10 美国劳工部[①](联邦机构)

所在地:美国华盛顿特区

主要职能

美国劳工部是美国政府的一个内阁部门,负责保障职业安全、制定工资标准、

---

① 美国劳工部,"关于美国劳工部",参看 http://www.dol.gov/dol/aboutdol/main.htm

发放失业保险金、提供再就业服务和其他经济统计。美国的许多州政府也设有该部门。

美国劳工部的目标是建立、促进和发展美国带薪员工、求职者和退休员工的福利；改进其工作环境；提供就业机会；保障工作相关的利益和权利。

提升美国旅游的未来战略

（1）提供世界一流的客户服务和游客体验

- 提高为游客提供的服务质量，鼓励游客再次访问并积极地宣传。支持员工培训计划及小型企业的发展，从而确保政府和私营企业的员工为游客提供有效服务。
- 试点开展创新：利用科技来提供信息并为非英语游客提供翻译，充分利用智能手机和翻译工具等先进科技，根据语言的需求，提供新鲜、动态的内容。这些工具能对新语言或信息需求快速作出反应。

（2）培养旅游业和酒店业的高端人才

- 实施旅游人才培养计划：与旅游产业领军企业协作，持续加强现有人才培养计划的同时，开发一个全新且合理的旅游人才培养计划。
- 与私营企业建立伙伴关系：鼓励劳动力投资委员会加强和旅游企业的合作关系，召集特定区域市场的旅游界业者探讨劳动力问题。
- 创造合作的空间：帮助员工、雇主和教育工作者，分享知识和工具，以满足旅游行业的就业需求。鼓励使用科技和新媒体来促进信息分享、对话和合作。

组织结构

劳工部部长协同劳工部副部长指导并监管美国劳工部的工作。美国劳工部下属设有29个办事处和机构。这些机构按职能和负责的项目划分而成，助理秘书长或者其他官员具体监管项目的实施。

4.3.11 美国小企业管理局（SBA）[①]（联邦机构）

所在地：美国华盛顿特区

主要职能

美国小企业管理局（SBA）成立于1953年，是一个独立政府机构。其主要任务是为小企业提供援助及咨询，保障小企业的利益，维护自由竞争的企业环境，维持并增强国家的整体经济实力。

美国小企业管理局为小企业提供一揽子的援助项目，包括帮助其筹措资金，提供免费的面对面的或网络咨询服务。该机构还为美国境内1800多个地区的新兴企业

[①] 美国小企业管理局，"我们做什么"，参看 http://www.sba.gov/about-sba-services/what-we-do

家提供价格低廉的培训。美国小企业管理局也对美国小企业和小企业环境进行调查研究。

推广美国旅游的未来战略

政府支持为中小规模旅游企业定制推广和营销方案。

- 扩大教育范围：小企业管理局通过政府网站、电子邮件和社交媒体指导小企业应对并充分利用即将到来的旅游旺季；为新兴企业家提供如何开展旅游事业的有关信息，包括介绍具有巨大需求旅游板块的商业机会、如何撰写商业计划书，以及如何筹资等信息。

- 推广现有小企业：协同旅游组织以提高小企业的认知度，鼓励旅游批发商在当地小企业中设置站点；与获批准在政府拥有的土地、水域和海岸上提供休闲旅游服务的企业紧密合作，共同开展营销方案。

- 增加对小型旅游企业的咨询和辅助计划：帮助小型旅游企业提高自信，以承受季节和需求的波动，并不断发展和壮大；通过美国小企业管理局 1000 多个小企业发展中心（SBDSs）[①] 和女性企业中心（WBCs）[②]，为小型企业提供个性化的咨询机会。

- 加强小型旅游企业获得资本的能力：与美国小企业管理局 5000 个贷款伙伴公司以及 190 多家小企业投资公司（SBICs）紧密合作，为小型旅游企业提供个性化的融资方案，使其对这些传统和长期的融资选择有更深刻的了解。

组织结构

美国小企业管理局的行政官和副行政官监管并主持日常工作。该机构总部设在华盛顿特区，此外，其在美国各个州都有项目合作和资源共享的伙伴公司。美国小企业管理局还在全国范围建立了 10 个地区办事处，以支持当地小型旅游企业的发展。

（附件 2- 表格 41 展示了上述一些政府组织机构和私营企业的目标、未来战略。表格按照这些机构或公司的职能进行排列；表格中的机构或组织包括州政府、国土安全局、商务部、内政部、农业部、交通运输部、小企业管理局等。）

[①] 美国小企业管理局，"小企业发展中心"，参看 http://www.sba.gov/content/small-business-development-centers-sbdcs

[②] 美国小企业管理局，"女性企业中心"，参看 http://www.sba.gov/content/women%E2%80%99s-business-centers

第三章

美国旅游资源及相关组织机构概况

1 美国旅游资源概况

1.1 地理

美国国土面积为9372614平方千米。按国土总面积进行排名，美国是世界第4大的国家，位于俄罗斯、加拿大和中国之后。

美国的国土几乎横跨整个美洲地区及部分大洋洲地区。美国北部与加拿大接壤，南部与墨西哥相接，它的东西海岸线分别面对大西洋和太平洋[①]。

1.2 气候

美国，由于其广阔的土地面积和多样的地理环境，拥有绝大多数气候类型。美国东部地区，气候类型包括北部湿润的温带大陆性气候，以及南部潮湿的亚热带森林气候。佛罗里达州、夏威夷等南部地区是热带气候。西部大平原地区拥有半干燥性气候,而大多数西部山脉地区属山地气候。大盆地地区则拥有干燥性气候，西南地区拥有沙漠气候，加利福尼亚州沿海地区属地中海型气候，而在沿海的俄勒冈州地区、华盛顿州和南阿拉斯加州，表现为海洋性温带气候。阿拉斯加的大多数区域拥有亚北极或极地气候。在美国，一些极端气候也十分常见，在墨西哥海峡附近的州很容易受到飓风影响，这也解释了全球大多数的龙卷风出现在美国的原因[②]。

[①] 中央情报局，"世界概况"，参看 https://www.cia.gov/library/publications/the-world-factbook/geos/us.html

[②] 维基百科，"美国气候"，参看 http://en.wikipedia.org/wiki/Climate_of_the_United_States

1.3 地形

美国西部地区有广袤的中部平原和山脉。相反，东部地区各州则有着丰富的丘陵和低海拔的山。在阿拉斯加地区，地貌的特点是大量起伏的山脉和广阔的河谷。夏威夷地区的地形特点则主要是起伏的火山地势[1]。

1.4 动植物种类

2009年的统计数据显示[2]，美国共有21715种原生动植物。其中大约3000种是脊椎动物，例如哺乳动物、鸟类、爬行动物、两栖动物和鱼类，18000多种是植物。

1973年颁布的《濒危物种保护法》保护受威胁和濒临灭绝的物种以及它们的栖息地，目前由美国渔业和野生动物服务机构对这些物种及其栖息地进行监管。美国共有58个国家公园和数百个由政府机构管理的公园、森林和荒野保护区[3]。

1.5 旅游类型

1.5.1 生态旅游

根据2012年全球生态旅游组织报告[4]的解释，生态旅游被定义为"致力于保护旅游目的地的生活环境并改善当地居民生活质量的旅游行为"。

提到美国的自然景观，人们会在第一时间想到黄石国家公园，它也是世界上第一个国家公园。事实上，美国的自然旅游资源远远不止一个黄石国家公园。

根据国家公园管理处的统计[5]，美国境内共有397个国家公园，包括面积为33.99万平方千米的土地、面积为18221.55平方千米的海洋、湖泊、水库，长度为136873千米的河流和小溪，以及长度为69462.5千米的海岸线。

此外，除了国家公园资源，美国在地理位置上靠近北太平洋、北大西洋、加勒比海、墨西哥湾和五大湖区，拥有非常优美的滨海景观。

---

[1] 中央情报局，"世界概况"，参看 https://www.cia.gov/library/publications/the-world-factbook/fields/2125.html

[2] 当前结果，"美国本土物种数目"，参看 http://www.currentresults.com/Environment-Facts/Plants-Animals/number-of-native-species-in-united-states.php

[3] 当前结果，"美国本土物种数目"，参看 http://www.currentresults.com/Environment-Facts/Plants-Animals/number-of-native-species-in-united-states.php

[4] 全球生态旅游协会，《什么是生态旅游》，参看 http://www.ecotourism.org/what-is-ecotourism

[5] 国家公园管理局，美国内务部，"关于我们"，参看 http://www.nps.gov/aboutus/index.htm

在夏威夷沙滩上放松,在迈阿密晒日光浴,观赏尼亚加拉大瀑布都是休闲旅游的绝佳选择。

1.5.2 文化和历史旅游

根据文化和历史遗产旅游组织的定义[1],文化和历史遗产旅游是游览并体验能体现历史故事和人物的地点及活动。这类旅游活动包括探索历史、文化的探索,以及游览自然景观。

尽管从建立初期到现在只有 236 年的历史,美国仍然有许多世界著名的文化和历史遗产景观。

提到纽约,就不得不提自由女神像。由法国赠送的象征友谊的礼物——自由女神像是美国精神的代表,它象征着美国人民对于自由和民主的向往和追求。然而,除了自由女神像以外,美国还有非常多的文化和历史遗产,其中一些具有特色的城市或地区包括新奥尔良市——爵士乐的故乡,是音乐和浪漫的圣地;好莱坞——电影王国,是所有电影爱好者的必去之处;硅谷——新技术诞生的摇篮,象征着创新和进步。

美国商务部旅游产业办公室 2010 年的数据显示,共有 1540 万人次游客基于文化和历史遗产旅游的目的到访美国,自 2004 年以来增长了 470 万人次[2]。美国旅游市场上文化遗产游客访问最多的 10 个旅游目的地城市分别是纽约、洛杉矶、旧金山、拉斯维加斯、迈阿密、华盛顿特区、奥兰多、波士顿、芝加哥和檀香山。(附录 3- 表格 42 展示了美国旅游市场上文化遗产游客访问最多的 14 个旅游目的地城市,位于 11~14 位的目的地城市分别是圣地亚哥、费城、亚特兰大和凤凰城。)

1.5.3 滑雪旅游

过去 20 年,美国的滑雪产业高速发展,表现形式为:占地面积的不断扩张、基础设施不断完善,以及地产设施开发的大幅增长。滑雪产业已进入成熟阶段:滑雪度假酒店接连合并,市场竞争越发激烈[3]。

2010 年,美国雪橇滑雪者/滑板滑雪者人数为 5020 万人次,2011 年这一数据增长到 6050 万人次[4]。自 1979 年以来,美国滑雪市场在过去 30 年平均每年接待 5270

---

[1] 文化和遗产旅游协会,"如何开始",参看 http://www.culturalheritagetourism.org/howtogetstarted.htm

[2] 商务部,工业与贸易管理局,旅游产业办公室,《2010 年文化遗产游客》,参看 http://www.tinet.ita.doc.gov/outreachpages/download_data_table/2010-cultural-heritage-profile.pdf

[3] 科罗拉多州野生和滑雪区公民联合会,《2008 年国家滑雪产业特征和趋势》,参看 http://www.skiareacitizens.com/Demographics_Trends_2008.pdf

[4] 美国冰雪运动产业(SIA),《SIA 冰雪运动事实表》,参看 http://www.snowsports.org/Reps/ResearchSurveys/SnowSportsFactSheet/

万人次[①]。根据 2011 年《体育参与报告》，高山滑雪、越野滑雪和滑板滑雪是最受美国消费者欢迎的雪上运动。2010/2011 季度，雪橇滑雪和滑板爱好者占美国人口的 4.1%，每季度平均滑雪 8 天。美国大约有 1170 万的雪橇和滑板滑雪爱好者，其中 740 万为雪橇滑雪爱好者，610 万为滑板滑雪爱好者（29.6% 的滑板滑雪爱好者也开展雪橇滑雪运动）[②]。所有雪橇爱好者中男性占到了 61.9%，而滑板滑雪爱好者中男性比例为 67.2%[③]。

与雪橇和滑板滑雪相关的产品的销售也不断增长。2010/2011 季度，滑雪运动专卖店的销售额达到了 20.1798 亿美元，比 2009/2010 季度的 17.7673 亿美元的销售额增长了 13.6%。2010/2011 季度滑雪专卖店的总销售额中，服装销售额为 6.3148 亿美元，装备销售额为 6.5299 亿美元，其他配件销售额为 7.3350 亿美元。2009/2010 季度，在线产品销售额为 6.5221 亿美元，其中服装销售额为 3.2516 亿美元，装备销售额为 1.4053 亿美元，其他配件销售额为 1.8652 亿美元[④]。

美国的滑雪市场，主要可以划分为六个区域：东北部地区（包括康涅狄格州、马萨诸塞州、缅因州、新罕布什尔州、纽约州、佛蒙特州和罗得岛），东南部地区（亚拉巴马州、佐治亚州、肯塔基州、马里兰州、北卡罗来纳州、新泽西州、宾夕法尼亚州、田纳西州、弗吉尼亚州和西弗吉尼亚），中西部地区（艾奥瓦州、伊利诺伊州、印第安纳州、密歇根州、明尼苏达州、密苏里州、北达科他州、新英格兰州、俄亥俄州、南达科他州和威斯康星州），落基山脉地区（科罗拉多州、爱达荷州、蒙大拿州、新墨西哥州、犹他州和怀俄明州），西太平洋地区（亚利桑那州、加利福尼亚州和内华达州），以及西北太平洋地区（阿拉斯加州、俄勒冈州和华盛顿州）。（附录 3- 表格 45 按雪山的海拔高度进行排名，介绍了美国 50 大滑雪度假胜地）。在 2010/2011 季度，美国滑雪市场共计接待 2090 万人次，其中落基山脉地区接待滑雪爱好者约总接待人数的 34.5%，占市场主导地位，东北地区以 1389 万人次接待量排名其次。西太平洋地区、西南太平洋地区、中西部地区、东南部地区和西北太平洋地区的接待人数分别是 1215 万人次、811 万人次、781 万人次、579 万人次、404 万人次[⑤]。

---

① 科罗拉多州野生和滑雪区公民联合会《2008 年国家滑雪产业特征和趋势》，参看 http://www.skiareacitizens.com/Demographics_Trends_2008.pdf

② 国家滑雪区协会（NSAA），"行业统计数据"，参看 http://www.nsaa.org/nsaa/press/industryStats.asp

③ 国家滑雪区协会（NSAA），"行业统计数据"，参看 http://www.nsaa.org/nsaa/press/industryStats.asp

④ 美国冰雪运动产业（SIA），《SIA 冰雪运动事实表》，参看 http://www.snowsports.org/Reps/ResearchSurveys/SnowSportsFactSheet/

⑤ 国家滑雪区协会（NSAA），《Kottke 2010/11 季度末全国调查》，参看 http://www.nsaa.org/nsaa/press/historical-visits.pdf

滑雪度假区是指专为滑雪和其他冬季运动兴建的度假场所。美国滑雪市场，滑雪度假区通常建在远离城市的地区，又称为目的地度假区。这些目的地度假区满足消费者特定的需求并且设施齐全。滑雪度假区中，滑雪是主要的活动。有些滑雪度假区提供寄宿服务，滑雪进出的通道能够方便地连接住宿酒店。滑雪爱好者在滑雪度假区还能体验其他的娱乐活动，比如雪上摩托、乘雪橇、马拉雪橇、狗拉雪橇、滑冰、室内或室外游泳、泡热水澡、室内游戏，以及泡酒吧、影院、戏院和歌厅等地域性的娱乐活动[①]。

根据美国国家滑雪区协会（NSAA）的数据，2010/2011季度，在所有37个开展滑雪活动的州里，纽约州拥有52家滑雪场，数量最多。密歇根州拥有43家滑雪场，排名其次。威斯康星州拥有32家滑雪场，而宾夕法尼亚州拥有30家滑雪场。2010/2011季度，美国滑雪市场共拥有486家滑雪场[②]。（附录3-表格43介绍了2010/2011季度每个州运营的滑雪场数量。）总体的滑雪场数字从1984/1985季度，美国市场共拥有727家滑雪场，到2010/2011季度，美国滑雪场共计486家，大多数关闭的滑雪场为小型滑雪场，集中坐落在中西部地区。这是因为中西部的降雪量少，无法与设施不断完善的落基山脉地区和海岸线附近的滑雪度假区展开竞争。目的地度假区的大规模增长主要是由于企业合并滑雪场，因此大量投资资金流动到滑雪产业中。目前，美国滑雪市场主要的滑雪度假管理公司包括：维尔滑雪度假村、英措威斯特公司、Powder公司、CNL地产开发公司，以及阿斯本滑雪公司。他们在美国市场，共计拥有和管理36家滑雪度假区，在美国滑雪市场占有重要的市场份额[③]。（附录3-表格44介绍了美国主要的滑雪度假管理公司。此外，表格还提供了各公司拥有的滑雪场数量、地点及占地面积等方面的信息。）

1.5.4 城市观光大巴旅游

尽管探索一个旅游目的地有许多方式，但是乘坐城市观光大巴，又称环线旅游，是快速浏览城市概貌最方便的方式。游客乘坐城市观光大巴旅游能够在快速了解城市整体规划的同时，了解这座城市的历史，以及有趣的故事。乘坐城市大巴游览了主要的景区以后，游客能够自行选择之后的游览计划，包括重游的目的地及想要深度挖掘的景点。

目前，美国共有39个城市为消费者提供巴士观光服务。游客可以选择没有停

---

① 维基百科，《滑雪度假村》，参看 http://en.wikipedia.org/wiki/Ski_resort
② 国家滑雪区协会（NSAA），《2010/2011季度各州运营的滑雪场数目》，参看 http://www.nsaa.org/nsaa/press/sa-per-state.pdf
③ 科罗拉多州野生和滑雪区公民联合会，《2008年国家滑雪产业特征和趋势》，参看 http://www.skiareacitizens.com/Demographics_Trends_2008.pdf

靠站台的环线巴士进行观光，也可以选择乘坐观光巴士，自由选择上下车：游客可以在巴士运营的路线上任意站台下车，浏览附近的景点，在任意一站台上车前往下一个目的地。有些城市，比如纽约和华盛顿特区，游客可以搭乘不同线路的双层巴士。而在有些城市，比如波士顿和圣地亚哥，游客可以选择乘坐无轨电车。城市观光游除了提供游览以外还整合其他的服务：西雅图的城市观光旅游为游客提供太空针塔及港口邮轮的旅游服务。

灰线旅游公司（Gray Line）是世界上最大的观光公司，在全球六大洲，700多个地点提供参观及短途旅行服务[1]。城市观光巴士（City Sightseeing）是最大的地域性观光巴士运营商。公司在全球范围以特许经营的方式运营，在28个国家提供地域性观光巴士服务。城市观光的巴士具有很高的辨认度，因为巴士都统一漆成红色。该公司的车票和优惠促销在全球都适用。在美国市场，城市观光巴士在纽约、华盛顿特区、圣安托尼奥、洛杉矶好莱坞、旧金山和夏威夷提供观光巴士服务[2]。

1.5.5 高尔夫旅游

高尔夫旅游是以观看高尔夫赛、打高尔夫球，或者参观高尔夫相关景点为主要目的的旅游活动[3]。

把高尔夫旅游的范畴和影响孤立出来很难，因为以打高尔夫或者观看锦标赛为目的的旅行很可能会包含其他形式的活动，比如年会、公司会议、奖励旅游或者其他休闲活动，又比如邮轮旅游或滑雪。然而，确实有人试图研究高尔夫产业，尤其是不同地域的高尔夫旅游创造的经济效应。根据世界高尔夫旅游批发商协会（IAGTO）的信息，全球高尔夫旅游市场价值超过200亿美元[4]。

全球范围共有5900万高尔夫爱好者。其中，美国市场拥有2670万高尔夫爱好者，加拿大有500万，欧洲大陆有550万，日本有1400万，英国有380万。全球5900万高尔夫爱好者中，5%～10%的人群每年因为打高尔夫球而开展出境旅游，全球高尔夫旅游市场的规模预计在290万人次到590万人次[5]。

高尔夫作为一项体育运动，最主要的市场是美国：约340万的铁杆高尔夫运动爱好者每年至少要打8次，平均每个人超过37次。1710万位业余高尔夫爱好者每年平均打球1～7次，每年的打球开销近1000美元。500万高尔夫参与者只在高尔

---

[1] 格雷兰网站，"关于我们"，参看 http://www.grayline.com/newaboutus
[2] 全球城市观光网站，参看 http://www.city-sightseeing.com/tours/united-states-of-america.htm
[3] 西蒙·哈德逊，《高尔夫旅游》，第3页，参看 http://www.goodfellowpublishers.com/free_files/fileGolfTourism01.pdf
[4] OneCaribbean.org，"高尔夫"，参看 http://www.onecaribbean.org/content/files/Golf.pdf
[5] OneCaribbean.org，"高尔夫"，参看 http://www.onecaribbean.org/content/files/Golf.pdf

夫练习场或者球场上打球①。2008年，美国市场新建了约15888个高尔夫球场，进行了1.8亿轮高尔夫场球赛，平均场地费用为57美元。换句话说，美国人为了站到果岭的场地上每年平均花费103多亿美元。高尔夫产业产生了760多亿美元的直接经济效应②。

每年，美国市场约有1100万高尔夫爱好者因为打高尔夫而开展国内旅游，占打高尔夫总人口的31.4%，其中大约35%的这类旅程需要搭乘飞机③。最受欢迎的高尔夫旅游目的地是佛罗里达州、南卡罗来纳州、北卡罗来纳州、加利福尼亚州和亚利桑那州。位于太平洋中部和西北部地区的高尔夫爱好者更倾向于前往其他州打球，通常，他们会去临近的州打球。位于东北部地区的高尔夫爱好者倾向于前往佛罗里达州中南部地区去打球，而位于东南部的高尔夫爱好者则更愿意就近开展打球活动④。

高尔夫地产

越来越多的高尔夫球场被用于开发优质住宅项目。投资高尔夫地产的规模是投资高尔夫球场规模的5倍。2005年，美国市场开发了约63840个高尔夫球场之上的房产项目，投资总额为116亿美元⑤。

高尔夫景点

高尔夫旅游包括参观与高尔夫有关的景点，而这类景点正在不断增加。位于佛罗里达州的世界高尔夫村的世界高尔夫名人堂就是高尔夫景点的典型代表。这座名人堂融合了传统博物馆风格以及尖端科技，占地面积为2973平方米的展厅陈列了数百件手工艺品，完整地展示了从高尔夫的起源到现代比赛的发展历程。位于新泽西州远东山的美国高尔夫球协会（USGA）博物馆是另一个高尔夫景点代表，该协会是最致力于高尔夫运动发展的机构。博物馆展示了高尔夫运动在美国发展的历史，其中，特别强调了美国高尔夫球协会锦标赛的历史意义。该博物馆为教育倾注了大量资源，并且面向公众开发了多种传播知识、提供奖学金的教育项目。该博物馆近期

---

① Activenetworkrewards,《高尔夫市场》，参看 http://www.activenetworkrewards.com/Assets/AMG+2009/Golf+channel+sheets.pdf

② 西蒙·哈德逊,《高尔夫旅游》，第11页，参看 http://www.goodfellowpublishers.com/free_files/fileGolfTourism01.pdf

③ 西蒙·哈德逊,《高尔夫旅游》，第14页，参看 http://www.goodfellowpublishers.com/free_files/fileGolfTourism01.pdf

④ 西蒙·哈德逊,《高尔夫旅游》，第14页，参看 http://www.goodfellowpublishers.com/free_files/fileGolfTourism01.pdf

⑤ 西蒙·哈德逊,《高尔夫旅游》，第20页，参看 http://www.goodfellowpublishers.com/free_files/fileGolfTourism01.pdf

刚经历总额为 2000 万美元的大改造，目前展览的手工制品超过 2000 件。该博物馆共有 6 个全新的画廊，每个画廊代表协会发展的不同时刻，其中包括 2000 年泰格伍兹在鹅卵石沙滩公开赛上破纪录的时刻[1]。

作为重要旅游项目的高尔夫锦标赛

每场高尔夫锦标赛都能吸引上千个观众收看，所以高尔夫锦标赛也是高尔夫经济的重要促进因素。每场美国职业高尔夫球协会锦标赛平均能够吸引超过 60000 人[2]。

美国职业高尔夫协会管理、运营美国市场主要的高尔夫锦标赛。2005 年，美巡赛、美国高尔夫球协会和女子职业高尔夫球协会举办的高尔夫球赛共创造了约 9.54 亿美元的收入。锦标赛的收入来源于出售广播权、赛事赞助费用、观众门票费用以及出售专利商品[3]。

高尔夫零售商

美国五大高尔夫零售商分别是迪克运动商品、Sports Authority 运动用品店、高福史密斯、埃德温瓦特，以及璀璨高尔夫用品店[4]。

旅游批发商

大量旅游批发商致力于提供围绕高尔夫运动的旅游服务。高尔夫旅游正快速发展成为旅游产业的一个细分市场。国际高尔夫旅游协会（IAGTO）于 1997 年成立，代表全球领先的高尔夫旅游批发商和度假地的集体利益。该协会的会员由来自全球 90 个国家的 1920 个经认证的高尔夫旅游批发商、高尔夫度假村、酒店、球场、运营商、酒店和旅游委员会组成，这其中包括 454 个来自 58 个国家的高尔夫旅游批发商[5]。

高尔夫学校

高尔夫课程作为高尔夫旅游的中心或附加项目，在过去十年左右的时间内，正受到越来越多的人的青睐。美国最大的连锁高尔夫学校是由前英国高尔夫球员约翰贾各布斯开办的。约翰贾各布斯高尔夫学校在 15 个州的 32 个度假酒店

---

[1] 西蒙·哈德逊，《高尔夫旅游》，第 20 页，参看 http://www.goodfellowpublishers.com/free_files/fileGolfTourism01.pdf

[2] 西蒙·哈德逊，《高尔夫旅游》，第 20~21 页，参看 http://www.goodfellowpublishers.com/free_files/fileGolfTourism01.pdf

[3] 西蒙·哈德逊，《高尔夫旅游》，第 21 页，参看 http://www.goodfellowpublishers.com/free_files/fileGolfTourism01.pdf

[4] 西蒙·哈德逊，《高尔夫旅游》，第 110 页，参看 http://www.goodfellowpublishers.com/free_files/fileGolfTourism01.pdf

[5] 全球高尔夫旅游组织（IAGTO），主页，参看 http://www.iagto.com/Default.aspx

设有课堂。该校拥有一个旅游部门，负责提供完整的包含机票和住宿的高尔夫旅游套餐[①]。

2 美国国家公园系统概况

美国国家公园管理处拥有并管理国家公园系统中的实体资产，包括所有国家公园、国家纪念碑、其他保护区和历史遗产。美国国家公园管理处是由国会根据国家公园管理组织法于1916年8月25日建立的[②]。

美国国家公园管理处隶属于美国内政部。内政部部长是内阁成员，由美国总统提名并由参议院核准。内政部部长委托国家公园管理局直接管理国家公园系统。国家公园管理局负责人同样需要参议院任命并审批[③]。

国家公园管理局负责管理所有国家公园、国家纪念碑、自然保护区的和不同名义的历史资产。截至2011年，该机构共有超过21501位正式员工，211460位志愿者。这些志愿者贡献了共计640万个小时，以保护397处国家公园及其资产，其中包括124处历史公园或遗址、75处历史纪念碑、58处国家公园、25个战地或军事公园、18个自然保护区、18个休闲娱乐区、10处海岸、4个风景区干道、4处国家湖岸，以及2处国家保护区[④]。美国国家公园管理处也协助管理数十个国家公园附属区域、国家历史古迹、国家文物区、国家野生生物及景观河流、国家历史地标和国家小径系统[⑤]。

黄石国家公园是由国会于1872年3月1日建立的全球第一个国家公园。兰格尔圣埃利亚斯国家公园自然保护区是面积最大的国家公园，公园面积共计约5.34万平方千米。面积最小的国家公园则是赛迪斯－哥斯高国家纪念碑，占地面积只有8

---

① 西蒙·哈德逊《高尔夫旅游》，第22页，参看 http://www.goodfellowpublishers.com/free_files/fileGolfTourism01.pdf

② 国家公园管理局，美国内政部，"关于我们"，参看 http://www.nps.gov/aboutus/index.htm

③ 国家公园管理局，美国内政部，"概况"，参看 http://www.nps.gov/news/upload/NPS-Overview_11-7-2011.pdf

④ 国家公园管理局，美国内政部，"概况"，参看 http://www.nps.gov/news/upload/NPS-Overview_11-7-2011.pdf

⑤ 国家公园管理局，美国内政部，"概况"，参看 http://www.nps.gov/news/upload/NPS-Overview_11-7-2011.pdf

平方千米[1]。

国家公园系统的资源包括[2]：
- 421 种濒临灭绝或受威胁的动植物及栖息地；
- 150 万个考古遗址；
- 27000 个史前建筑；
- 1 亿件博物馆收藏品，包括乔治·华盛顿就职演说时使用的外套，以及卡尔桑德堡的打印机等；
- 约 27358.85 千米的国家小径；
- 世界最大的食肉动物——阿拉斯加棕熊；
- 世界最大的生物——巨杉；
- 北美地区海拔最高点——位于迪纳利国家公园的麦金利山（海拔为 6193.54 米）；
- 世界最长的洞穴系统——拥有约 587.41 千米长度洞穴系统的猛犸洞穴国家公园；
- 美国最深的湖泊——位于火山口湖国家公园火山口湖，深达 588.87 米；
- 西半球最低点——位于死亡谷国家公园的巴德沃特盆地，低于海平面 85.95 米。

美国国家公园系统拥有 909 个游客访问中心和联系站。2008 年，共计 1.27 亿人次参与了 60.5 多万项国家公园内特别活动和保护公园等项目，超过 56.5 万位儿童参与了"未成年护林员"项目。每年超过 2.75 亿的游客参观国家公园系统下的实体资产[3]。2011 年，美国国家公园管理局共接受了国会 31.4 亿美元的拨款，此外，国家公园有权通过以下几个方式筹集资金[4]：

- 景点门票：每年大约 1.9 亿美元；
- 公园特许专营权费：每年大约 6000 万美元；
- 电影和摄影拍摄专项费用：每年大约 120 万美元。

特拉华州是唯一一个没有任何国家公园的州。其他任何一个州，甚至华盛顿特区、关岛、马里亚纳群岛北部、美属萨摩亚群岛、美属维京群岛和波多黎各，都有

---

[1] 国家公园管理局，美国内政部，"概况"，参看 http://www.nps.gov/news/upload/NPS-Overview_11-7-2011.pdf

[2] 国家公园管理局，美国内政部，"概况"，参看 http://www.nps.gov/news/upload/NPS-Overview_11-7-2011.pdf

[3] 国家公园管理局，美国内务部，"概况"，参看 http://www.nps.gov/news/upload/NPS-Overview_11-7-2011.pdf

[4] 国家公园管理局，美国内务部，"预算"，参看 http://www.nps.gov/aboutus/budget.htm

隶属于国家公园系统的资产[①]。[附录3-表格46介绍了美国国家公园系统各州分布情况，包括每个州或区域有多少国家公园，2011年有多少游客访问这些公园，以及2010年旅游经济效益。此外，表格还展示了每个州国家公园的地标数量（包括自然和历史）以及2011年志愿者的工作时间。表格显示，加利福尼亚州拥有最多的国家公园（25个），排在之后的是阿拉斯加和哥伦比亚特区（各有23个）。附录3-表格47介绍了美国58处国家公园，其中包括公园建立的时间、面积，以及公园特点的简短介绍。]

美国国家公园管理层管理所有国家公园的同时也参与"国家公园护照集章"项目：游客在国家公园游客中心和护林站可以免费收集一个或以上的国家公园图章。这些图章和印刻在游客护照上的图章相似，可以作为参观各个公园的纪念[②]。

标准[③]

大多数国家公园系统的成立都需要一个过程：国会法案建立该公园，并由总统确认后签署法律文件。根据文物法，总统颁布具有法律效力的行政命令指定某个特定的保护区域作为国家纪念碑。不论采用哪种方式，所有的公园都具有相同重要的意义。

国家公园需要满足以下四个条件：

（1）该公园是某个类别资源的杰出代表；
（2）该公园在诠释国家遗产的自然或者文化方面拥有卓越的价值或者品质；
（3）满足公众的休闲娱乐生活和科学界研究学习的要求；
（4）公园保存良好，并且真实、准确代表某个特定资源。

除了国家公园系统监管的自然资源，美国还有21处世界遗产名录遗产，其中10处是世界文化遗产，10处是自然文化遗址，1处是混合类型遗产[④]。

（附录3-表格48介绍了76处国家历史纪念碑，并介绍了纪念碑建造的时间和占地面积。其中一些国家历史纪念碑的历史可以追溯到1906年，例如亚利桑那州蒙提祖马城堡国家纪念碑；新墨西哥州埃尔摩罗国家纪念碑，以及怀俄明州魔塔国家纪念碑。）

（附录3-表格49介绍了美国18处国家保护区，并提供了各保护区成立时间和

[①] 维基百科，《美国国家公园系统地区名单》，参看 http://en.wikipedia.org/wiki/List_of_areas_in_the_United_States_National_Park_System
[②] 维基百科，《美国国家公园系统地区名单》，参看 http://en.wikipedia.org/wiki/List_of_areas_in_the_United_States_National_Park_System
[③] 维基百科，《美国国家公园系统》，参看 http://en.wikipedia.org/wiki/National_Park_Service
[④] 维基百科，《美国国家公园系统》，参看 http://en.wikipedia.org/wiki/National_Park_Service

占地面积等信息。最古老的国家保护区是位于阿拉斯加的丹纳利国家公园和保护区，于1917年建成。）

（附录3-表格51介绍了美国89处国家历史遗址，并提供了历史遗迹成立时间和占地面积等信息。最古老的国家历史遗址是位于怀俄明州的拉勒米堡国家历史遗址，建立于1931年。）

（附录3-表格52介绍了美国4处国家战地公园，并提供了国家战地公园成立时间和占地面积等信息。最古老的国家战地公园是位于佐治亚州的肯尼索山国家战地公园，建立于1917年。）

（附录3-表格53介绍了美国9处国家军事公园，并介绍了其成立的时间和占地面积。最古老的国家军事公园是位于佐治亚州和田纳西州的奇克莫加和查塔努加国家军事公园，建立于1890年。）

（附录3-表格54介绍了美国11处国家战役遗址，并介绍了其成立的时间和占地面积。最古老的国家战争遗址是位于蒙大拿州的大洞国家战场，建立于1883年。）

（附录3-表格55介绍了美国34处美国纪念碑，并介绍了其成立的时间和占地面积。最古老的国家纪念碑是位于南达科他州的拉什莫尔山国家纪念碑，建立于1925年。）

（附录3-表格56介绍了美国18处休闲娱乐区，并介绍了其成立的时间和占地面积。最古老的国家休闲游乐区是位于俄克拉荷马州的契卡索人国家游乐区，建立于1902年。）

（附录3-表格57介绍了美国10处国家海岸，并介绍了其成立的时间和占地面积。最古老的国家海滨区是位于南卡罗来纳州的哈特拉斯角国家海滨浴场，建立于1953年。）

（附录3-表格58介绍了美国4处国家湖岸，并介绍了其成立的时间和占地面积。最古老的国家湖区有两个，分别是位于印第安纳州的印第安纳沙丘国家湖岸和位于密歇根州的图为岩国家湖岸，两个国家湖岸均建立于1966年。）

（附录3-表格59介绍了美国15处国家河道，并介绍了其成立的时间和占地面积。最古老的国家河道是位于密苏里州的欧扎克国家风景区河道，建立于1964年。）

（附录3-表格60介绍了美国3处国家保护区，并介绍了其成立的时间和占地面积。最古老的国家自然保护区有两个，分别是位于新泽西州的新泽西松林地国家自然保护区和位于华盛顿州的易百登陆国家历史保护区，两个国家保护区均建立于1978年。）

（附录3-表格61介绍了美国10处国家公园大道，并介绍了其成立的时间和占地面积。最古老的国家级大道是横穿弗吉尼亚州、马里兰州、华盛顿特区的乔治·华盛顿纪念大道，建立于1935年。）

美国世界遗产名录概况

加入世界遗产名录的遗址必须有着杰出的普世价值；此外，该遗址必须至少满足世界遗产名录规定的十条标准中的一条。这些标准是评估世界遗产的主要工具。随着世界遗产名录概念的演进，委员会不断修订这些标准。（附录3-表格62介绍了美国在世界遗产名录中的历史或自然遗产。表格还介绍了这些遗产的地理位置、收录的年份，以及其占地面积。此外，表格还对每个遗产做了简单的介绍。最早被收录的美国遗产分别是位于科罗拉多州的梅萨维德国家公园，以及坐落在怀俄明州、蒙大拿州和爱达荷州之间的黄石国家公园，两者都于1978年被收录到世界遗产名录中。）

直到2004年年末，世界遗产的选择标准建立于6个文化标准和4个自然标准。随着修订后的世界遗产公约的实施操作指南的执行，十条标准中只有一条标准得以保留。

文化标准[①]

（1）"人类创作的杰作"；

（2）"经过时间的沉淀，或在一个特定文化区域里，能够展示人类在建筑和科技的发展、艺术、城市规划或景观设计等方面的重要价值"；

（3）"见证存留或已经消失的传统文化或人类文明"；

（4）"是某种类型的建筑物、建筑群，或景观的杰出典范，它展示了人类历史的重要阶段"；

（5）"是人类建造房屋、使用土地和海洋资源的杰出范例，其代表一种文化，或者是人类与环境的和谐共处"；

（6）"与传统生活或者与具有重要普世价值的信仰、艺术和文学作品有直接或间接的关系"。

自然标准[②]

（1）"具有神奇的自然现象或拥有绝美的自然风光和美学价值"；

（2）"是地球历史的重要阶段的杰出模范：包括生命的记录、显著的地貌发展

[①] 世界遗产中心，联合国教育、科学和文化组织，"选择的标准"，参看 http://whc.unesco.org/en/criteria/

[②] 世界遗产中心，联合国教育、科学和文化组织，"选择的标准"，参看 http://whc.unesco.org/en/criteria/

过程，或具有显著的地质或地貌特征"；

（3）"代表陆地、淡水、海岸线和海洋生态系统，或动植物群落等重要地质或生物演进过程"；

（4）"包含重要的自然栖息地以保护生物的多样性，特别是具有重大科学和保护意义的濒危物种"。

3　美国旅游媒体概况

美国市场拥有上百种在全国或区域发行的日报或周报含有旅游板块，以及数十种全国或区域间定期发行的旅游杂志（面向消费者或面向旅游业界）。无论搜索关于旅游的小贴士、酒店评价、旅游的打折信息还是特定的旅游相关活动，例如徒步旅行、按摩、潜水等，都可以非常便捷地通过各种媒体渠道找到合适的资源。本章节中，我们会集中关注美国市场上提供旅游信息的主要的报纸以及旅游杂志，并按照发行量进行整理、排名。（附录3-表格64精选了一些美国旅游市场的细分市场的杂志。此外，该表格还提供了诸如出版商信息、公司地址、成立时间、平均年发行量和发行周期等信息。表格还将这些杂志细分成"会员杂志""消费者杂志""旅游业界杂志"和"有线电视旅游杂志"四大类。）

《华尔街日报》是美国发行量最大的报纸，其也拥有旅游板块。《今日美国》是美国发行量第二大的报纸。[附录3-表格63按发行量排名，列举了美国前25大涵盖旅游板块的报纸。《纽约时报》《洛杉矶时报》《圣荷西水星报》《华盛顿邮报》《每日新闻》《纽约邮报》《芝加哥论坛报》《芝加哥太阳时报》分列榜单的前十位。此外，表格还提供这些报纸的发行数量（包括日报和周日增刊）、成立年份、发行地区，以及报纸的特点。]

4　美国公共节假日概况

美国没有全国性的假期，意味着全国所有的职工和商店没有被法律强制要求必须在某天或几天里放假或停业。所谓的联邦假日也只是联邦政府为其雇员设定的法定节假日，目前共有11个这样的联邦节假日[①]。法定节假日的日期完全由每个州

---

① 维基百科，《美国公假日》，参看 http://en.wikipedia.org/wiki/Public_holidays_in_the_United_States

或地方司法机构（或私营企业）自由安排。

每年的联邦假日执行方案都由州或者地方政府裁定，然而他们也会根据当地的风俗习惯改变假期时间或增减节假日时间。根据1971年生效的统一假期法案，除了新年、独立日、老兵日、感恩节和圣诞节外，官方节假日被指定在星期一。美国一些州具有特定的节假日，例如康涅狄格州、特拉华州、佛罗里达州、夏威夷、印第安纳州、肯塔基州、路易斯安那州、新泽西州、北卡罗来纳州、北达科他州、田纳西州和得克萨斯州共计12个州设定耶稣受难日为州假日[①]。

购物商场、商业中心和其他零售商店只在复活节、感恩节和圣诞节停止营业，在其他节假日照常营业。当然，在圣诞节前夜或者新年前夜，或者其他主要节假日有些商店会提前关门。事实上所有公司都在主要节假日例如新年、复活节、独立日、劳动节、感恩节和圣诞节期间停止营业。有些甚至在感恩节后再多放一日（黑色星期五）；大多数企业会承认耶稣受难日这一宗教节日，以及一个或者多个联邦/州节假日[②]。

美国联邦节假日概况

联邦假期是由美国国会根据美国法典五号文件（5 U.S.C. § 6103）指定的。（附录3-表格65介绍了美国主要的11个联邦假日。除了介绍节假日的日期以外，该表格还提供了各节假日的背景介绍、所纪念的人物或者事件，以及和该假日相关的特殊传统等信息。）联邦假日期间，所有的联邦政府员工可以休息一天，这意味着银行和邮局也将停止营业。大多数私营企业和部分其他性质企业也承认并遵守联邦假日或者大型节假日的规定，给员工放假。如果节假日出现在周六，假期提前至周五庆祝；如果该假日刚好出现在周日，假期将顺延至周一庆祝。大多数州和私人企业也采取同样的方式，即顺延周日的节假日到周一[③]。

然而，对于周六的节假日提前到周五或顺延到周一，目前还没有普遍接受的政策。大多数州和私营企业会提前到周五过假期，有一些会顺延到周一，当然还有一些可能根本不放这些假。若节假日在周六，而恰好一些银行当日关闭，这些银行也不补假日[④]。

[①] 维基百科，《美国公假日》，参看 http://en.wikipedia.org/wiki/Public_holidays_in_the_United_States

[②] 维基百科，《美国公假日》，参看 http://en.wikipedia.org/wiki/Public_holidays_in_the_United_States

[③] 维基百科，《美国公假日》，《联邦假日》，参看 http://en.wikipedia.org/wiki/Public_holidays_in_the_United_States

[④] 维基百科，《美国公假日》，《联邦假日》，参看 http://en.wikipedia.org/wiki/Public_holidays_in_the_United_States

美国旅游业概况

5　美国旅游面向业界和消费者展览会概况

每年，美国旅游市场都有数以百计的面向大众消费者或旅游业界的旅游展览和会议。在旅游消费者展览上，游客能够直接和美国国家旅游机构、旅游批发商和零售商对话，挖掘新的国内外目的地。旅游批发商和零售商往往视此类展销会为展示他们的旅游服务和优惠项目的机会。美国旅游业界的展览和会议可以细分成如下几个类型：国家旅游机构的地方分部召开的会议，或者是特定的受众群，例如旅游批发商、旅游零售商、会议策划人、酒店经理等的组织和召开展览和会议。（附录 3- 表格 66 精选了一些美国重要的面向大众消费者及旅游业界的展销会。此外，表格还介绍了会议的组织者、地点、参展商和参观人数、展会时间，以及展会的背景资料。）

6　旅游研究组织、公司和大学概况

美国有数十个与旅游相关的研究机构和学院，其中一些组织主要是为其会员开展问卷调查，收集数据，或者进行调研。有些是独立的调研公司，它们面向旅游产业不同的细分市场进行调研，这些研究报告往往能为政府部门或私营企业提供数据支持，帮助决策。还有些调研机构隶属于政府部门，他们收集和分析数据以支持美国旅游业发展。[附录 3- 表格 67 介绍了以下四个领域的调研机构：美国航空业的调研机构（4 家）；美国酒店业的调研机构（4 家）；美国邮轮业的调研机构（2 家）；以及美国旅游产业调研机构（5 家）。此外，表格还提供这些组织的背景、办公地点等信息。表格也特别标注了各调研机构的行业类型（产业或政府）、研究方向。]

7　美国交通运输基础建设概况

美国交通系统是由陆地公路、航空、铁路和水路网络构成。对于短途旅游，大多数游客选择乘坐汽车出行，而对于长距离线路旅程，更多旅游消费者会选择搭乘飞机或火车。

7.1 美国公路系统概况

根据美国联邦公路管理局（FHWA）的数据，美国国家高速公路系统（NHS）总长 257495 千米，仅包含了美国全国公路总长度的 4% 的公路，却承载着 40% 的公路运输，75% 的重型卡车运输，以及 90% 的旅游运输。美国国家公路系统连接着 207 个机场、198 个港口、190 个铁路或卡车中转站、67 个美国铁路公司火车站、58 个隧道枢纽和 82 个城际巴士枢纽、307 个公共运输站、37 个渡轮枢纽和 20 个多功能乘客枢纽[1]。所有超过 5 万人口的城市都坐落在距离交通网络枢纽 8 千米以内的地方，这些城市共占约 90% 的美国人口。美国的交通网络系统是世界上最长的系统[2]。拥有或靠近国家高速公路系统的地区和城镇创造了美国 99% 的工作岗位，这其中包括 99% 的制造业工作、97% 的矿产业工作，以及 93% 的农业工作[3]。

美国国家高速公路系统包含五部分：第一部分是州际公路系统，一个封闭式的公路网络，包括高速路、公路和快速路。州际公路系统以美国总统德怀特·艾森豪威尔的名字命名，以纪念总统先生对该系统的建设的大力支持。2010 年，州际公路系统总长 75932 千米；美国人行驶的汽车大约 1/4 的路程都是在州际公路系统上度过的[4]。

主要的州际公路用 1～2 位的数字表示。南北方向的公路路线用奇数表示，而东西方向的公路线路用偶数表示。南北方向的公路路线，始于西边的公路线路对应的数字最小，而对于东西方向的公路线路，始于南边的公路路线对应的数字最小。州际公路的主要路线大多穿过城市，是连接城市间长度最短，也是最直接的线路。连接州际的绕城线路用 3 位数字表示。最长的州际公路是 I-90，总长度为 4861 千米。该路线始于华盛顿州西雅图，一直延伸到马萨诸塞州波士顿市[5]。

大多数美国公路是由州政府或公路所在地区的政府拥有并负责维护。联邦政府

---

[1] 资料来源：罗德尼·E. 斯莱特，《国家高速公路系统：美国未来的承诺》，美国交通运输部，参看 http://www.fhwa.dot.gov/publications/publicroads/96spring/p96sp2.cfm

[2] 资料来源：罗德尼·E. 斯莱特，《国家高速公路系统：美国未来的承诺》，美国交通运输部，参看 http://www.fhwa.dot.gov/publications/publicroads/96spring/p96sp2.cfm

[3] 资料来源：罗德尼·E. 斯莱特，《国家高速公路系统：美国未来的承诺》，美国交通运输部，参看 http://www.fhwa.dot.gov/publications/publicroads/96spring/p96sp2.cfm

[4] 维基百科，《州际高速系统》，参看 http://en.wikipedia.org/wiki/Interstate_Highway_System

[5] Fact Monster，《美国高速系统》，参看 http://www.factmonster.com/ipka/A0881994.html

负责维护的公路一般只限于政府管辖的土地上，例如国家公园系统，以及联邦政府的设施，例如军事基地①。州际公路系统是由联邦政府出资，并由州政府负责维护的。[附录3-表格68介绍了主要城市（根据1990年人口普查数据，人口在50万人以上）的联邦州际公路。表格介绍了主要的州际公路及联结的城市，各州拥有的公路数量及长度。得克萨斯州拥有最长的州际线路：17条州际线路总长5363.6千米，加利福尼亚州排列第二：25条州际线路总长为3952.13千米；纽约拥有最多的州际线路条数：29条，其总长度仅为2726.12千米。]美国还有一些私人公路，主要通过收费站来筹资进行建设和维护。2011年，共计约4968.88千米长度的州际公路及3205.3千米长度的非州际公路设有收费站②。

美国国家高速公路系统第二个组成部分包括由美国国会指定的21条具有重要意义的通道。这些通道总长为7200千米③。

美国国家高速公路系统第三个组成部分是"战略性公路通道网络"（STRAHNET）中的非州际公路，这些公路由美国国防部和交通运输部共同指定，其总长度为25000千米④。

美国国家高速公路系统第四个组成部分是连接"战略性公路通道网络"之间的公路。这些公路长度超过3000千米，其战略意义是将主要军事设施和其他国防相关设施与"战略性公路通道网络"相连⑤。

上述四个美国国家高速公路系统组成部分的公路共长112000千米，占美国国家公路的43%。美国国家公路系统第五个组成部分包括州际间及地区间的公路，以及连接主要港口、机场、公共交通设施和其他设施的公路，其总长度为148000千米⑥。

---

① 资料来源：罗德尼·E.斯莱特，《国家高速公路系统：美国未来的承诺》，美国交通运输部，参看http://www.fhwa.dot.gov/publications/publicroads/96spring/p96sp2.cfm

② 资料来源：联邦高速公路管理局，美国交通部，"美国收费站"，参看http://www.fhwa.dot.gov/policyinformation/tollpage/

③ 资料来源：罗德尼·E.斯莱特，《国家高速公路系统：美国未来的承诺》，美国交通运输部，参看http://www.fhwa.dot.gov/publications/publicroads/96spring/p96sp2.cfm

④ 资料来源：罗德尼·E.斯莱特，《国家高速公路系统：美国未来的承诺》，美国交通运输部，参看http://www.fhwa.dot.gov/publications/publicroads/96spring/p96sp2.cfm

⑤ 资料来源：罗德尼·E.斯莱特，《国家高速公路系统：美国未来的承诺》，美国交通运输部，参看http://www.fhwa.dot.gov/publications/publicroads/96spring/p96sp2.cfm

⑥ 资料来源：联邦高速公路管理局，美国交通部，"高速统计系列"，参看http://www.fhwa.dot.gov/policyinformation/statistics/2010/vm1.cfm

7.2 美国客运航空系统概况

美国拥有世界上最大、最丰富的航空系统，包括19734个机场，其中5194个机场铺有机场跑道[1]。这些机场具有多种形式：从年乘客搭载量为2500万～4500万的大规模机场，到仅仅是用草皮或沙砾作为飞机跑道，只对少数特定飞机提供服务的机场，不一而足。这其中，5179个对公众开放的机场中4247个是公有的，932个是私营的。在现有的对公众开放的机场中，3356个机场被指定为国家机场系统的一部分，能够承担联邦政府任务或提供支持。联邦政府对于投资机场出于多方面的考虑的目标，其中最重要的是保障安全和稳定，维持和增加现有航空系统的承载量，帮助小型商用和综合机场，减轻噪声影响和保护环境[2]。

美国国家机场系统——总共3356个机场被如下分类[3]：

- 商业服务机场（503家机场）：政府拥有机场所有权，且每年至少搭载2500位乘客，有定期客运飞机航班[4]；
- 382家主要机场（每年至少搭载10000位乘客）：其中大型枢纽机场29家，中型枢纽机场37家，小型枢纽或非枢纽机场72家，以及121家非主要机场（每年搭载2500到9999位乘客）[5]；
- 备用机场（269家机场）：这些机场由联邦航空管理局指定用于缓解商业服务机场的客运压力，同时提供更好的航空服务[6]；
- 通用航空机场（2560家机场）：除了上述提到的商业服务机场、主要机场、备用机场以外，美国市场还有私营的机场，这些机场每年搭载2500多位乘客，有定期客运飞机航班[7]。

---

[1] 中央情报局，《世界概况》，参看 https://www.cia.gov/library/publications/the-world-factbook/geos/us.html

[2] 美国航空公司，《航空公司手册》，参看 http://www.airlines.org/Pages/Airline-Handbook-Chapter-8-Airports.aspx

[3] 美国航空公司，《航空公司手册》，参看 http://www.airlines.org/Pages/Airline-Handbook-Chapter-8-Airports.aspx

[4] 联邦航空管理局，"机场类别"，参看 http://www.faa.gov/airports/planning_capacity/passenger_allcargo_stats/categories/

[5] 联邦航空管理局，"机场类别"，参看 http://www.faa.gov/airports/planning_capacity/passenger_allcargo_stats/categories/

[6] 联邦航空管理局，"机场类别"，参看 http://www.faa.gov/airports/planning_capacity/passenger_allcargo_stats/categories/

[7] 联邦航空管理局，"机场类别"，参看 http://www.faa.gov/airports/planning_capacity/passenger_allcargo_stats/categories/

美国没有政府拥有的国有航空公司，客运航空公司在美国都是私营的。美国市场主要航空公司包括达美航空、美国航空、美国联合航空和全美航空等。政府目前没有针对计票价格的政策规定，但是政府通过联邦航空管理局和国家运输安全委员会在飞机安全、飞行员培训和事故调查等方面具有管辖权。美国运输安全管理局在机场提供安全服务[①]。

7.3 美国客运铁路系统概况

中央情报局的显示，目前美国拥有世界上最长的铁路系统，铁路系统总长度为224792千米[②]。根据2011年美国公共交通协会（APTA）的乘客流量统计报告，美国共有四个客运铁路运输系统：重轨铁路、轻轨铁路、通勤铁路和城际铁路[③]。（附录3-表格69介绍了美国客运铁路运输系统，并细分成了重轨、轻轨、通勤铁路和城际铁路四大铁路运输系统。此外，表格还提供了铁路系统的运营商、铁路类型等信息。）

重轨铁路又称高速铁路。它的特点是高速，有专用路线，与其他汽车或者步行的交通路线完全分离。相对轻轨系统而言，重轨铁路有着更多的载客量，但与通勤铁路和城际铁路系统完全不同[④]。大城市中的地铁和轻轨是典型的重轨铁路。2010年，美国共有15家重轨铁路运营商，运营并管理着1623英里的重轨系统[⑤]。

2011年，美国的15个主要城市共有15个地铁系统，63条线路和985个车站。美国地铁系统总长度为1262千米。纽约的铁路系统拥有最长的线路及最大的乘客搭载量。纽约的斯塔顿岛铁路是历史最悠久的地铁系统，它有着超过250年的历史[⑥]。

[①] 维基百科，美国运输，《航空运输》，参看 http://en.wikipedia.org/wiki/Transportation_in_the_United_States

[②] 中央情报局，《世界概况》，参看 https://www.cia.gov/library/publications/the-world-factbook/geos/us.html

[③] 美国公共交通协会（APTA），文件，《客流量》，参看 http://www.bts.gov/publications/national_transportation_statistics/pdf/entire.pdf

[④] 维基百科，《客运铁路术语》，参看 http://en.wikipedia.org/wiki/Passenger_rail_terminology

[⑤] 美国公共交通协会（APTA），文件，《客流量》，参看 http://www.bts.gov/publications/national_transportation_statistics/pdf/entire.pdf

[⑥] 美国公共交通协会（APTA），文件，《客流量》，参看 http://www.bts.gov/publications/national_transportation_statistics/pdf/entire.pdf

轻轨铁路或轻轨运输（LRT）是一种城市轨道公共交通。相比重轨铁路，轻轨铁路的载客量、运行速度略低；现代的地面电车、无轨电车和有轨电车都是轻轨运输的典型代表①。2010年，美国共有31个城市拥有29个运营商，他们运营并管理总长度约为2377千米的轻轨系统②。

通勤铁路通常运行在轨道上，主要为往返于城市商区和郊区的上班族，以及在城市和卫星城市之间的短途游客提供服务③。通勤铁路有固定的路线和航班，乘客不需要预约就能购买车票。（附录3-表格70根据客流量对现有美国地铁系统进行了排名和分类。纽约地铁系统建立于1904年，共有468个车站和24条不同的线路，总长度约为368.5千米，其工作日载客量为8360700人次，为全美拥挤的铁路系统。）2010年，美国市场有超过27个运营商，他们运营并管理总长度约为12168千米的通勤铁路系统④。

相比通勤铁路或地区间铁路，城际铁路系统覆盖更长的通行距离，且提供更快速的通行铁路服务⑤。美国铁路（Amtrak）是由政府持有的全国铁路客运公司所运营的唯一一家城际铁路公司。美国铁路（Amtrak）总长约34118千米，每天运营超过300条铁路，以约241.4千米每小时的速度连接着46个州的527个目的地，以及加拿大三个省⑥。

阿拉斯加铁路在阿拉斯加州内提供客运服务。和美国铁路（Amtrak）不同，阿拉斯加铁路的时刻表是季节性的⑦。

7.4 美国水路系统概况

美国共有250000多条河流，总长度约为563万千米。其中最大的河流是密西西比河，其河流入口的水流量达到每秒16791.9立方米。最长的河流是密苏里河，它是密西西比河的支流，总长度约为4087千米。美国最长的不设堤的河流是黄石河，

---

① 维基百科，《轻轨》，参看 http://en.wikipedia.org/wiki/Light_rail
② 美国公共交通协会（APTA），文件，《客流量》，参看 http://www.bts.gov/publications/national_transportation_statistics/pdf/entire.pdf
③ 维基百科，《美国通勤铁路》，参看 http://en.wikipedia.org/wiki/Commuter_rail_in_North_America
④ 美国公共交通协会（APTA），文件，《客流量》，参看 http://www.bts.gov/publications/national_transportation_statistics/pdf/entire.pdf
⑤ 维基百科，《城际铁路》，参看 http://en.wikipedia.org/wiki/Inter-city_rail
⑥ 维基百科，《美国铁路公司》，参看 http://en.wikipedia.org/wiki/Amtrak
⑦ 维基百科，《城际铁路》，参看 http://en.wikipedia.org/wiki/Inter-city_rail

其长度约为1113千米[1]。

另外，美国还有18241条运河、75000个水坝和水库，储存全国17%的河流共计约96.6万千米的河水[2]。

除了河流系统以外，美国的湖水系统包括了五大湖区的苏必利尔湖、伊利湖、休伦湖、安大略湖和密歇根湖。除密歇根湖外，其余四个湖也位于加拿大境内[3]。

美国的五大湖区组成了世界最大的淡水湖群体。位于北美中东地区的五大湖区形成了世界上最大的淡水湖群体，覆盖的总面积达到了244106平方千米。在五大湖中，只有密歇根湖是完全归属于美国领土的，其他四个都与加拿大共享。五大湖滋养大量人口并支持工业活动，还承担着世界最大的淡水的运输工作[4]。

美国拥有约41009千米的可航行的内河航道（河流和运河），这并不包括五大湖。这其中有约19322千米的内河航道用于商业目的。大约62549千米的密西西比河系统具有商业船只航行能力。美国需要和加拿大共同管理总长度约为3769千米的圣劳伦斯海道，包括3100千米的圣劳伦斯河[5]。

美国拥有300多个港口，每年得处理超过20亿吨的国内及进出口的运输货物[6]。2009年，6996艘远洋轮船在美国港口停靠了55560次，占据全球船只停靠总数的8%。在这些停靠的远洋轮船里，油轮占了35%、货柜船33%、散干货船15%、滚装滚卸船9%、普通货船则占据了6%。远洋轮船停靠数方面，美国位居中国之后，排名世界第二[7]。2020年，预计整体的船只载货量将是2000年总量的两倍。美国的港口承担国家超过99%远洋货运的运输[8]。

美国的货运港口按照吨位数排列，主要的货运港口依次是巴吞鲁日港口、科珀斯克里斯蒂港口、休斯敦港口、长滩港口、洛杉矶港口、新奥尔良港口、纽约港口、普拉克明港口、坦帕港口，以及得克萨斯城。标准箱港口按照标准箱装载量排列，主要的港口依次为洛杉矶港口、长滩港口、纽约/新泽西港口、萨凡纳港口、奥克

---

[1] 美国河流，《河的事实》，参看http://www.enchantedlearning.com/usa/rivers/

[2] 美国河流，《河的事实》，参看http://www.enchantedlearning.com/usa/rivers/

[3] 美国河流，《河的事实》，参看http://www.enchantedlearning.com/usa/rivers/

[4] 世界地图，《美国河流地图》，参看http://www.mapsofworld.com/usa/usa-river-map.html

[5] 维基百科，《水路运输》，参看http://en.wikipedia.org/wiki/Transportation_in_the_United_States#cite_note-ciafactbook-13

[6] 维基百科，《美国港口》，参看http://en.wikipedia.org/wiki/Ports_of_the_United_States

[7] 交通运输部，海事管理机构，《美国水路运输统计快照》，参看http://www.marad.dot.gov/documents/US_Water_Transportation_Statistical_snapshot.pdf

[8] 交通运输部，海事管理机构，《美国水路运输统计快照》，参看http://www.marad.dot.gov/documents/US_Water_Transportation_Statistical_snapshot.pdf

兰港口和汉普顿港口。如果按照邮轮离港搭载的乘客人数计算，迈阿密是最大的港口，接下来分别是埃弗格雷斯港、卡纳维拉尔港、西雅图和长滩[①]。

根据美国运输交通部下属的海事管理局的报告，美国共有大约40000艘私有船只有权开展国内外贸易活动，以及383支商业船队。其中包括6支驳船运输船队、55支散装货船队、51支个货船船队、2支船舶船队、30支化学运输船队、84支集装箱船队、8支客运船队，56支客货两运船队、35支石油运输船队、3支冷冻货船队，27支滚装滚卸船队，以及26支车辆运输船队。[②]

[①] 中央情报局，《世界概况》，参看 https://www.cia.gov/library/publications/the-world-factbook/geos/us.html

[②] 中央情报局，《世界概况》，参看 https://www.cia.gov/library/publications/the-world-factbook/geos/us.html

第四章

科技发展推动美国旅游产业

全球化和消费者需求和消费者态度的快速变化大大提高了企业对数据分析的需求,以求在瞬息万变的世界中赢得竞争力。随着越来越多的消费者使用网络来获取知识和顺应外部环境,数字科技已经对我们的生活产生了重大影响。网络变得有趣且实用的其中一个重要因素是因为它能够显示包含大量信息的文字和图片,使得用户能够迅速地作出反应,这是其他传统电子媒体无法比拟的。网络文化革新了世界,个人也能够通过网络 2.0 来分享信息,这意味着一个前所未有的信息即时分享和反馈的交互环境已经产生[1]。网络 2.0 包含消费者在线协作并分享信息的全部过程[2]。换句话说,网络 2.0 是一个基于所有用户、专家和用户所生成内容(UGC)而搭建的互动网络。应用网络 2.0 的典型实例有社交网站、维基百科、博客和播客等[3]。

随着越来越多的人开展在线调查和预订旅游产品,网络 2.0 为消费者提供了无数的工具,帮助其规划一个完善的旅游计划。

根据互联网世界的统计数据,截至 2012 年第一季度,共有超过 2.452 亿美国成人使用互联网[4]。这年,超过 1.2 亿美国成人用户使用互联网检索旅游有关的信息,有 9830 万用户通过网络预订旅行旅游产品,几乎覆盖了美国互联网用户。2012 年,美国成人使用互联网人数和使用互联网订购旅游产品的人数将上升至 1.347 亿和 1.115 亿[5],这一预测显示了用户对旅游网站的巨大需求:用户期望该类网站能

---

[1] TravelDailyNews,《社交媒体在旅游和酒店业中的应用》,参看 http://www.traveldailynews.com/pages/show_page/38047-Social-Media-implementation-in-tourism-and-hospitality

[2] 克雷格·赫本,全球的网络大师,STA 旅游,《Web 2.0 的旅游及旅游业》第 6 页,参看 http://195.130.87.21:8080/dspace/bitstream/123456789/390/1/Web%202.0%20for%20the%20tourism%20and%20travel%20industry.pdf

[3] 克雷格·赫本,全球的网络大师,STA 旅游,《Web 2.0 的旅游及旅游业》第 6 页,参看 http://195.130.87.21:8080/dspace/bitstream/123456789/390/1/Web%202.0%20for%20the%20tourism%20and%20travel%20industry.pdf

[4] 互联网世界统计,《拥有最多的互联网用户的前 20 个国家》,参看 http://www.internetworldstats.com/top20.htm

[5] 新媒体的趋势观察,《旅行预订》,参看 http://www.newmediatrendwatch.com/markets-by-country/17-usa/126-online-travel-market?start=1

够充分利用最新科技来加强用户体验,并提供有用的订购工具以增加预订量。网络2.0在旅游行业中的应用的历史并不悠久,这样的现象称为旅游2.0。这是旅游信息网站的新工具。旅游2.0的基本概念是用户基于互联网,上传酒店房间、航班、餐厅、景点和活动等信息的评论、视频和博客。接下来介绍的一系列旅游2.0应用工具能使旅游公司和组织机构更好地为消费者提供服务。另外,旅游2.0也协助消费者制订旅游计划,查看、比较并购买旅游产品。

1 社交网络和用户生成内容(UGC)

维基百科将社交媒体定义为"整合科技,社交互动,文字、图片、视频和音频的多元素的活动形式"[1]。社交媒体不仅仅是一个全新的沟通渠道,而是基于用户间互动及网络上开展活动的一个整体网络的环境。

社交媒体中用户的沟通是通过"社交网络"完成的。这些社交网站把具有相同特点的受众群体联结在一起。在社交网络的环境中,用户会复制其离线环境下的行为(比如,成为某个团体或者特别兴趣小组的一员)。在线环境极度适合缔造网络,因为它不受地理位置或时间的限制。任何人可以在任何地点、任何时间参与进来。社会化的电子商务的销售额在五年内预计可达300亿美元。按照这个预测,到2015年品牌企业通过社交媒体和移动平台达到的销售额将占到网络销售额的50%[2]。

根据数字营销咨询公司eMarketer的预计,63.7%的美国网络用户定期使用社交网络,即大约是1.48亿人。2010年和2009年,美国定期使用社交网络的人数分别占总人口的60.1%和52.3%。2012年,美国社交网络用户预计将小幅度地上升6.8%,达到1.578亿。2013年eMarketer预测该数据相较于2012年,会有4.1%的增长,达到1.642亿人[3]。

社交网络使得旅游消费者能够在旅程前、旅程中以及旅程后,登录旅游有关的社交媒体平台并分享他们对游玩过程和酒店的体验。消费者不仅可以就其旅游体验进行评论,还能够分享其想法、建议、图片、视频和日记(比如酒店、餐厅、航班、或目的地评论)。在线社交媒体平台诸如Facebook,Twitter(微博)、TripAdvisor(到

---

[1] 维基百科,《社交媒体》,参看 http://en.wikipedia.org/wiki/Social_media

[2] 教程40,《旅游业社交媒体》,参看 http://www.atdw.com.au/docs/tourism_e_kit/Tutorial_40_-_Social_Media_For_Tourism.pdf

[3] eMarketer,《美国的社会网络的使用:2011人口和行为趋势》,参看 http://www.emarketer.com/docs/eMarketer_US_Social_Network_Usage-2011_Demographic_and_Behavioral_Trends.pdf

到网）、YouTube（在线视频网）和 Flickr（网络相册），都积极地拥抱网络 2.0，帮助用户群创建在线社区，提高重复访问和忠诚度。

对于旅游企业来说，社交媒体的应用成为识别和分析消费者在线行为，以实施有针对性的营销项目的重要工具。旅游组织能够通过消费者的反馈，使用定向引擎将他们的对话转化为客观数据，以增强与消费者的有效沟通，开发满足消费者需求的产品和服务。

在数十个社交媒体中，作者精选了几个广受欢迎的社交媒体平台在目的地营销、旅游企业推广，以及消费者制订旅游计划和购买旅游产品方面的应用。

2 脸谱网（Facebook）

Facebook（www.facebook.com）是世界上规模最大的社交网站，截至 2012 年 2 月，该网站拥有超过 8.5 亿用户，每个月 4.88 亿移动平台活跃用户[1]。全球范围，每天都有超过 3 亿张的图片上传至 Facebook，每天 Facebook 用户会点击 3.2 亿次"喜欢"及发表评论。Facebook 拥有大约 26% 的分享转接流量。在超过 8.5 亿的用户中，31% 的用户每天不止一次登录 Facebook。截至 2012 年，美国共有超过 1.5 亿的活跃 Facebook 用户[2]。Facebook 允许企业与客户通过多形式、多平台，建立紧密的联系：不论通过电脑还是移动设备，不管在家还是在工作，在看电视还是与朋友一起购物。与消费者紧密地联系能使旅游类公司或组织为消费者创建丰富的社交体验，建立持久的关系，并扩大最有力的营销形式——口口相传[3]。

建立 Facebook 消费者（粉丝）页面，目的地可以在社交媒体上开始建立自己的曝光率：目的地在与目标群体沟通时能最好地表现自身的同时，也能通过状态更新、发布博客及相关文章等方式与目标群体开展对话，旨在在 Facebook 消费者页面上保持足够的活跃度，这样使用 Facebook 的目标群体能够更即时地了解目的地的最新新闻。"Facebook 见解"功能可以提供一份详尽的目的地 Facebook 消费者页面表现及

---

[1] The Social Skinny，《截至 2012 年（3 月）100 家社交媒体，移动和网络统计》，参看 http://thesocialskinny.com/100-social-media-mobile-and-internet-statistics-for-2012/

[2] The Social Skinny，《截至 2012 年（3 月）100 家社交媒体，移动和网络统计》，参看 http://thesocialskinny.com/100-social-media-mobile-and-internet-statistics-for-2012/

[3] Facebook，《Facebook 上最佳营销实践指南》，参看 http://ads.ak.facebook.com/ads/FacebookAds/Best_Practice_Guide_042811_10.pdf

粉丝会员人口统计数据方面的详细报告[1]。

在消费者（粉丝）页面上投放 Facebook 广告是吸引流量的一条简单但实际的路径。Facebook 广告类似于谷歌的文本广告，广告投放者可以定向选择广告受众群体，以及点击付费的预算。广告可以定向投放给特定的年龄和地域群体，以及满足特定标准的用户（例如个人信息有"旅游"等词语）[2]。

2.1　旅游目的地运用 Facebook 开展营销活动实例

亚利桑那州旅游局（AOT）是游客了解亚利桑那州旅游资源及订购旅游活动的主要地点：游览美丽的大峡谷，了解凤凰城的夜生活，或简单地在斯克茨代尔度过一个放松的香薰周末等相关信息都能在旅游局的网站上找到。该旅游局致力于推广亚利桑那州的旅游资源，以为游客提供一次难忘的度假体验[3]。

亚利桑那旅游局在 Facebook 上投放广告之前，他们主要通过传统的广告手段进行营销推广，包括印刷杂志广告、传单和宣传板。为了以更科学、经济的方式与更多的目标群体互动，亚利桑那旅游局在 Facebook 上投放了广告，并建立了 Facebook 页面，以测试其在社交媒体的新的营销策略[4]。

亚利桑那旅游局创建了多种形式的 Facebook 广告：促销、有奖问答，以及地区活动。他们也在目标市场投放广告以推广其在 Facebook 的消费者网页（网页地址为：http://www.facebook.com/arizonatrave）。每次，他们都设计了令人兴奋的宣传广告，在网页上传达一致的信息，以不断加强广

---

[1] Pinkbananamedia.com,《社会网络和 Web 2.0 时代的目的地营销》第 2 页，参看 http://www.pinkbananamedia.com/pdf/pbm_destinations.pdf

[2] Pinkbananamedia.com,《社会网络和 Web 2.0 时代的目的地营销》第 2 页，参看 http://www.pinkbananamedia.com/pdf/pbm_destinations.pdf

[3] 亚利桑那州旅游局，参看 http://ads.ak.facebook.com/ads/FacebookAds/AOT_CaseStudy.pdf

[4] 亚利桑那州旅游局，参看 http://ads.ak.facebook.com/ads/FacebookAds/AOT_CaseStudy.pdf

告效果和网页吸引力①。

亚利桑那旅游局的广告之所以如此受欢迎是因为他们具有创意的营销手段满足了目标群体的需求。除了采用广告的形式传达亚利桑那旅游的信息及图片外，该旅游局还在其Facebook消费者页面上使用了"喜欢和兴趣"筛选器功能，以进一步与其精准客户进行互动。"喜欢和兴趣"是Facebook广告基于用户在他们Facebook页面上所提供的喜欢和感兴趣的信息（比如电影和音乐）和分享在网站上的社团和页面的目标客户筛选器。举个例子来说，芝加哥小熊棒球队在亚利桑那州进行春季训练期间，亚利桑那州实施了一个方案，以吸引希望芝加哥小熊棒球队粉丝访问亚利桑那州。亚利桑那旅游局就能够通过目标关键词如"芝加哥小熊队"和"瑞格利球场"来找到他们精准的客户②。

Facebook方案的结果③
- 比付费搜索高8倍的点击量；
- 在对亚利桑那州旅游有兴趣的27%的群体请求获取亚利桑那州的参观指南；
- 17%的目标群体订阅亚利桑那州旅游局电子邮件简报；
- 总体来说，89%的在线营销流量来自Facebook广告。

2.2 旅游目的地在Facebook建立公共页面并与粉丝互动的10个实例

2.2.1 鼓励粉丝说出他们喜欢的景点

密苏里州布兰森市在其Facebook消费者页面发布这条问题后，收到了30个"喜欢"和数十条评论④。

2.2.2 激励现有的粉丝邀请更多的新粉丝

科罗拉多州的格伦伍德温泉在Facebook消费者页面的营销推广是：如果他们的粉丝愿意转发该温泉的宣传文字并且帮助他们获得6000位新粉丝，他们就提供当地景点的免费通行券，以及当地酒店一晚的免费住宿⑤。

---

① 亚利桑那州旅游局，参看 http://ads.ak.facebook.com/ads/FacebookAds/AOT_CaseStudy.pdf
② 亚利桑那州旅游局，参看 http://ads.ak.facebook.com/ads/FacebookAds/AOT_CaseStudy.pdf
③ 亚利桑那州旅游局，参看 http://ads.ak.facebook.com/ads/FacebookAds/AOT_CaseStudy.pdf
④ 5到9品牌，《10个旅游目的地分享他们的Facebook营销秘密》，参看 http://5to9branding.com/2012/03/21/10-destinations-share-their-secrets-on-how-to-engage-with-your-facebook-fans/
⑤ 5到9品牌，《10个旅游目的地分享他们的Facebook营销秘密》，参看 http://5to9branding.com/2012/03/21/10-destinations-share-their-secrets-on-how-to-engage-with-your-facebook-fans/

2.2.3 奖励当地的商户给提供的优惠券

科罗拉多州的大章克兴，自誉为科罗拉多州酒业的中心，向其 Facebook 页面上的粉丝提供当地酒庄的优惠券[①]。

---

① 5 到 9 品牌,《10 个旅游目的地分享他们的 Facebook 营销秘密》，参看 http://5to9branding.com/2012/03/21/10-destinations-share-their-secrets-on-how-to-engage-with-your-facebook-fans/

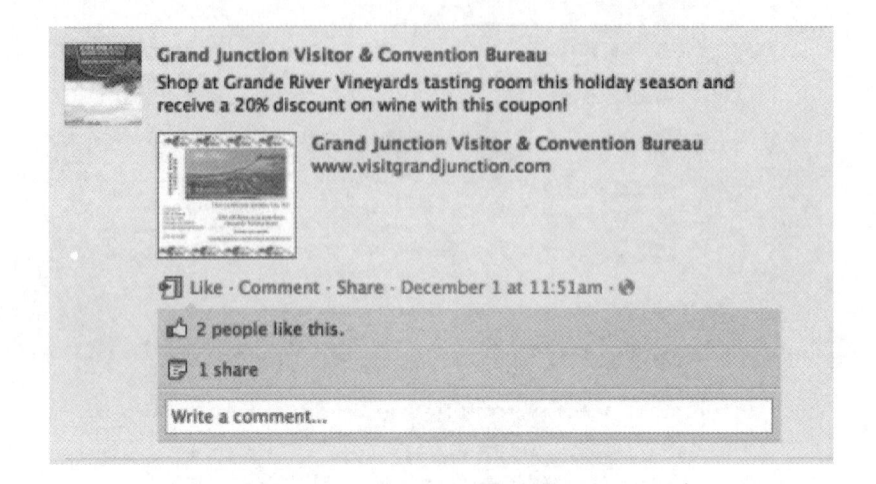

2.2.4 提供当地商店购物的礼品卡

在节假日期间,科罗拉多州的博尔多市中心为新注册的粉丝提供赢取价值 500 美元消费礼品卡的机会[①]。

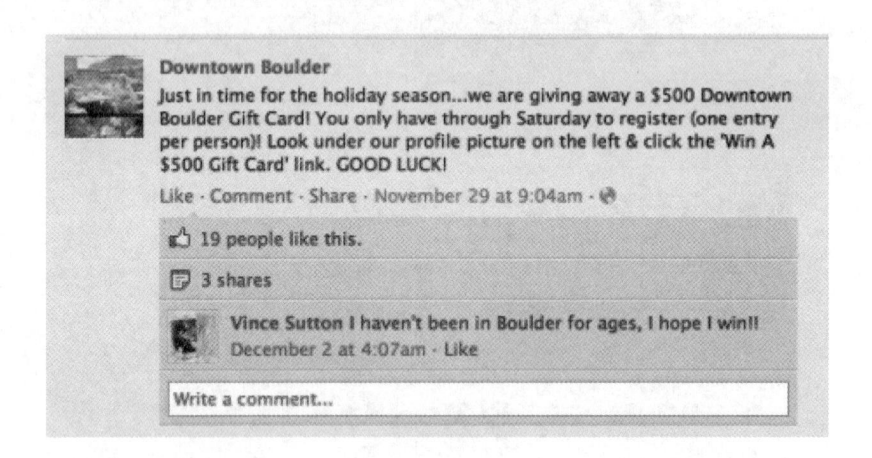

2.2.5 使用电视新闻形式的视频来播报近期活动

每周,科罗拉多州的埃斯蒂斯帕克都会在其 Facebook 页面分享一个新闻形式的

[①] 5 到 9 品牌,《10 个旅游目的地分享他们的 Facebook 营销秘密》,参看 http://5to9branding.com/2012/03/21/10-destinations-share-their-secrets-on-how-to-engage-with-your-facebook-fans/

第四章　科技发展推动美国旅游产业

视频，视频中主持人会宣传即将到来周末的活动①。

2.2.6　发布当地商户提供的优惠券二维码

最近，科罗拉多州埃斯蒂斯帕克向其 Facebook 粉丝分享了当地一家珠宝店提供的打折信息的二维码②。

---

① 5 到 9 品牌，《10 个旅游目的地分享他们的 Facebook 营销秘密》，参看 http://5to9branding.com/2012/03/21/10-destinations-share-their-secrets-on-how-to-engage-with-your-facebook-fans/

② 5 到 9 品牌，《10 个旅游目的地分享他们的 Facebook 营销秘密》，参看 http://5to9branding.com/2012/03/21/10-destinations-share-their-secrets-on-how-to-engage-with-your-facebook-fans/

77

2.2.7 发布一篇新闻或者杂志报道，然后询问意见和反馈

名位"游览丹佛"的 Facebook 页面最近分享了一篇来自当地杂志的文章《5280 个丹佛社区》，然后询问其粉丝是否赞同文章中关于 5280 个丹佛社区的描述[①]。

2.2.8 邀请粉丝为全年旅游指南献计献策

纽约州旅游局邀请 Facebook 页面的粉丝分享他们最喜欢停留的酒店、景区，或者购物中心，其中部分信息将被编撰进即将发布的纽约州旅游指南[②]。

---

① 5 到 9 品牌，《10 个旅游目的地分享他们的 Facebook 营销秘密》，参看 http://5to9branding.com/2012/03/21/10-destinations-share-their-secrets-on-how-to-engage-with-your-facebook-fans/

② 5 到 9 品牌，《10 个旅游目的地分享他们的 Facebook 营销秘密》，参看 http://5to9branding.com/2012/03/21/10-destinations-share-their-secrets-on-how-to-engage-with-your-facebook-fans/

2.2.9 邀请当地居民分享宣传当地景观资源和活动的视频

最近，怀俄明州风河郡旅游局在其 Facebook 页面上分享了这则由当地视频制作公司拍摄的让人激动的雪上摩托的连续镜头，以展示当地独特的地貌资源[①]。

2.2.10 赞助商提供有奖竞猜

怀俄明州杰克逊山洞滑雪圣地得到了斯巴鲁汽车公司和 Marmot 酒店的支持用以推广这次抽奖[②]。

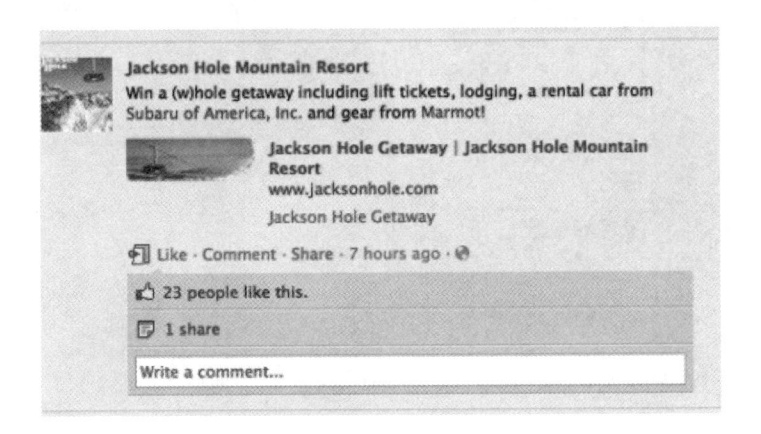

[①] 5 到 9 品牌，《10 个旅游目的地分享他们的 Facebook 营销秘密》，参看 http://5to9branding.com/2012/03/21/10-destinations-share-their-secrets-on-how-to-engage-with-your-facebook-fans/

[②] 5 到 9 品牌，《10 个旅游目的地分享他们的 Facebook 营销秘密》，参看 http://5to9branding.com/2012/03/21/10-destinations-share-their-secrets-on-how-to-engage-with-your-facebook-fans/

2.3 旅游消费者运用 Facebook 制订旅行计划和购买旅游产品实例

根据弗雷斯特研究公司的研究报告，58% 的旅行消费者是 Facebook 的会员，72% 参与某种形式的社交媒体活动，其中包括评论网站[1]，社交媒体已经变成旅行消费者制订旅行计划的重要信息来源。自 2010 年年末开始，TripAdvisor———家每年约有 6900 万的访问人次，超过 6000 万条评论的，美国最大的旅游网站允许其会员能够通过其 Facebook 账号登录该网站，以研究和分享酒店、旅游目的地、景区和餐厅的评论和信息。此外，用户还能看到访问过或者住在相同酒店的 Facebook 好友并给他们发信息。这些可见的信息取自用户在 Facebook "个人信息"里公开的内容，以及 TripAdvisor 在 Facebook 的应用程序——"我去过的城市"：这一图钉地图形式的应用程序是社交网站中最受欢迎的旅游应用程序之一，其下载量达到了 1600 万次，每月拥有 550 万的活跃用户[2]。TripAdvisor 预计其 5%～10% 的会员在 Facebook 的好友会下载"我去过的城市"应用程序，而每个用户平均会"标

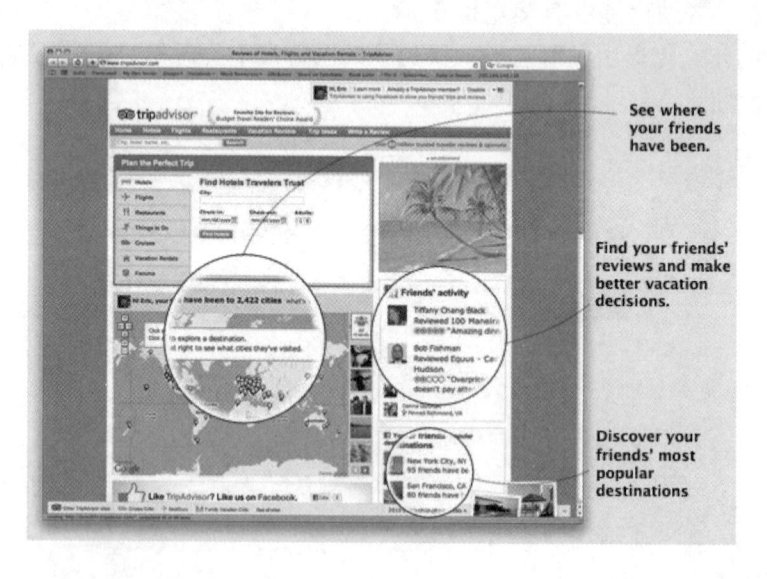

---

[1]《今日美国》旅行板块，《TripAdvisor 用户可以向 Facebook 的朋友寻求建议》，参看 http://travel.usatoday.com/destinations/dispatches/post/2010/06/tripadvisor-taps-facebook-friends-for-advice/96568/1

[2]《今日美国》旅行板块，《TripAdvisor 用户可以向 Facebook 的朋友寻求建议》，参看 http://travel.usatoday.com/destinations/dispatches/post/2010/06/tripadvisor-taps-facebook-friends-for-advice/96568/1

注"70 个地点①。

在 2009 年年末，TripIt，一家旅游规划公司，发布了"Facebook 连接 TripIt"程序，使用户可以链接他们的 TripIt 账户到他们的 Facebook 账户，并且通过 Facebook 的网络分享旅游规划。当用户使用这一应用时，其在 TripIt 账户上的旅游计划就会分享在其 Facebook "个人信息"及"新鲜事"栏目中。朋友们就能在旅行计划上评论，并通过 Facebook 约定见面的时间和地点②。

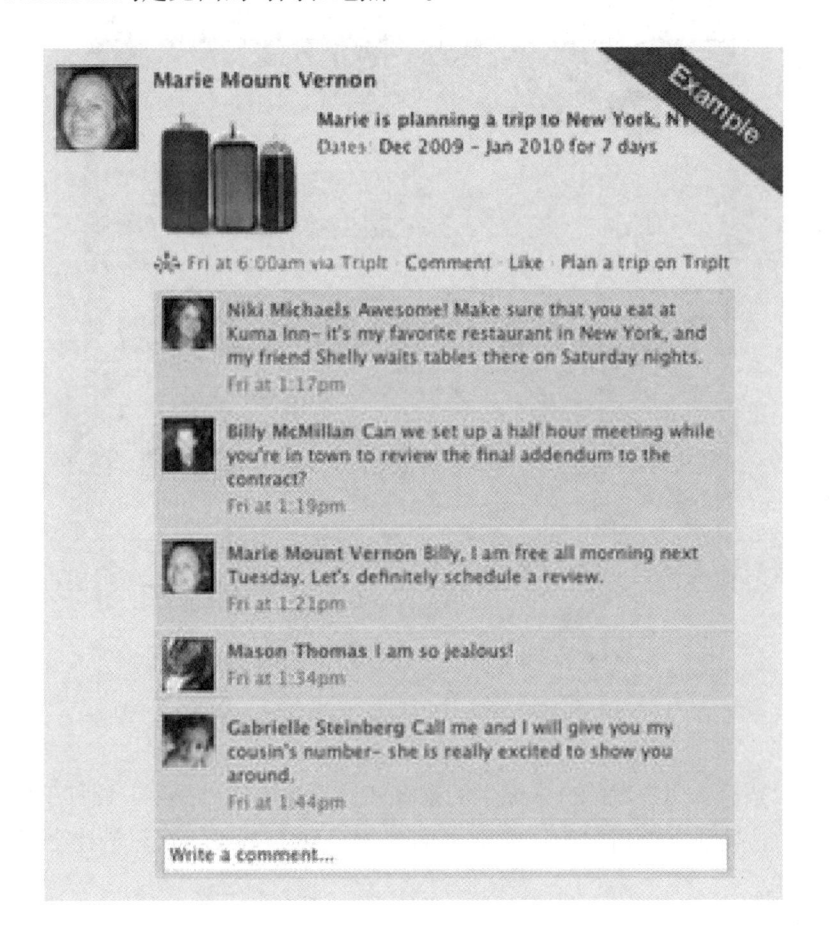

2010 年年底，达美航空是第一家在自己 Facebook 主页上全面整合其搜索和预

---

① 《今日美国》旅行板块，《TripAdvisor 用户可以向 Facebook 的朋友寻求建议》，参看 http://travel.usatoday.com/destinations/dispatches/post/2010/06/tripadvisor-taps-facebook-friends-for-advice/96568/1

② TripIt 博客，《TripIt 的新 Facebook 链接》，参看 http://blog.tripit.com/2009/12/new-facebook-connect-for-tripit.html

订引擎系统的航空公司^①。

该应用称为"售票窗口",用户可以使用该应用选择不同的搜索条件,包括飞行线路、飞机类型、时间,以及含税的票价^②。

选定计票后,用户就能进入惯常的乘客和付款等信息界面完成预订工作^③。

目前,达美航空公司在 Facebook 上拥有 316353 位粉丝,这只是社交网络 8.5 亿

---

① Tnooz,《达美航空打倒 EasyJet 成为第一个在 Facebook 上提供预订引擎的航空公司》,参看 http://www.tnooz.com/2010/08/12/news/delta-beats-easyjet-as-first-airline-to-offer-booking-engine-within-facebook/

② Tnooz,《达美航空打倒 EasyJet 成为第一个在 Facebook 上提供预订引擎的航空公司》,参看 http://www.tnooz.com/2010/08/12/news/delta-beats-easyjet-as-first-airline-to-offer-booking-engine-within-facebook/

③ Tnooz,《达美航空击败 EasyJet 成为第一个在 Facebook 上提供预订引擎的航空公司》,参看 http://www.tnooz.com/2010/08/12/news/delta-beats-easyjet-as-first-airline-to-offer-booking-engine-within-facebook/

注册用户中很小的一部分[①]。

3　博　客

网络日志，又称为博客。博客的内容以日记形式显示，这些日记在网站上以时间逆序展示。博客往往针对某一特定话题比如食物、政策或旅游进行评述[②]。一个博客往往整合了文字、图片、与其他网站的链接，以及与这些特定话题相关的

[①] Tnooz,《达美航空打倒 EasyJet 成为第一个在 Facebook 上提供预订引擎的航空公司》，参看 http://www.tnooz.com/2010/08/12/news/delta-beats-easyjet-as-first-airline-to-offer-booking-engine-within-facebook/

[②] 克雷格·赫本，全球的网络大师，STA 旅游，《Web 2.0 的旅游及旅游业》第 4 页，参看 http://195.130.87.21:8080/dspace/bitstream/123456789/390/1/Web%202.0%20for%20the%20tourism%20and%20travel%20industry.pdf

媒体①。常见的信息包括目的地即将到来的事件和节日、过往事件的报道、旅游目的地值得尝试的活动和游览景区、旅游安排和计划、特色小店或餐厅业者的采访、餐厅菜单、食物菜谱和照片、优惠和打折信息、水疗中心或酒店设施介绍等。通常，目的地营销管理机构、酒店，以及其他营销者会将博客链接到自己的网站，并且鼓励消费者订阅电子邮件和简易资讯集合（RSS），以时时掌握最新博客的动态。

博客为目的地管理机构和旅游相关公司联系消费者、发展和加强品牌推广提供了绝佳的平台。博客的内容应该反映机构或者公司独特的个性。拿酒店举个例子，博客上分享的信息可以介绍该酒店是家庭运营，具有乡村风格的小旅店，还是一个位于城市地段的时尚酒店，又或者一个高级的奢华酒店②。

旅游供应商运用博客开展营销活动的实例

博客拉近旅游相关公司与消费者之间的距离，以获得其博客读者的信任。比尔马里奥特，美国万豪酒店和度假公司的首席执行官，利用自己的博客分享万豪酒店的活动和促销信息。其"正在进行中"栏目向消费者展示了酒店正在发生的事件及促销活动，帮助建立品牌忠诚度。博客中还有"倾听"的功能，他在能够代表万豪酒店品牌的声音同时传递自己的个性。这个博客中还设置了"听说"功能，消费者通过此功能能够获得比尔马里奥特阅读自己文章的音频③。

---

① 克雷格·赫本，全球的网络大师，STA 旅游，《Web 2.0 的旅游及旅游业》第 4 页，参看 http://195.130.87.21:8080/dspace/bitstream/123456789/390/1/Web%202.0%20for%20the%20tourism%20and%20travel%20industry.pdf

② HVS，《酒店如何在 2010 年接受社交媒体》，第 23 页，参看 http://www.slideshare.net/VisitKissimmee/examples-of-how-hotels-are-using-social-media-a-guide-for-getting-started-4606358

③ HVS，《酒店如何在 2010 年接受社交媒体》，第 23 页，参看 http://www.slideshare.net/VisitKissimmee/examples-of-how-hotels-are-using-social-media-a-guide-for-getting-started-4606358

4　推特（微博）

推特（www.twitter.com）是一家微型博客服务商。2012年2月，推特在全球范围内，共有5亿注册用户及约2亿位活跃用户[1]。美国是推特市场份额最大的市场，共有1.08亿位注册用户。推特有大约3.61%的分享转接流量。36%的推特用户平均每天至少发布一次信息，平均每天的访问时间是11分钟50秒[2]。全球推特用户每天共计发送1.75亿条信息。2012年推特的广告收入预计将达到2.59亿美元[3]。平均每天推特新增100万用户[4]。

和Facebook一样，推特是最受欢迎的社交网络和互动微博服务商之一。它使得人们能够通过网络或者移动平台发送140个字节的短消息或者照片和音频等微媒体到推特上。如果人们对其中一个用户发布的信息（又称tweets）感兴趣，他们可以"关注"这一用户，每当该用户发送新消息时，那些关注此人的用户就能收到通知。旅游企业和机构能够利用推特来建立行业间的联系，在休闲、社交、人性化的环境下获得品牌曝光度。此外，这些公司和机构能积极地与粉丝展开互动，分享正在发生的事情的信息、照片、视频和音频，以及在特定时间内的促销信息。

4.1　旅游供应商运用推特开展营销活动的实例

威斯汀伯纳凡丘大酒店（加利福尼亚州，洛杉矶）[5]

2009年4月，威斯汀伯纳凡丘大酒店在推特上掀起浪潮，它宣布将给25位关注@thebonaventure的幸运儿提供免费的房间的机会。该酒店发起过数次有奖竞猜活动，每次活动都为酒店创造大量的宣传和推广。主流的媒体对于酒店竞猜活动的报道吸引了大约2000万消费者的浏览量。

---

[1] The Social Skinny，《截至2012年（3月）100家社交媒体，移动和网络统计》，参看 http://thesocialskinny.com/100-social-media-mobile-and-internet-statistics-for-2012/

[2] The Social Skinny，《截至2012年（3月）100家社交媒体，移动和网络统计》，参看 http://thesocialskinny.com/100-social-media-mobile-and-internet-statistics-for-2012/

[3] The Social Skinny，《截至2012年（3月）100家社交媒体，移动和网络统计》，参看 http://thesocialskinny.com/100-social-media-mobile-and-internet-statistics-for-2012/

[4] The Social Skinny，《截至2012年（3月）100家社交媒体，移动和网络统计》，参看 http://thesocialskinny.com/100-social-media-mobile-and-internet-statistics-for-2012/

[5] HVS，《酒店如何在2010年接受社交媒体》，第10页，参看 http://www.slideshare.net/VisitKissimmee/examples-of-how-hotels-are-using-social-media-a-guide-for-getting-started-4606358

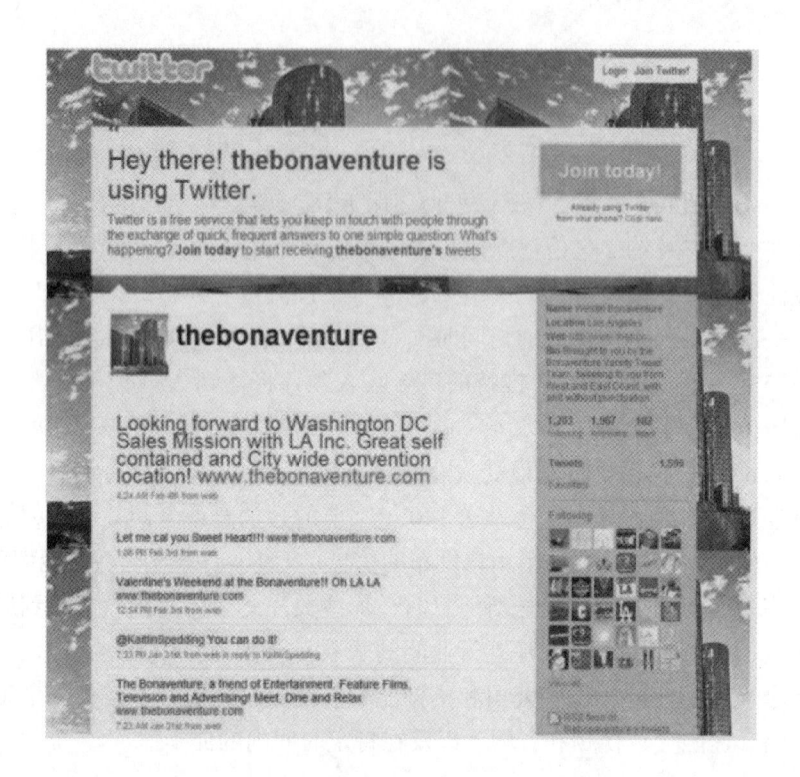

Sparkloft 媒体公司随机对 200 家美国旅游目的地管理机构展开问卷调查。研究报告显示美国旅游目的地管理机构越来越多地青睐使用推特。评估旅游产业应用推特的效果的重要方式是查看有多少人选择关注了旅游目的地管理机构发布的推特信息。

下表展示了美国拥有最多推特关注人数的五十家旅游目的地管理和营销机构[①]。

目的地	截至 2011 年 2 月粉丝数量排名	粉丝数量	关注人数	更新帖的数量	平均每天发布条数
I_LOVE_NY	1	48677	14369	3045	8.56
onlyinsf	2	29251	2879	2900	1.64
nycgo	3	29213	1457	2530	3.97
TravelPortland	4	21010	5895	3739	2.51
ChooseChicago	5	18775	3915	2157	3.28
Vegas	6	16889	8405	6108	15.08
MyVancouver	7	13075	807	2016	5.21

---

① Sparkloft,《2011 年 2 月目的地推特排名》,参看 http://sparkloftmedia.com/blog/resources/destination–twitter–ranking–february–2011/

续表

目的地	截至 2011 年 2 月粉丝数量排名	粉丝数量	关注人数	更新帖的数量	平均每天发布条数
ColumbiaSC	8	12626	12850	10306	8.74
explorechicago	9	12470	5186	16687	12.56
JustAddBourbon	10	12011	11749	3981	4.05
VisitChicago	11	11612	7850	3384	0
PureMichigan	12	11447	2382	5415	11.31
Colorado	13	11413	9469	5963	7.31
BaltimoreMD	14	11397	1969	6762	6.97
ArizonaTourism	15	10903	1760	2009	0.56
GeorgiaTourism	16	10670	6545	1357	0.64
visitflorida	17	10535	1257	3568	6.36
washingtondc	18	10345	585	3886	6.85
visitPA	19	10049	2956	6221	7.31
visitphilly	20	9851	1957	9453	12.38
VisitAustinTX	21	9841	4636	1943	2.05
VisitNewOrleans	22	9626	6804	4635	5.69
visitmusiccity	23	9595	682	3590	4
VisitHoustonTX	24	9481	666	1414	−0.15
TravelOregon	25	9209	8366	3643	1.44
visitmaine	26	9098	3793	738	0.64
PositivelyCleve	27	8865	3924	2824	2.62
visitsandiego	28	8752	1580	2241	2.95
ScottsdaleAZ	29	8152	7013	2369	−0.95
enjoyillinois	30	8144	6528	2353	0.26
VisitVirginia	31	8129	1570	3342	1.44
SeattleMaven	32	8127	938	27188	17.9
visitorlando	33	8066	405	1921	2.69
VisitTampaBay	34	7800	974	8390	8.44
ExpCols	35	7745	3531	7984	5.13
discover_la	36	7576	1437	1856	1.03
louisianatravel	37	7444	4905	3388	3.26
VisitIndiana	38	6735	1792	4575	2.67
VisitSanAntonio	39	6668	2813	2041	2.59
iknowdenver	40	6635	530	10993	15.74
gotolouisville	41	6569	6262	5400	5.26
VermontTourism	42	6517	5556	2726	2.67
Travel_Iowa	43	6486	1281	1561	0.79

续表

目的地	截至2011年2月粉丝数量排名	粉丝数量	关注人数	更新帖的数量	平均每天发布条数
uwishunu	44	6456	1234	2095	2.08
VisitRichmond	45	6402	1849	1835	1.9
visitatlantaga	46	6194	3197	1497	4.69
Banff_Squirrel	47	6102	5707	9947	38.85
GoWhistler	48	6065	2751	2939	2.13
alabamabeaches	49	6007	2103	6018	6.18
VisitSavannah	50	5886	5899	12498	23.31

资料来源：Sparkloft，《2011年2月目的地推特排名》，参看 http://sparkloftmedia.com/blog/resources/destination-twitter-ranking-february-2011/。

4.2 推特在制订旅行计划方面的应用

很多旅游目的地管理机构（DMOs）、旅游杂志、指南出版社和作者都拥有推特账户，这使得消费者能够非常方便地寻找和关注这些公司或个人，以获取旅游信息和小贴士。推特也是旅游产品促销信息的主要来源。举个例子，用户可以关注 Airfarewatchdog.com 网站以获得计票折扣信息及旅游新闻等。一旦旅游消费者确定目的地和日期计划，他们就会研究具体的酒店、景区、即将到来的节日、天气情况、交通状况，而推特会是获得上述信息的绝佳平台。推特上的"我们关注"应用使得用户可以通过搜索"我们关注"这一旅游标签，找到旅游名人和当地的推特会员[①]。

5 在线视频

对于旅游行业的营销者来说，视频一跃成了想展示内容和想法的最好的方式。视频使得网络用户和他们的消费群体能够去看并"感知"旅游目的地或者旅游产品，并且留下更持久的印象。视频可以和家人或朋友，以及任何参与到决策过程的人分享。

---

① About.com，高级旅行，《使用推特来计划你的假期》，参看 http://seniortravel.about.com/od/planningyourdreamtrip/ss/TwitterTravelPlanning_3.htm

5.1 YouTube 在线视频频道

YouTube（www.youtube.com）是最受欢迎的在线视频网站。根据"YouTube 统计"显示，每分钟有长达 60 个小时的视频上传，即每秒钟就有长达一个小时的视频被上传至 YouTube。每个月上传到 YouTube 的视频比美国三大网络服务商过去 60 年创造的还要多。每天 YouTube 网站上超过 40 亿个视频被点击观看。每个月访问 YouTube 的用户超过 8 亿，超过 30 亿个小时的视频被点击观看。70% 的 YouTube 网站访问来自美国以外的国家和地区。YouTube 提供 54 种语言并且已经在 39 个国家实现本地化。2011 年，YouTube 拥有超过 1 万亿观看量，换句话说，地球上的每个人平均观看 149 个视频[1]。

YouTube 具有高度社会化的属性——它将人们和其他社交媒体联系在一起：Facebook 上每天被观看的 YouTube 视频时间累计长达 500 年，每分钟有超过 700 条 YouTube 视频通过推特进行传播。每周都有 1 亿人在 YouTube 上开展"喜欢"、分享视频、评论等社交活动。一个自动分享的推特信息能平均创造 6 个新的 YouTube 的访问量。每分钟超过 500 条带有 YouTube 的链接的信息通过推特进行分享。YouTube 上超过 50% 的视频都有评分和评论[2]。

5.2 旅游目的地运用 YouTube 在线视频开展营销活动实例

巴西旅游局将他们的 YouTube 频道从一个简单的视频图书馆转型成具有互动功能的目的地社区。该 YouTube 频道展示了 253 个巴西旅游目的地和事件的视频[3]。

游客可以通过选择计划旅游的月份、旅游停留的时间、旅伴和感兴趣的事物（包括购物、运动、观看自然风光）来筛选视频。游客还能添加自己感兴趣的旅游视频。一旦游客选定了他们目的地，其旅游安排可以通过 Facebook 进行分享[4]。

---

[1] YouTube，《统计数据》，参看 http://www.youtube.com/t/press_statistics

[2] YouTube，《统计数据》，参看 http://www.youtube.com/t/press_statistics

[3] 兰迪·马西森，博客，《巴西旅游发展局把 YouTube 频道转换成互动的度假计划》，参看 http://randymatheson.com/brazil-tourism-board-transforms-youtube-channel-into-interactive-vacation-planner/

[4] 兰迪·马西森，博客，《巴西旅游发展局把 YouTube 频道转换成互动的度假计划》，参看 http://randymatheson.com/brazil-tourism-board-transforms-youtube-channel-into-interactive-vacation-planner/

新西兰旅游局的 YouTube 频道不仅可以展示绝佳的视频，还能够帮助旅游消费者制订自己的旅行计划。这一频道能直接连接新西兰旅游网站，获取"关于新西兰""如何到达新西兰""停留的地点"及"新西兰地图"等信息[①]。

6 照片分享网站

旅游目的地管理机构和旅游供应商不但能够通过照片分享网站上传旅游目的

---

① 莎拉庄，TECHINASIA，《如何通过社交媒体促进旅游》，参看 http://www.techinasia.com/how-to-promote-tourism-through-social-media/

地图片和视频，还能建立群组以开展竞赛活动或测试创新营销策略。Flickr（www.flickr.com）是世界上最大的照片分享网站。2012 年，该网站在世界上共有超过 5100 万注册用户及 8000 万独立访客①。2011 年 8 月，该网站分享超过 60 亿张图片，这一数字还在稳定地持续增长②。Flickr 有着社交网站的特点：它支持用户互相沟通、联系并成为朋友。该网站的图片和视频也能够嵌入博客、Facebook 和其他社交媒体中去。

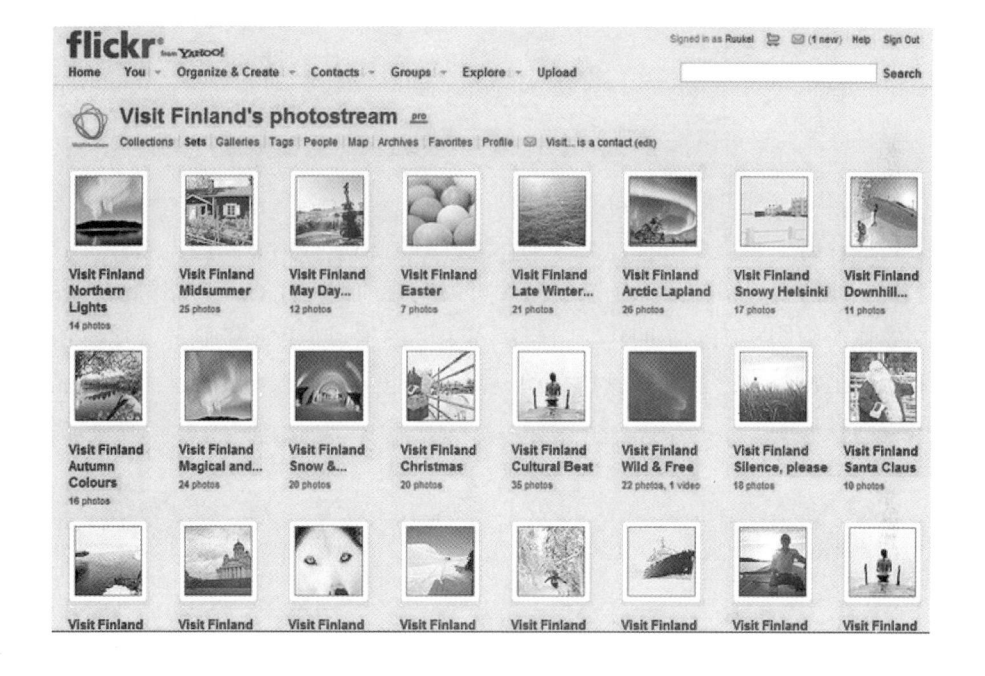

旅游目的地运用 Flickr 照片分享网站开展营销活动实例

芬兰、瑞士及其他一些欧洲国家分别在 Flickr 上创建了目的地营销管理机构的账户，上传的图片按照"主题""季节""景点"进行分类③。

有些旅游目的地管理和营销机构如挪威和希腊使用 Flickr 并创建群组，邀请 Flickr 上的用户来上传并添加目的地，以收集游客拍摄的优秀图片④。

---

① 维基百科，《Flickr》，参看 http://en.wikipedia.org/wiki/Flickr
② 维基百科，《Flickr》，参看 http://en.wikipedia.org/wiki/Flickr
③ Aivar Ruukel，博客，《旅游业目的地管理机构使用 Flickr 的三种途径》，参看 http://aivar.ruukel.ee/2012/04/3-ways-how-tourism-dmos-are-using-flickr/
④ Aivar Ruukel，博客，《旅游业目的地管理机构使用 Flickr 的三种途径》，参看 http://aivar.ruukel.ee/2012/04/3-ways-how-tourism-dmos-are-using-flickr/

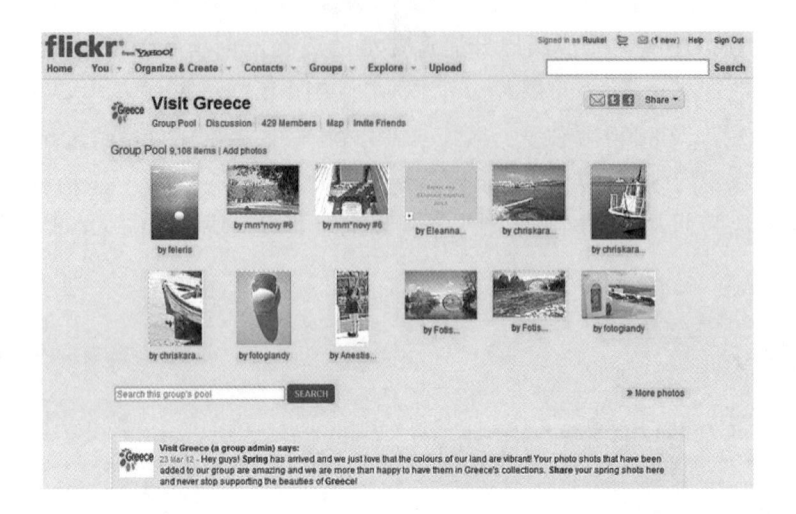

上传照片时，很重要的一点是添加标签并且使用地理标签功能，这样可以在公共的 Flickr 地图上显示图片。动态的图片可以间接地促使用户产生旅游的想法。威尔士国家旅游组织实施一个叫作"分享威尔士"的项目，旨在鼓励并督促威尔士的企业和组织运用数字科技开展营销活动。该项目包括了众包、社区建设、系统地添加标签等内容[1]。

7　播　客

播客是一种可以从网上下载的音频文件（通常是 MP3 格式）。由于播客通常能

---

[1] Aivar Ruukel，博客，《旅游业目的地管理机构使用 Flickr 的三种途径》，参看 http://aivar.ruukel.ee/2012/04/3-ways-how-tourism-dmos-are-using-flickr/

被下载到 iPod 上，故而得名 Podcast，事实上该文件也可以在其他 MP3 播放器上使用。用户订阅简易资讯集合（RSS）通过 iTunes（或者相似的软件）订阅播客以后，新的播客都会被自动加载到 iPod 上。根据苹果公司 2011 年全球开发者大会发布的统计，截至 2011 年 6 月，全世界共有 3.04 亿台 iPod，以及 2.25 亿个 iTunes 账户（包含信用卡信息并且随时能够支付服务）[1]。因此，对于营销者和消费者来说，播客是一个可供利用，并且十分成熟的平台。

许多旅游网站利用播客为消费者介绍目的地音频。如今，几乎每个旅游目的地都有旅游指南播客，iTunes 上拥有上千个旅游目的地的指南播客产品可供下载。大多数播客是免费的并可以在旅游网站、在线新闻媒体，以及像 iTunes 一样的音乐商店内下载。最近上传到 iTunes 的一些景区播客包括圣地亚哥动物园猴子乐园[2]、得克萨斯州加尔维斯顿岛[3] 和芝加哥的千禧公园[4]。

创建一个播客很便宜也很方便，因此不但大品牌制作播客公司能制作、上传播客，一般消费者也可以录制他们自己对旅途的想法和观察，并上传播客。在 iTunes 播客板块输入"洛杉矶"，和洛杉矶的游客可以找到一系列关于南加州旅游资源评论。南加州食物播客详细介绍并点评洛杉矶的餐厅[5]。

播客在旅游营销方面的应用

- 孤独星球（Lonely Planet）在 www.lonelyplanet.com/podcasts 网站上提供免费的介绍目的地播客。
- 在线旅游零售商 Orbitz，在 www.orbitzinsider.com 网站上提供介绍旅游目的地的音频播客。
- 英国维京航空公司在 http:/virginatlantic.loudish.com 网站上试运行了 9 个介绍

---

[1] Nick Burcher，博客，《苹果公司对于 iPad, iTunes, iBooks, Apps 和其他的统计数据》，参看 http://www.nickburcher.com/2011/06/apple-statistics-for-ipad-itunes-ibooks.html

[2] 克雷格·赫本，全球的网络大师，STA 旅游，《Web 2.0 的旅游及旅游业》第 6 页，参看 http://195.130.87.21:8080/dspace/bitstream/123456789/390/1/Web%202.0%20for%20the%20tourism%20and%20travel%20industry.pdf

[3] 克雷格·赫本，全球的网络大师，STA 旅游，《Web 2.0 的旅游及旅游业》第 6 页，参看 http://195.130.87.21:8080/dspace/bitstream/123456789/390/1/Web%202.0%20for%20the%20tourism%20and%20travel%20industry.pdf

[4] 克雷格·赫本，全球的网络大师，STA 旅游，《Web 2.0 的旅游及旅游业》第 6 页，参看 http://195.130.87.21:8080/dspace/bitstream/123456789/390/1/Web%202.0%20for%20the%20tourism%20and%20travel%20industry.pdf

[5] 克雷格·赫本，全球的网络大师，STA 旅游，《Web 2.0 的旅游及旅游业》第 6 页，参看 http://195.130.87.21:8080/dspace/bitstream/123456789/390/1/Web%202.0%20for%20the%20tourism%20and%20travel%20industry.pdf

美国旅游业概况

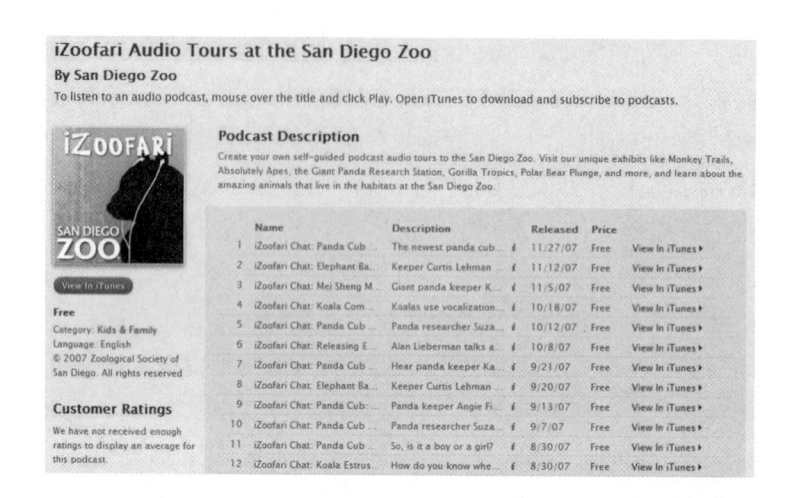

目的地的播客。播客内容除了介绍目的地以外，还有音乐和评论。
- 独立运营公司如心跳指南（www.heartbeatguides.com）和Soundwalk（www.soundwalk.com）都发布了可出售的目的地播客。

8　简易资讯集合（RSS）

RSS（简易资讯集合）是一种文件格式，用于订阅诸如播客、新闻、折扣信息和播客，以即时取得最新的内容。RSS 阅读器可以协助阅览订阅的内容，比较受欢迎的 RSS 阅读器包括 FeedDemon、NewsGator、Rojo 和 Spotback，在许多网站都能下载。消费者可以选择一些其他替代工具比如谷歌主页、MyYahoo 或 Windows Live Space[①]。消费者可以选择并订阅其感兴趣的话题的 RSS，并即时获取所关注的网站和博客的更新内容。

在线旅游零售商、航空公司、酒店和其他旅游供应商在过去几年中也陆续面向消费者 RSS 订阅服务，主要用于发布旅游折扣及促销活动。对于旅游公司来说，采用 RSS 平台与爱好技术的游客沟通的方式既简单又经济。

简易资讯集合（RSS）在旅游营销方面的应用

许多在线旅游供应商比如 Expedia（www.expedia.com）、STA 旅游（www.startravel.com）、维京假日（www.virginholidays.co.uk）和 Orbitz（www.orbitz.com）为订阅其 RSS 服务的消费者，时时更新旅游折扣和促销内容。

康德纳什网站（www.concierge.com）通过 RSS 平台向订阅服务的消费者介绍、推荐世界最值得去的旅游目的地。

9　标　签

标签是一种全新的在线分类信息的方法。任何一条信息（比如博客）都可以被多个标签标记，并且在每个标签的分类下显示。这与严格遵循线性浏览方式的网站截然不同：网络 2.0 的标签应用在用户的生成内容和博客中尤其常见[②]。

用户越来越倾向于使用标签来筛选、排序及分享制订旅游计划和购买旅游产品的信息。消费者能够查看其他消费者制订旅行计划的心得，有效地剔除所有过期信息，并且查看旅游指南上加注的笔记。以上这些内容，正是用标签能够提供的服务[③]。

[①] 克雷格·赫本，全球的网络大师，STA 旅游，《Web 2.0 的旅游及旅游业》第 9 页，参看 http://195.130.87.21:8080/dspace/bitstream/123456789/390/1/Web%202.0%20for%20the%20tourism%20and%20travel%20industry.pdf

[②] 克雷格·赫本，全球的网络大师，STA 旅游，《Web 2.0 的旅游及旅游业》第 10 页，参看 http://195.130.87.21:8080/dspace/bitstream/123456789/390/1/Web%202.0%20for%20the%20tourism%20and%20travel%20industry.pdf

[③] 克雷格·赫本，全球的网络大师，STA 旅游，《Web 2.0 的旅游及旅游业》第 10 页，参看 http://195.130.87.21:8080/dspace/bitstream/123456789/390/1/Web%202.0%20for%20the%20tourism%20and%20travel%20industry.pdf

通常，标签应用于两个目的：保存和分类内容，以及浏览其他人的内容[1]。

想象一个人正在计划一次去巴黎的旅行。首先，他会通过在搜索引擎里搜索"去法国巴黎旅行"以搜索相关的旅游方案，搜索引擎会提供不少于 2900 万条搜索结果。然后他精简了搜索，并开始访问一些推荐的网页。在他访问这些网站时，他可以保存这些网站，也可以运用 Del.icio.us（www.de.licio.us）服务对这些网页"添加标签"，这一过程就像建立浏览收藏夹。他可以用"必去""凡·高""蒙马特"等关键词标注一个博物馆网页。当标注的内容产生时，一个"标签云"也随之被创建，自动按照兴趣细分标注的内容，帮助未来更细致地搜索和标注。

机场　住宿　活动　艺术

酒吧　啤酒　骑自行车　布鲁塞尔　朋友

画廊　罗浮宫　玛黑区　蒙马特

博物馆　得去　巴黎　凡·高

标签示例[2]

这类像 Del.icio.us 网站的特点就是帮助其他到巴黎的游客浏览具有相关性的，且被其他人标注过的网页。

标签也应用于非常热门的地图标记中，这是一个给内容添加经纬度的过程，使得该内容可以在地图上根据地理位置显示。这一技术仍在发展中，有些新式手机允许将照片拍摄的地理位置添加到地图标记中，并分享到 Flickr 网络相册上。

标签在旅游营销方面的应用

- Flickr（www.flickr.com）允许用户保存、搜索、排序和分享照片。标签允许用户对其照片进行分类，使其他用户可以方便地在相同的标签下找到照片。去威尼斯旅行？搜索"威尼斯"来看他人的照片。Flickr 同样允许用户使用地

---

[1] 克雷格·赫本，全球的网络大师，STA 旅游，《Web 2.0 的旅游及旅游业》第 10 页，参看 http://195.130.87.21:8080/dspace/bitstream/123456789/390/1/Web%202.0%20for%20the%20tourism%20and%20travel%20industry.pdf

[2] 克雷格·赫本，全球的网络大师，STA 旅游，《Web 2.0 的旅游及旅游业》第 10 页，参看 http://195.130.87.21:8080/dspace/bitstream/123456789/390/1/Web%202.0%20for%20the%20tourism%20and%20travel%20industry.pdf

图标签、上传并分享照片，通过世界地图进行展示（www.flickr.com/groups/world/pool/map）。
- Travbuddy（www.travbuddy.com）是一个与他人分享旅行经验的网站，除了有标签搜索功能以外，还有标注世界热门目的地的标签功能。

10　混搭和开放的 API

"混搭"指的是无缝衔接两个或多个不同来源的信息，以创造新的用户体验。最常见的混搭应用是将谷歌地图和其他信息结合，比如自行车行车路线[①]。

开放的 API 接口技术使得"混搭"应用变为可能。通过在自己的软件上提供开放的 API 接口，许多公司像谷歌、Flickr、YouTube，以及 Del.icio.us 都允许大众消费者创建这些服务的无限组合[②]。

混搭技术已经广泛应用于旅游产业，最常见的应用是谷歌地图和其他来源的信息的组合，比如酒店位置。由于该技术还处于初级阶段，目前只有小部分技术公司在他们的软件和网站上提供开放的 API 接口。随着技术的发展，该技术会得到越来越多的应用，并提供更多的商机。

当消费者能获得所有有关旅游目的地的地图、图片、电影、声音及评论的信息时，其能清晰地了解该目的地的旅游资源。如果用户能够从功能的角度看他喜欢的网站，他就可以探索网站是否提供一个开放的 API 端口，并考虑通过混搭技术有趣地显示这些内容。

混搭技术在旅游营销方面的应用
- "任意日外出生成器"（www.randomdayout.co.uk）结合了许多数据来源，使用"虚拟地图"（微软公司开发的类似谷歌地图的产品）来呈现具有地图的旅游安排。
- "虚拟旅游"（www.virtualtourism.blogspot.com）从多方来源汇集有关旅游目的地的信息：包括维基百科的文字信息、谷歌地图信息，以及 YouTube 上的视频

[①] 克雷格·赫本，全球的网络大师，STA 旅游，《Web 2.0 的旅游及旅游业》第 12 页，参看 http://195.130.87.21:8080/dspace/bitstream/123456789/390/1/Web%202.0%20for%20the%20tourism%20and%20travel%20industry.pdf

[②] 克雷格·赫本，全球的网络大师，STA 旅游，《Web 2.0 的旅游及旅游业》第 12 页，参看 http://195.130.87.21:8080/dspace/bitstream/123456789/390/1/Web%202.0%20for%20the%20tourism%20and%20travel%20industry.pdf

信息。
- Blogabond 世界浏览器（www.blogabond.com/WorldBrowser.aspx）为游客用探索博客、混搭用户生成内容和谷歌地图提供了良好的平台。
- "43 个地方"（www.43 places.com）的工作方式与上述平台相似，用标签和用户生成内容整合 Flickr 图片、RSS 简易信息集合和谷歌地图，允许用户分享他们最喜欢的目的地。
- TripAdvisor（www.tripadvisor.com/LocalMaps-g60763-New_York_City-Area.html）基于谷歌地图，展示纽约酒店的价格。

11 维 基

维基是指允许用户添加、删除或者编辑网站内容的网站。通常，这类网站不要求注册。最热门的应用是维基百科。

而"维基"也恰巧指代协作的软件（维基引擎），支持此类网站的运营[1]。

过去，诸如孤独星球（Lonely Planet）和旅游指南（Rough Guides）的出版商需要向编撰旅游目的地指南的作者、设计、印刷、发行商支付大量的费用以后，这些旅游目的地指南才能向书店和旅游消费者发行。

维基应用简化了这一过程：用户对于一个既定话题有自己的看法，他就能运用维基与他人分享其观点。参看例子：http://wikitravel.org/en，选择一个目的地，点击"编辑"链接开始撰写。

考虑到维基网站上没有或很少有专人负责编辑，维基上的信息的准确性一直受到质疑。大众消费者拥有维基网站上的编辑权。举个例子来说，如果一个巴黎酒店业主将自己的酒店描述成"巴黎玛黑区最好的酒店"，相信不久，另一个访客会修正或删除这一输入。

旅游消费者运用维基制订旅游计划的实例
- 维基旅游（www.wikitravel.org）是一个在世界范围创造免费、完整、实时和可靠的旅游指南的项目。到目前为止，维基旅游网站上共有 12000 个目的地指南和由来自世界各地的维基游客撰写和编辑的其他文章。
- "世界 66"（www.world66.com）效仿维基，允许游客浏览和编辑目的地内容。

---

[1] 克雷格·赫本，全球的网络大师，STA 旅游，《Web 2.0 的旅游及旅游业》第 13 页，参看 http://195.130.87.21:8080/dspace/bitstream/123456789/390/1/Web%202.0%20for%20the%20tourism%20and%20travel%20industry.pdf

- TripAdvisor（www.tripadvisor.co）最近发布了"TripAdvisor 维基"应用，允许游客编辑旅游指南，以辅助现有的大量旅游评论。

12 AJAX

AJAX 是异步的 JavaScript 和 XML 的缩写,它是创建交互式网络应用的开发技术。该技术通过与后台服务器交换少量数据使网页能够更快响应，网页就不需要在用户作出选择后重新载入，从而增加了网页的交互性、速度和可用性[1]。

一旦应用得当，AJAX 可以使网页作出更快响应，并在不需要刷新页面的情况下为用户提供更多相关信息。这是一个还在发展的领域，刚成立的旅游公司可以充分利用这个平台开展营销和推广活动。对于在线零售商来说，为用户提供不断优化的用户体验是获得建立其忠诚度的关键[2]。

许多机票价格搜索引擎就是运用 AJAX 技术，在为用户排序大量航班选项时提供更快捷的服务。

AJAX 在旅游产业中的应用

- Kayak（www.kayak.com）收集 100 多家航空公司中的机票价格，并运用 AJAX 技术为用户提供更好的服务。消费者在查询航班时,可以选择"航空公司""是否停靠""出发日期"或"起飞机场"等过滤标准搜寻结果。这样在快速更新搜索结果的同时，不用担心出现作出改变而重新加载页面的现象。
- Sidestep（www.sidestep.com）提供相似的服务并且循序消费者搜索飞机航班、酒店、汽车、旅游套餐及其他活动。
- Farecast（www.farecast.com）是第一家对机票票价进行预测的网站，他们旨在通过回答如下问题以帮助在线旅游消费者节省开销：你应该现在预订产品还是等待更便宜的价格？
- 谷歌地图（http://maps.google.com）使用 AJAX 技术，使用户在不需要重新加载页面的情况下滚动、放大或缩小地图。

---

[1] 克雷格·赫本，全球的网络大师，STA 旅游，Web 2.0 的旅游及旅游业"第 14 页，参看 http://195.130.87.21:8080/dspace/bitstream/123456789/390/1/Web%202.0%20for%20the%20tourism%20and%20travel%20industry.pdf

[2] 克雷格·赫本，全球的网络大师，STA 旅游，《Web 2.0 的旅游及旅游业》第 14 页，参看 http://195.130.87.21:8080/dspace/bitstream/123456789/390/1/Web%202.0%20for%20the%20tourism%20and%20travel%20industry.pdf

13　移动科技和旅游产业

　　智能手机是建立在移动计算平台上的手机，相比普通手机拥有更强的计算能力和连接性。最早的智能手机主要结合了个人数字助理（PDA 掌上电脑）、移动电话或者拍照的功能。而现在的手机则整合了便携多媒体播放器、低端简洁的数码相机、口袋录像机和 GPS 卫星导航等功能。现代的智能手机一般都包含高清触摸屏，可以连接并展示标准的网络浏览器，并通过无线和移动宽频实现高速数据传输。现代智能手机使用的最常见的移动操作系统有苹果的 iOS、谷歌的安卓系统、微软的 Windows 系统、诺基亚的塞班系统、RIM 的黑莓 OS 系统，以及像 Maemo 和 MeeGo 一样嵌入 Linux 的系统[1]。

　　根据由 GoGulf.com 发布的 2012 年智能手机使用数据的信息图表，全球共有 50 亿部手机，其中 10.8 亿部是智能手机[2]。智能手机的销售额预计将从 2011 年的 4.72 亿部上升到 2012 年的 6.3 亿部，上升幅度为 25%[3]。仅美国市场就有 9140 万的智能手机用户[4]。截至 2012 年年底，美国市场共有 1.158 亿智能手机用户。预计到 2015 年，该数据将上升到 1.763 亿[5]。安卓系统的手机拥有最高的市场份额，其市场份额达到了 46.9%，苹果手机市场份额达到了 28.7%，排名第二[6]。2012 年世界手机交易金额将超过 1715 亿美元，比 2011 年的 1.06 亿美元提升了 62%[7]。根据高德纳咨询公司（Gartner, Inc）的数据，2012 年平板电脑销售量预计将达到 1.189 亿台，相比 2011 年的 6000 万台销量增长了 98%。2012 年，苹果的 iOS 系统预计将

---

[1] 维基百科，《智能手机》，参看 http://en.wikipedia.org/wiki/Smartphone

[2] AnsonAlex.com，《智能手机 2012 年使用统计（信息图表）》，参看 http://ansonalex.com/infographics/smartphone-usage-statistics-2012-infographic/

[3] The Social Skinny，《截至 2012 年（3 月）100 家社交媒体，移动和网络统计》，参看 http://thesocialskinny.com/100-social-media-mobile-and-internet-statistics-for-2012/

[4] AnsonAlex.com，《智能手机 2012 年使用统计（信息图表）》，参看 http://ansonalex.com/infographics/smartphone-usage-statistics-2012-infographic/

[5] Digby，《移动商务和参与统计信息》，参看 http://www.digby.com/mobile-industry-resources/mobile-industry-statistics/

[6] AnsonAlex.com，《智能手机 2012 年使用统计（信息图表）》，参看 http://ansonalex.com/infographics/smartphone-usage-statistics-2012-infographic/

[7] Digby，《移动商务和参与统计信息》，参看 http://www.digby.com/mobile-industry-resources/mobile-industry-statistics/

占全球平板电脑份额的 61.4%。安卓系统的平板拥有市场份额 31.9%，排名第二[①]。2012 年 5 月，苹果商店拥有共计 652054 个可供下载的应用程序，其中 32961 个应用程序和旅游相关，占总共可下载程序的 5.05%[②]。截至 2012 年 6 月 2 日，市场上共有 443920 个安卓应用，其中和旅游相关的程序有 19508 个，占总体可下载应用程序的 4.4%[③]。2015 年，移动应用程序产业总值将从今天的 60 亿美元上升到 557 亿美元[④]。

随着商业不断接受移动科技来开展与消费者的互动、推广产品和服务，旅游和科技的关系变得更加紧密。根据在线旅游调研公司 PhoCusWright 面向 1000 位美国在线旅游消费者的旅游科技调研报告，39% 的用户使用手机或平板电脑开展诸如酒店客房和航班等旅游产品信息的搜索和研究，35% 的用户使用手机和平板电脑来预订诸如酒店房间和机票等旅游产品，42% 的用户使用手机和平板电脑来登记酒店和飞机航班，63% 的游客在节假日使用移动地图服务[⑤]。根据 Stikky 媒体公司发布的 2012 年社交媒体和旅游产业统计报告，旅游期间消费者使用手机的主要 5 项活动分别为拍照、使用地图功能、搜索餐厅、搜索活动和景点以及登记飞机航班[⑥]。

旅游目的地管理机构运用移动技术开展营销活动的实例

香港旅游局在 2011 年 5 月在 iOS 和安卓系统上发布了一款免费的应用程序——"720 度探索香港"。这个程序为消费者提供了一次非常震撼的香港虚拟旅程，该虚拟旅程邀请用户全方位地体验香港最好的旅游资源。该程序还支持用户观看视频、阅读景点信息，以及定位他们自身想要参观的目的地的地理位置。

基于 GPS 全球定位系统和罗盘功能，该程序提供了超过 100 个旅游景点、5000 家零售商店、2000 家餐厅和购物中心的详细信息。城市向导包含了徒步旅行、小贴士，以及详细的街区、历史、建筑、气候和交通的信息。该程序还提供了四条不同主题

[①] InfoDocket，《高德纳认为世界平板媒体的销售在 2012 年将达到 1.19 亿台》，参看 http://www.infodocket.com/2012/04/10/gartner-says-worldwide-media-tablets-sales-to-reach-119-million-units-in-2012/

[②] 148Apps.biz，《应用程序商店度量》，参看 http://148apps.biz/app-store-metrics/?mpage=catcount

[③] AppBrain，《安卓市场统计信息》，参看 http://www.appbrain.com/stats/android-market-app-categories

[④] The Social Skinny，《截至 2012 年（3 月）100 家社交媒体，移动和网络统计》，参看 http://thesocialskinny.com/100-social-media-mobile-and-internet-statistics-for-2012/

[⑤] AXSES 白皮书，《移动旅游》，第 6 页，参看 http://arcres.com/smartphone/mobiletravel-mr.pdf

[⑥] Stikky 媒体，《2012 年社交媒体和旅游产业统计数据》，参看 http://www.stikkymedia.com/articles/2012-social-media-and-tourism-industry-statistics

美国旅游业概况

的香港旅游路线的文字和音频信息[①]。

澳大利亚旅游局也积极接受移动技术。为了吸引游客参观澳大利亚，澳大利亚旅游局于2011年6月面向150万Facebook粉丝发布了基于iPhone和安卓平台的应用程序——"无与伦比的澳大利亚"[②]。

通过该程序，用户能够浏览多达3500张关于澳大利亚的目的地、景点和旅游活动的图片。用户能够根据州、城市和旅游类型进行图片的筛选，或者以随机模式浏览图片，用户获得的惊喜应接不暇：使用程序上"离我最近"功能，寻找最近距离的澳大利亚旅游专家，最近的50个假日活动场所。该功能能直接链接到澳大利亚旅游网站Australia.com，并允许用户通过Facebook、推特或电子邮件与家人朋友分享喜欢的照片[③]。

在程序发布后的三周时间内，约2万位用户进行了下载，该程序成为iTunes澳大利亚市场上获得消费者评分最高的一款免费旅游应用程序。澳大利亚旅游局也

[①] China.org.cn,《香港旅游局提供两个智能手机应用程序》，参看 http://www.china.org.cn/travel/2011-05/23/content_22618203.htm

[②] 美通社,《澳大利亚旅游局推出的智能手机应用程序》，参看 http://www.prnewswire.com/news-releases/tourism-australia-launches-smartphone-app-123572349.html

[③] 美通社,《澳大利亚旅游局推出的智能手机应用程序》，参看 http://www.prnewswire.com/news-releases/tourism-australia-launches-smartphone-app-123572349.html

在"旅游和生活"板块上投放了移动广告以辅助该程序的发布,预计曝光率达到了2800万次①。

14 搜索引擎和陈列式广告在旅游营销方面的应用

搜索广告是一种根据搜索结果在网页上陈列广告的方法。通过相同的搜索引擎广告服务,广告也可以与其他印刷刊物一样陈列在网页上②。

搜索广告通过搜索引擎,特别是通过它们自己的广告管理平台——雅虎!Advertising!,微软必应adCenter,谷歌Adwords请求广告。上述三个平台的广告都基于投标模式运营。

根据数字营销公司eMarketer的调研,2010年美国搜索广告总支出为120亿美元,2011年为143.8亿美元。预计到2012年,该数据会攀升到170.3亿美元。2015年搜索广告总花费将达到215.3亿美元③。

搜索广告有针对性地匹配消费者在搜索引擎上搜索的关键词,通常,这些关键词由多个字母组成。这一定向匹配能力增加了搜索广告对广告投放者的吸引力。通

---

① 美通社,《澳大利亚旅游局推出的智能手机应用程序》,参看 http://www.prnewswire.com/news-releases/tourism-australia-launches-smartphone-app-123572349.html
② 维基百科,《搜索广告》,参看 http://en.wikipedia.org/wiki/Search_advertising
③ Crowd Science,《美国陈列式广告市场将在2015年超越搜索广告》,参看 http://blog.crowdscience.com/2012/01/us-display-advertising-market-to-surpass-search-ads-by-2015/

常，消费者往往会先使用搜索引擎，以识别和比较不同选项，再去点击符合检索要求的网页。急需满足的消费兴趣使得消费者会去点击搜索广告，而不是免费的却不相关的搜索结果[①]。

陈列式广告在网页上呈现多种方式，包括横幅广告和视频广告。一些横幅广告可以包含静态或者动画的图片、包含音频和视频元素的互动媒体。网络上的陈列式广告被广泛运用于塑造产品的品牌形象。横幅广告可以通过多种方式将信息传达给目标群体。消费行为定位、人口统计定位、地理位置定位和基于网页的定位都是广告投放者选择投放横幅广告位置的常用方法[②]。

2010年，美国陈列式广告的营销费用共计99.1亿美元。2011年，该数据为123.3亿美元。横幅广告和视频广告是提高陈列式广告营销费用的主要驱动因素。2010年，广告投放者在横幅广告上花费了62.3亿美元。2015年，预计该数据将翻番达到117.3亿美元。而2010年，视频广告上支出费用为14.2亿美元，2015年，这一数据将上升到71.1亿美元[③]。

三种最常见的购买网络广告的形式分别为：每千次曝光成本（CPM或CPT），每次点击成本（CPC），或者每次行动成本，又称每次获益成本（CPA）[④]。

第一，每千次曝光成本（CPM或CPT）[⑤]通常运用于广告投放者需要向特定的目标群体投放广告信息。"每千次"是指每千次曝光率，或者广告的载入量。每千次展示成本是横幅广告最常用的定价方式。

第二，每次点击成本（CPC或PPC）[⑥]按照用户每次点击陈列的广告并进入特定的网页的次数计费。广告投放者不需要支付广告的陈列，但需要支付消费者的点击行为。这一系统使得广告投放者精简其搜索的同时，获得目标市场的信息。在这一定价系统下，只有当用户点击广告投放者的网络广告链接并进入他们网站后，广告投放者才付费。

第三，每次行动成本（CPA或PPF）[⑦]是基于网络广告表现的付费方式。在这一系统下，企业奖励那些通过自身的营销推广为企业带来消费者的附属部门。在这个支付条件下，发行商承担运营广告的全部风险，当用户购买或完成注册行为后，

---

① 维基百科，《搜索广告》，参看 http://en.wikipedia.org/wiki/Search_advertising
② 维基百科，《在线广告》，参看 http://en.wikipedia.org/wiki/Online_advertising#Display_advertising
③ 维基百科，《在线广告》，参看 http://en.wikipedia.org/wiki/Online_advertising#Display_advertising
④ 维基百科，《在线广告》，参看 http://en.wikipedia.org/wiki/Online_advertising#Display_advertising
⑤ 维基百科，《在线广告》，参看 http://en.wikipedia.org/wiki/Online_advertising#Display_advertising
⑥ 维基百科，《在线广告》，参看 http://en.wikipedia.org/wiki/Online_advertising#Display_advertising
⑦ 维基百科，《在线广告》，参看 http://en.wikipedia.org/wiki/Online_advertising#Display_advertising

广告投放者才支付广告费用。这一模型忽略了卖家网站上转化渠道的低效率。以下是该支付方式中的常见变量：

- CPL（每条客户线索成本）[①] 与每次行动成本一样，当用户完成填表、订阅电子邮件或完成能够带动销售的行为后，广告投放者才支付广告费用。
- CPS（每次销售成本），PPS（每次销售支付），或者 CPO（每次订单成本）[②] 每次销售行为完成以后，广告投放者才支付广告费用。

搜索和陈列式广告对于旅游业来说尤其重要。提到旅游业，客户最希望能获得视觉、嗅觉、味觉和听觉等方面的感知和体验。旅游广告往往以视觉形式呈现，尽管广告中也传递令人愉悦的味觉和听觉信息。因此，搜索和陈列式广告对旅游广告至关重要。

通常，在制订旅游计划之前，旅游消费者会先在网上搜集目的地信息。对消费者来说网络上有太多的网站或旅游产品，他们很难精确找到所需信息或适合的旅游产品。目的地管理机构、旅游批发商、在线旅游零售商，以及诸如酒店、航空公司、汽车租赁公司等旅游供应商都能够购买一系列关键词来准确描述他们提供的旅游资源和产品，于是当消费者在搜索引擎上输入关键词，并与商家购买的关键词匹配时，这些页面就会出现在消费者面前。陈列式广告使目的地营销管理机构、旅游批发商、零售商，以及旅游供应商以横幅广告或视频广告的形式展示旅游目的地、优惠促销，以及旅游产品。陈列式广告可用于推广旅游目的地的大型广告，也可以用于推广某个旅游网站的特定主题。

旅游目的地管理公司采用陈列式广告开展营销活动的实例[③]

内华达州的旅游产业年产值为惊人的 470 亿美元，每年接待大约 5000 万的游客。这些游客会去热门的旅游目的地，诸如拉斯维加斯、里诺和太浩湖。内华达旅游委员会（NCOT）是一家内华达州的州立机构，负责推广内华达州的州旅游资源。

2010 年 11 月，该委员会实施了一套为期三个月的营销方案。该方案不仅旨在提高内华达州冬季活动的知名度，而且吸引更多的消费者点击参与推广活动的酒店、滑雪场所及景点的网站。内华达旅游委员会在谷歌陈列网络上采用了视频广告和陈列式广告相结合的方案，在 8 个指定市场上，面向潜在的消费者投放结合文字、图

[①] 维基百科，《在线广告》，参看 http://en.wikipedia.org/wiki/Online_advertising#Display_advertising

[②] 维基百科，《在线广告》，参看 http://en.wikipedia.org/wiki/Online_advertising#Display_advertising

[③] 谷歌陈列式网络，行动的成功，《内华达旅游委员会》，参看 https://docs.google.com/a/google.com/viewer?url=http%3A%2F%2Fwww.google.com%2Fadwords%2Fdisplaynetwork%2Fpdfs%2FGDN_Case_Study_NCOT.pdf

片和视频的广告。

  内华达州旅游委员会的冬季项目营销方案创造了 9600 万潜在游客，其中谷歌陈列网络广告创造了 2400 万潜在用户，占总曝光次数的 25%。谷歌陈列广告使 TravelNevada.com 网站流量上升了 57%，SkiHeavenly.com 网站流量上升了 34%，SkiLakeTahoe.com 网站流量上升了 94%。该委员会成功地吸引了大量的潜在游客点击伙伴酒店、滑雪场所及景点的网站，而每次点击只花费（CPC）了 0.33 美元，广告点阅率（CTR）为 1.18%。

附录 1

表格 1　2007～2011 年美国入境旅游市场 10 大客源地［按游客数量（万人次）排名］

排名	2007年	游客数量	2008年	游客数量	2009年	游客数量	2010年	游客数量	2011年	游客数量
入境游客总人数	5590		5790		5500		5980		6230	
1	加拿大	1770	加拿大	1890	加拿大	1800	加拿大	2000	加拿大	2100
2	墨西哥	1430	墨西哥	1380	墨西哥	1320	墨西哥	1350	墨西哥	1340
3	英国	440	英国	460	英国	390	英国	390	英国	380
4	日本	350	日本	320	日本	290	日本	340	日本	320
5	德国	150	德国	180	德国	170	德国	170	德国	180
6	法国	100	法国	120	法国	120	法国	130	巴西	150
7	韩国	80	意大利	80	巴西	90	巴西	120	法国	150
8	澳大利亚	70	巴西	80	意大利	80	韩国	110	韩国	110
9	巴西	60	韩国	80	韩国	70	澳大利亚	90	中国	110
10	意大利	60	澳大利亚	70	澳大利亚	70	意大利	80	澳大利亚	100

资料来源：美国商务部，国际贸易司，旅游产业办公室，《美国人境游市场：2003～2011 年客源地游客来美数量》，参看 http://www.tinet.ita.doc.gov/outreachpages/download_data_table/2011_Visitation_Report.pdf

美国旅游业概况

表格2 2007～2011年美国入境旅游市场10大客源地[按游客消费金额（亿美元）排名]

排名	2007年	旅游消费	2008年	旅游消费	2009年	旅游消费	2010年	旅游消费	2011年	旅游消费
1	加拿大	162	加拿大	187	加拿大	161	加拿大	208	加拿大	240
2	英国	149	英国	167	日本	130	日本	146	日本	167
3	日本	145	日本	146	英国	114	英国	116	英国	132
4	墨西哥	95	墨西哥	97	墨西哥	80	墨西哥	87	墨西哥	94
5	德国	52	德国	67	德国	56	巴西	59	巴西	68
6	印度	37	法国	48	巴西	46	德国	58	德国	66
7	澳大利亚	33	印度	43	法国	41	中国	50	中国	57
8	法国	33	巴西	42	中国	36	法国	41	法国	47
9	巴西	31	澳大利亚	37	印度	36	印度	40	印度	46
10	韩国	26	中国	36	澳大利亚	34	澳大利亚	40	澳大利亚	45

资料来源：美国商务部，国际贸易司，旅游产业办公室，《美国入境游市场：2011年10大客源地游客消费金额排名》，参看 http://www.tinet.ita.doc.gov/outreachpages/download_data_table/2011_International_Visitor_Spending.pdf

表格3　美国入境旅游市场15大港口城市排名

（注：此白皮书定义美国的"海外市场"中不包括加拿大和墨西哥）

排　名	口　岸	2011年市场占有率
1	纽约州，纽约市	16.4%
2	佛罗里达州，迈阿密市	13.2%
3	加利福尼亚州，洛杉矶市	10.4%
4	新泽西州，纽瓦克市	6.0%
5	夏威夷州，檀香山市	5.8%
6	加利福尼亚州，旧金山市	5.3%
7	伊利诺伊州，芝加哥市	4.4%
8	关岛，阿加亚市	3.6%
9	佐治亚州，亚特兰大市	3.3%
10	华盛顿特区	3.1%
11	佛罗里达州，奥兰多市	3.1%
12	得克萨斯州，休斯敦市	2.3%
13	马萨诸塞州，波士顿市	1.8%
14	密歇根州，底特律市	1.5%
15	得克萨斯州，达拉斯市	1.4%

资料来源：美国商务部，国际贸易司，旅游产业办公室，《美国入境旅游市场15大港口》，参看 http://www.tinet.ita.doc.gov/outreachpages/download_data_table/2011_Visitation_Report.pdf

表格4　2007年～2010年美国入境旅游市场上市场占有率（%）最大的10大旅游目的地

（注：此白皮书定义美国的"海外市场"中不包括加拿大和墨西哥）

排名	2007年	市场占有率	2008年	市场占有率	2009年	市场占有率	2010年	市场占有率	2011年	市场占有率
1	纽约州	33.1	纽约州	33.2	纽约州	33.7	纽约州	32.8	纽约州	34.1
2	佛罗里达州	21.7	佛罗里达州	20.9	佛罗里达州	22.2	佛罗里达州	22.1	加利福尼亚州	22.0
3	加利福尼亚州	19.6	加利福尼亚州	20.7	加利福尼亚州	19.5	加利福尼亚州	21.3	佛罗里达州	20.4
4	夏威夷州	7.8	内华达州	8.3	内华达州	8.0	内华达州	9.5	内华达州	10.3
5	内华达州	7.4	夏威夷州	7.2	夏威夷州	7.8	夏威夷州	8.1	夏威夷州	8.2
6	伊利诺伊州	4.9	关岛	5.6	关岛	4.8	关岛	5.0	马萨诸塞州	5.1
7	马萨诸塞州	4.9	马萨诸塞州	5.0	马萨诸塞州	5.3	马萨诸塞州	4.9	得克萨斯州	4.6
8	关岛	4.6	伊利诺伊州	4.7	伊利诺伊州	4.9	伊利诺伊州	4.5	伊利诺伊州	4.5
9	得克萨斯州	4.2	得克萨斯州	4.3	新泽西州	3.9	得克萨斯州	3.9	关岛	4.4
10	新泽西州	4.0	新泽西州	4.1	得克萨斯州	3.8	新泽西州	3.7	新泽西州	3.5

资料来源：美国商务部，国际贸易司，旅游产业办公室，《2009年～2010年美国入境旅游市场》，参看 http://www.tinet.ita.doc.gov/outreachpages/download_data_table/2010_States_and_Cities.pdf

表格5 美国国内旅游市场最受游客欢迎的旅游目的地

排名	目的地	特征
1	拉斯维加斯市，内华达州	绰号"罪恶之城"和"世界娱乐之都"，拉斯维加斯以奢侈的赌场、酒店和相关的娱乐，诸如博彩业、购物和美食而闻名全球
2	纽约市，纽约州	常常被称为"大苹果"，纽约市是美国媒体、文化、美食、时尚、艺术、科研、金融和贸易中心。在纽约，随处可见高楼大厦，帝国大厦是这些耸拔入云的高楼中的一个典型代表。除此之外，纽约的公园、博物馆、购物中心、体育赛事、音乐会和剧院也享誉全球
3	奥兰多市，佛罗里达州	奥兰多是主题公园的天堂。城市集包括迪士尼世界、环球影城、海洋世界在内的大型主题公园，以及像鳄鱼乐园，圣地体验，雷普利信不信由它一样的小型主题公园。奥兰多也是美食家的游乐园，"一千零一夜""中世纪时代"等餐厅都闻名遐迩
4	芝加哥市，伊利诺伊州	芝加哥被人们称为"风城"，是蓝调、爵士乐和喜剧的故乡。城市随处可见高耸云霄的高楼大厦。芝加哥以餐饮文化、购物体验、博物馆、海军码头等旅游景区而闻名。芝加哥每年都举办诸如冬季—奇迹佳节等特殊活动来吸引八方游客
5	洛杉矶市，加利福尼亚州	洛杉矶被称为"天使之城"，是美国十分重要的文化、商业、媒体和国际贸易中心。此外，洛杉矶更是全球娱乐业的中心。洛杉矶以历史街区、博物馆和画廊、公园、各具特色的演唱会、体育赛事、购物和餐饮而闻名遐迩
6	旧金山市，加利福尼亚州	旧金山以其寒冷刺骨的夏雾、陡峭连绵起伏的丘陵、兼收并蓄的建筑，以及诸如金门大桥、缆车、唐人街等标志性景区而闻名
7	圣地亚哥市，加利福尼亚州	圣地亚哥是加利福尼亚州的发源地。圣地亚哥全年气候宜人，其拥有天然深水港和众多的海滩。圣地亚哥旅游资源丰富，著名的景区包括贝尔蒙游乐园、圣地亚哥海洋世界公园等。圣地亚哥也拥有许多西班牙和墨西哥的历史遗址。每年，圣地亚哥都会举办盛事和佳节来吸引各地的游客
8	迈阿密，佛罗里达州	迈阿密——海滩、会议、节庆和活动的中心。位于南部海滩的装饰艺术区，被誉为世界上最迷人的集夜总会、海滩、历史建筑和购物中心于一体的旅游景区
9	波士顿市，马萨诸塞州	波士顿是马萨诸塞州的首府。城市因琳琅满目的博物馆、历史遗址、文化演出，以及知名学府而闻名
10	亚特兰大市，佐治亚州	亚特兰大是佐治亚州的首府。城市在下城区、城中、巴克海特地区拥有大量的高楼大厦。这里还拥有世界上最繁忙的机场。亚特兰大的著名景区包括：马丁·路德·金国家历史遗址、佐治亚水族馆（世界上最大的室内水族馆）、可口可乐博物馆等
11	圣安东尼奥市，得克萨斯州	在圣安东尼奥游客可以欣赏博物馆中陈列的艺术作品、大街上的历史遗迹、独具特色的游乐主题公园。此外，这里的食物可口，这里的啤酒甘甜，这里的人民热情好客，这里的文化灿烂。圣安东尼奥的市中心非常具有活力
12	西雅图市，华盛顿州	西雅图被人们称为"翡翠城"，是西北太平洋及其周边地区的文化和商业中心。这里有太空针塔、波音公司的飞机组装厂、微软、亚马逊、好市多、美国任天堂、星巴克、华盛顿大学等著名企业和学府。西雅图的艺术气息浓厚，这里拥有一个出色的公园生态系统
13	休斯敦市，得克萨斯州	人们称呼休斯敦为"不断蔓延的城市"，这里拥有世界一流的交响乐团和剧院。这里拥有一个全职工作的芭蕾舞团和歌剧公司、众多博物馆、剧院、公园，以及各具特色的节庆和活动
14	新奥尔良市，路易斯安那州	新奥尔良是爵士音乐的发源地，这里拥有许多著名的景区。从世界著名的位于法国区的和波旁街上的臭名昭著的夜生活到圣查尔斯大道（杜兰大学和罗耀拉大学、历史悠久的庞恰特雷恩酒店和许多19世纪大楼的原址），再拥有许多精品店、古董店的杂志街，城市充满活力和魅力
15	达拉斯市，得克萨斯州	达拉斯是购物的天堂。城市中的商场的人均消费超过任何城市。达拉斯的人民对体育十分热情。此外，这里拥有大量独具特色的博物馆和画廊

续表

排名	目的地	特征
16	丹佛市，科罗拉多州	丹佛市是科罗拉多州的首府。人们称呼其为"一英里高城"，全市拥有许多美丽的公园、色彩缤纷的花园、蜿蜒的路径、清澈的湖泊、丰富的野生动物资源，以及娱乐设施。这里也有大量的博物馆、户外节庆活动、体育赛事和缆车游览。洛基山脉距离丹佛市约19.31千米
17	华盛顿特区	华盛顿特区是美国的首都。这里拥有其他城市无法比拟的免费的博物馆系统。这些博物馆规模巨大，拥有美国国内最珍贵的纪念碑和纪念馆。国会大厦、华盛顿纪念碑、白宫、林肯纪念堂，以及坐落其间的国家广场，无不展示着美国作为世界上最富有和最强大的国家
18	劳德代尔堡市，佛罗里达州	劳德代尔堡是"美国的威尼斯"，其拥有一个巨大的运河系统。城市以海滩和邮轮而闻名
19	费城，宾夕法尼亚州	费城具有悠久的历史，其著名景点包括国家独立历史公园、东方州立监狱，以及大量的博物馆和公园
20	阿纳海姆市，加利福尼亚州	阿纳海姆迪士尼游乐园的故乡

资料来源：Hotels.com，《酒店价格指数》，2010年3月10日，参看 http://press.hotels.com/en-ca/2010-03-10/vegas-trumps-new-york-as-top-u-s-destination-for-domestic-travelers-according-to/

表格6 2009年美国各州旅游数据统计和旅游经济效益

州　名	旅游消费（亿美元）	旅游税收收入（亿美元）	旅游就业人数	旅游薪资（亿美元）
亚拉巴马	72	8.8950	76700	13.0000
阿拉斯加	19	3.2160	26100	7.8270
亚利桑那	134	21.0000	146800	41.0000
阿肯色	53	7.3770	60200	11.0000
加利福尼亚	892	141.0000	813500	221.0000
科罗拉多	129	25.0000	141200	34.0000
康涅狄格	88	14.0000	62100	16.0000
特拉华	14	2.0270	15300	3.6230
华盛顿特区	81	13.0000	61900	19.0000
佛罗里达	640	101.0000	722700	186.0000
佐治亚	194	40.0000	234100	66.0000
夏威夷	143	20.0000	141200	42.0000
爱达荷	30	4.8890	24600	4.7530
伊利诺伊	271	51.0000	288700	80.0000
印第安纳	86	13.0000	95700	19.0000
艾奥瓦	62	7.8080	65000	11.0000
堪萨斯	52	7.1580	56200	10.0000
肯塔基	73	10.0000	87300	17.0000

美国旅游业概况

续表

州　名	旅游消费（亿美元）	旅游税收收入（亿美元）	旅游就业人数	旅游薪资（亿美元）
路易斯安那	89	11.0000	102100	19.0000
缅因	27	3.4310	30400	5.6360
马里兰	121	26.0000	116000	34.0000
马萨诸塞	144	22.0000	121500	34.0000
密西根	148	24.0000	142600	34.0000
明尼苏达	103	30.0000	135300	39.0000
密西西比	59	9.8800	82600	18.0000
密苏里	115	18.0000	121100	28.0000
蒙大拿	29	3.1110	28600	4.9010
内布拉斯加	暂无	暂无	暂无	暂无
内华达	252	36.0000	288800	93.0000
新罕布什尔	31	2.8930	23300	4.8160
新泽西	177	32.0000	197600	53.0000
新墨西哥	54	7.6980	55900	11.0000
纽约	482	94.0000	411500	129.0000
北卡罗来纳	162	26.0000	191300	41.0000
北达科他	19	3.6390	23800	3.5640
俄亥俄	150	24.0000	160500	3.40000
俄克拉荷马	59	9.8070	76300	18.0000
俄勒冈	76	10.0000	78000	17.0000
宾夕法尼亚	195	30.0000	208400	51.0000
罗得岛	17	2.2180	13200	2.9740
南卡罗来纳	96	15.0000	116100	20.0000
南达科他	22	2.7250	26700	3.9710
田纳西	133	23.0000	141700	30.0000
得克萨斯	472	80.0000	551500	146.0000
犹他	55	10.0000	72300	18.0000
佛蒙特	18	2.3370	19600	3.8600
弗吉尼亚	181	25.0000	209600	44.0000
华盛顿	116	18.0000	104100	26.0000
西弗吉尼亚州	24	3.4340	28400	5.0510
威斯康星	90	15.0000	109400	21.0000
怀俄明	24	2.8380	29500	4.9090
美国全国旅游数据统计	7040亿美元（美国国内游消费数据为6102亿美元）	1130亿美元（美国国内旅游税收收入为9.92亿美元）	740万	1860亿美元

资料来源：美国旅游协会，旅游产业带来的经济影响，参看http://poweroftravel.org/economic-impact/impact.htm

表格7　2007年～2011年美国国内和入境旅游市场接待人数和消费收益统计

种　类	2007年	2008年	2009年	2010年	2011年
美国国内旅游市场					
美国国内旅游市场总人数统计（亿人次）	20.045	19.649	19.006	19.657	20.049
商业旅游	4.943	4.611	4.365	4.515	4.579
休闲旅游	15.102	15.038	14.642	15.142	15.470
美国国内旅游总消费收益（亿美元）	64.13	66.24	61.02	65.52	70.43
美国入境旅游市场					
美国入境旅游市场总人数统计（亿人次）	0.55978	0.57942	0.54962	0.59796	0.62325
美国入境旅游市场（除去加拿大和墨西哥旅游人数统计）总人数统计（亿人次）	0.23892	0.25341	0.23756	0.26363	0.27883
商业旅游	0.14192	0.16092	0.15560	0.17900	暂无
休闲旅游	0.06331	0.06386	0.04941	0.05325	暂无
加拿大入境美国旅游总人数（亿人次）	0.17759	0.18915	0.17977	0.19964	0.21028
墨西哥入境美国旅游总人数（亿人次）	0.14327	0.13686	0.13229	0.13469	0.13414
入境美国旅游市场总消费收益（亿美元）	1224	1417	1203	1344	1530

资料来源：美国商务部，国际贸易司，旅游产业办公室，《美国旅行及旅游业的趋势：入境旅客消费统计》，参看http://www.tinet.ita.doc.gov/outreachpages/download_data_table/2011_International_Visitor_Spending.pdf

资料来源：世界旅行和旅游理事会，《2012年旅游对美国经济的影响》第3页，参看http://www.wttc.org/site_media/uploads/downloads/united_states2012.pdf

表格8　美国旅游产业从业人数最多的7大细分市场

排　名	旅游产业细分市场	排　名	旅游产业细分市场
1	酒店、住宿类行业	5	休闲和购物类行业
2	航空运输服务类行业	6	休闲娱乐类行业
3	所有其他运输相关产业	7	货品交易类行业
4	食品和饮料服务类行业		

*据美国劳工部统计，截至2011年年底，美国旅游市场共有30730位注册团队导游，4110位个人导游，以及67490位旅游代理商。

资料来源：美国劳工部，职业就业统计，导游，参看http://www.bls.gov/oes/current/oes397011.htm

表格9　2007～2011年美国出境旅游市场旅游总人数和消费统计

	2007年	2008年	2009年	2010年	2011年
美国出境旅游市场总人数统计（万人次）	6402.9	6356.3	6141.9	6027.1	5849.7
美国出境旅游市场（除去加拿大和墨西哥旅游人数统计）总人数统计（万人次）	3122.8	3078.9	3030.0	2850.7	2702.3
商业旅游（万人次）	2588.8	2583.2	2587.6	2388.9	暂无
休闲旅游（万人次）	815.1	738.9	642.4	624.3	暂无
美国出境加拿大旅游总人数（万人次）	1337.6	1250.3	1166.7	1174.9	1155.7

美国旅游业概况

续表

	2007年	2008年	2009年	2010年	2011年
美国出境墨西哥旅游总人数（万人次）	1942.5	2027.1	1945.2	2001.5	1991.7
美国出境旅游市场总消费支出（亿美元）	1048	1123	993	1028	暂无
休闲、游玩产生的消费支出（亿美元）	771	805	742	755	暂无
交通运输产生的消费支出（亿美元）	277	318	251	273	暂无

资料来源：美国商务部，国际贸易司，旅游产业办公室，《2011年美国出境游数据统计》，参看http://www.tinet.ita.doc.gov/outreachpages/download_data_table/2011_Visitation_Report.pdf

表格10　2007～2010年美国出境去中国旅游总人数和消费统计

	2007年	2008年	2009年	2010年
美国出境中国旅游人数（万人次）	1374	1201	1182	1254
美国出境中国旅游消费支出（亿美元）	31.52	29.97	27.22	31.01
休闲、游玩产生的消费支出（亿美元）	24.58	22.99	22.62	25.66
交通运输产生的消费支出（亿美元）	6.94	6.98	4.60	5.35

资料来源：美国商务部，国际贸易司，旅游产业办公室，《2010年美国居民境外旅游概况》，参看http://tinet.ita.doc.gov/outreachpages/download_data_table/2010_US_Travel_Abroad.pdf

资料来源：美国商务部，国际贸易司，旅游产业办公室《2010年美国居民境外旅游概况》，参看http://tinet.ita.doc.gov/outreachpages/download_data_table/2010_International_Visitor_Spending.pdf

表格11　2007～2010年美国10大出境旅游目的地市场

排名	2007年	游客数量（万人次）	2008年	游客数量（万人次）	2009年	游客数量（万人次）	2010年	游客数量（万人次）
总人数（万人次）		6400		6360		6140		6030
1	墨西哥	1950	墨西哥	2030	墨西哥	1950	墨西哥	2000
	墨西哥（通过飞机入关）	580	墨西哥（通过飞机入关）	590	墨西哥（通过飞机入关）	530	墨西哥（通过飞机入关）	540
2	加拿大	1340	加拿大	1250	加拿大	1170	加拿大	1170
	加拿大（通过飞机入关）	380	加拿大（通过飞机入关）	360	加拿大（通过飞机入关）	330	加拿大（通过飞机入关）	350
3	英国	310	英国	290	英国	270	英国	240
4	意大利	240	法国	210	法国	190	多米尼加共和国	180
5	法国	220	意大利	190	意大利	180	法国	170
6	德国	190	德国	160	德国	150	意大利	170
7	日本	170	日本	160	日本	150	德国	170
8	牙买加	150	牙买加	140	多米尼加共和国	150	牙买加	150
9	中国	130	中国	120	牙买加	140	中国	130
10	西班牙	110	西班牙	110	中国	120	日本	120

资料来源：美国商务部，国际贸易司，旅游产业办公室

表格12 2007年～2011年美国出境旅游人数历史统计

国家/地区	2007年（千人次）	2008年（千人次）	2009年（千人次）	2010年（千人次）	2011年（千人次）
美国出境旅游总人数	64028	63564	61419	60268	58497
墨西哥	19425	20271	19452	20012	19917
墨西哥（通过飞机入关）	5800	5889	5264	5380	5537
加拿大	13375	12504	11667	11749	11557
加拿大（通过飞机入关）	3781	3591	3280	3465	3519
美国出境旅游市场（除去加拿大和墨西哥旅游人次统计）总人数统计	31228	30789	30300	28507	27023
欧洲	12304	11238	10635	9806	10826
西欧	11523	10468	9848	9179	—
奥地利	406	431	394	428	—
法国	2217	2124	1909	1739	—
德国	1936	1601	1545	1739	—
希腊	562	493	606	371	—
爱尔兰	749	677	576	627	—
意大利	2373	1940	1848	1739	—
荷兰	937	893	727	684	—
西班牙	1093	1139	1151	969	—
瑞士	656	647	485	513	—
英国	3123	2894	2727	2366	—
东欧	1343	1201	1303	1112	—
捷克共和国	375	339	333	—	—
波兰	—	246	242	171	—
俄罗斯	312	308	273	257	—
加勒比海	5184	5973	5696	6186	6032
阿鲁巴岛	—	—	424	542	—
开曼群岛	—	—	303	—	—
多米尼加共和国	—	—	1454	1796	—
牙买加	1530	1447	1424	1482	—
南美洲	2811	3017	2818	2395	1654

美国旅游业概况

续表

国家/地区	2007年（千人次）	2008年（千人次）	2009年（千人次）	2010年（千人次）	2011年（千人次）
阿根廷	—	—	—	371	—
巴西	687	—	667	513	—
哥伦比亚	562	677	545	513	—
秘鲁	—	—	—	428	—
美洲中部	2248	2001	2060	1910	2158
非洲	874	801	1061	969	366
摩洛哥	—	62	121	—	—
南非	219	—	273	285	—
中东	1312	1724	1909	1824	1347
埃及	156	277	273	257	—
以色列	500	616	667	684	—
约旦	—	—	—	143	—
土耳其	250	369	394	314	—
亚洲	6714	6404	6333	5616	4136
中国香港	968	924	788	713	—
印度	999	1016	1061	770	—
印度尼西亚	94	—	121	—	—
日本	1718	1601	1515	1197	—
马来西亚	125	—	121	—	—
中国	1374	1201	1182	1254	—
菲律宾	312	308	394	371	—
中国台湾	687	647	576	513	—
韩国	687	616	667	599	—
新加坡	344	308	242	200	—
泰国	468	431	364	342	—
越南	219	216	182	—	—
大洋洲	874	801	818	599	505
澳大利亚	593	585	636	485	—
新西兰	281	277	333	171	—

资料来源：美国商务部，国际贸易司，旅游产业办公室，《2001年～2010年美国居民出境旅游历史数据统计》，参看 http://www.tinet.ita.doc.gov/outreachpages/download_data_table/2010_US_Travel_Abroad.pdf

表格13　2010年美国出境市场30大出境机场

（注：此白皮书定义美国的"海外市场"中不包括加拿大和墨西哥）

排 名	机场（IATA机场代码）	2010年市场占有率
1	纽约肯尼迪国际机场（JFK）	18.3%
2	迈阿密机场（MIA）	11.6%
3	洛杉矶国际机场（LAX）	8.5%
4	亚特兰大国际机场（ATL）	7.8%
5	纽瓦克国际机场（EWR）	7.7%
6	芝加哥奥黑尔机场（ORD）	6.4%
7	旧金山国际机场（SFO）	5.4%
8	休斯敦国际机场（IAH）	4.7%
9	华盛顿杜勒斯国际机场（IAD）	4.6%
10	费城国际机场（PHL）	3.2%
11	波士顿洛根国际机场（BOS）	2.9%
12	夏洛特道格拉斯国际机场（CLT）	2.7%
13	达拉斯沃斯堡机场（DFW）	2.6%
14	劳德代尔堡好莱坞国际机场（FLL）	1.9%
15	西雅图塔科玛机场（SEA）	1.5%
16	圣胡安国际机场（SJU）	1.4%
17	檀香山国际机场（HNL）	1.4%
18	底特律国际机场（DTW）	1.4%
19	阿加尼亚国际机场（GUM）	1.2%
20	明尼阿波利斯圣保罗国际机场（MSP）	1.1%
21	奥兰多国际机场（MCO）	0.9%
22	丹佛国际机场（DEN）	0.6%
23	巴尔的摩华盛顿国际机场（BWI）	0.3%
24	波特兰国际机场（PDX）	0.2%
25	特德·史蒂文斯安克拉治国际机场（ANC）	0.2%
26	凤凰城天港国际机场（PHX）	0.2%
27	盐湖城国际机场（SLC）	0.2%
28	辛辛那提国际机场（CVG）	0.1%
29	拉斯维加斯麦卡伦国际机场（LAS）	0.1%
30	奥兰多桑福德国际机场（SFB）	0.1%
总　计		99.1%
美国出境游市场总计		100.0%

资料来源：美国商务部，国际贸易司，旅游产业办公室，《美国出境市场主要出境机场》，参看http://www.tinet.ita.doc.gov/outreachpages/download_data_table/2010_US_Travel_Abroad.pdf

表格14 2007～2010年美国出境旅游客源地市场统计

（注：此白皮书定义美国的"海外市场"中不包括加拿大和墨西哥）

美国居民出境旅游	2007年	2008年	2009年	2010年
美国出境游客人数（人次）	31228000	30789000	30300000	28507000
美国居民所在州/城市/地区：				
新英格兰地区	7%	8%	8%	7%
康涅狄格州	3%	4%	3%	3%
布里奇波特—斯坦福	—	—	2%	—
马萨诸塞州	3%	3%	3%	3%
大西洋中部地区	36%	40%	39%	34%
纽约州	21%	23%	24%	19%
纽约市	15%	20%	21%	17%
纳苏县	3%	4%	4%	3%
新泽西州	10%	11%	10%	10%
纽瓦克—联盟地区	3%	3%	3%	3%
爱迪生—新布伦兹维克地区	2%	2%	2%	2%
宾夕法尼亚州	5%	6%	5%	5%
费城	3%	3%	3%	3%
中部偏东北地区	9%	7%	7%	6%
伊利诺伊州	4%	3%	3%	2%
芝加哥	3%	2%	2%	2%
俄亥俄州	2%	2%	2%	2%
中部偏西北地区	2%	2%	2%	2%
中部偏西南地区	6%	5%	5%	5%
得克萨斯州	5%	4%	4%	4%
达拉斯	—	—	—	1%
休斯敦	2%	—	—	1%
大西洋南部地区	15%	17%	19%	22%
佛罗里达州	7%	7%	7%	8%
迈阿密	2%	2%	2%	3%
弗吉尼亚州	2%	3%	3%	4%
佐治亚州	—	—	3%	3%
亚特兰大	—	—	2%	3%
大华府地区	3%	2%	3%	3%
马里兰州	2%	2%	3%	3%
北卡罗来纳州	2%	2%	2%	2%
中部偏东南地区	2%	1%	2%	2%
落基山脉地区	4%	3%	4%	4%
亚利桑那州	—	—	—	1%
科罗拉多州	—	—	—	1%
太平洋地区	19%	16%	14%	15%
加利福尼亚州	15%	13%	11%	13%
洛杉矶	4%	3%	3%	5%
阿纳海姆—圣安娜	—	—	—	2%
旧金山	2%	2%	2%	1%
圣何塞	2%	2%	—	1%
奥克兰	2%	2%	—	1%
圣地亚哥	—	—	—	1%
华盛顿州	3%	2%	2%	1%
西雅图	2%	—	—	1%

资料来源：美国商务部，国际贸易司，旅游产业办公室，《2010年美国出境旅游游客资料》，参看 http://www.tinet.ita.doc.gov/outreachpages/download_data_table/2010_Outbound_Profile.pdf

附录 2

表格 15　美国国家旅游协会中国入境旅游项目批发商名单

旅游批发商名单/地址	旅游批发商名单/地址	旅游批发商名单/地址
A+旅游公司（阿罕布拉市，加利福尼亚州）	早期绑定旅游公司（帕奥伊洛，夏威夷）	海洋旅游国际公司（蒙特利公园市，加利福尼亚州）
Able 国际假期旅游公司（圣莱安德罗市，加利福尼亚州）	东－西全球旅游公司（檀香山，夏威夷）	东方旅游公司（法拉盛地区，纽约市）
ACC 中美联谊旅游公司（蒙特利公园市，加利福尼亚州）	帝国国际旅游公司（洛克维尔市，马里兰州）	东方旅游公司（拉斯维加斯，内华达州）
ACFEA 旅游顾问旅游公司（埃德蒙兹市，华盛顿州）	E-World 旅游有限公司（纽约市，纽约州）	Pacificoast 商业和文化交流集团（沃尔纳特市，加利福尼亚州）
海空旅游中心股份有限公司（檀香山，夏威夷）	Explorica 旅游有限公司（波士顿市，马萨诸塞州）	泛太平洋企业集团（檀香山，夏威夷）
All 美洲旅游公司（哈仙达岗，加利福尼亚州）	华丰旅游（百利加达，关岛）	Pattec 旅游公司（旧金山，加利福尼亚州）
阿尔法文化交流有限公司（圣佩德罗市，加利福尼亚州）	体验旅游公司（法拉盛，纽约市）	人人大使项目旅游（斯波坎市，华盛顿州）
惊艳美国旅游公司（沃尔纳特市，加利福尼亚州）	Forbridge 国际旅游集团（阿罕布拉市，加利福尼亚州）	完美运输和旅游公司（蒙特利市，加利福尼亚州）
美亚旅游中心有限公司（蒙特利公园市，加利福尼亚州）	Fource 四季假日有限公司（檀香山，夏威夷）	卓越阿拉斯加旅游公司（安克雷奇市，阿拉斯加）
美国国际旅行服务公司（旧金山，加利福尼亚州）	银河旅游公司（西科维纳，加利福尼亚州）	PTS旅游(圣何塞)公司（圣何塞市，加利福尼亚州）
美国联盟旅游公司（坦普尔城，加利福尼亚州）	银河（檀香山）旅游公司（檀香山，夏威夷）	彩虹假期旅游（阿卡迪亚市，加利福尼亚州）
美国卡森国际公司（艾尔蒙特市，加利福尼亚州）	加里·快速旅游服务公司（萨克拉门托市，加利福尼亚州）	RCK 国际旅游公司（罗斯米德市，加利福尼亚州）
美国国际联盟集团（圣加布里埃尔市，加利福尼亚州）	GH 旅游和旅行公司（旧金山，加利福尼亚州）	RMP 旅游（纽约市，纽约州）
美国国际旅游公司（洛杉矶，加利福尼亚州）	金海鸥集团（檀香山，夏威夷）	S.H. 旅游（旧金山，加利福尼亚州）
Americanxin，旅游有限公司（艾迪逊市，新泽西州）	恢弘目的地旅游公司（旧金山南部，加利福尼亚州）	海鸥假期（蒙特利公园市，加利福尼亚州）
Amerilink 国际旅游公司（北不伦瑞克市，新泽西州）	好日子旅游包车服务公司（克利夫兰市，俄亥俄州）	上海春天旅行服务美国分公司（阿罕布拉市，加利福尼亚州）
Ananda 旅游服务有限公司（旧金山，加利福尼亚州）	长城旅游（圣加布里埃尔市，加利福尼亚州）	闪耀旅游（西科维纳市，加利福尼亚州）
Angel 国际交流有限公司（德利城，加利福尼亚州）	H&H 旅游有限公司（纽约市，纽约州）	Shun 旅游和商业服务公司（罗斯米德市，加利福尼亚州）

续表

旅游批发商名单/地址	旅游批发商名单/地址	旅游批发商名单/地址
苹果快递旅游公司（科洛尼亚，新泽西州）	愉快假期有限公司（旧金山，加利福尼亚州）	新浪国际股份有限公司（沃尔纳特市，加利福尼亚州）
亚太旅游公司（檀香山，夏威夷）	快乐假期（费城，宾夕法尼亚州）	中美连接（旧金山，加利福尼亚州）
直线旅游有限公司（西雅图市，华盛顿州）	快乐假期有限公司（纽约市，纽约州）	Sinova 旅游（纽约市，纽约州）
好朋友旅游公司（萨瓦尼市，佐治亚州）	夏威夷国际假日有限公司（檀香山，夏威夷）	体育旅游者有限公司（芝加哥市，伊利诺伊州）
蓝色连接（洛杉矶）有限公司（圣加布里埃尔市，加利福尼亚州）	夏威夷夏季旅游集团股份公司（檀香山，夏威夷）	星辰旅游目的地公司（卡罗尔市，艾奥瓦州）
蓝色太平洋旅游有限公司（塔穆宁，关岛）	Hongcheng 国际旅游公司（哈仙达岗，加利福尼亚州）	星辰下的鹰旅游服务公司（拉斯维加斯市，内华达州）
卡罗尔国际旅行社有限责任公司（华盛顿特区）	海德国际集团有限公司（科维纳市，加利福尼亚州）	星光国际公司（麦克林市，弗吉尼亚州）
世纪旅游（杜梦，关岛）	IBG 国际旅游集团（艾姆赫斯特市，纽约州）	阳光旅游（工业市，加利福尼亚州）
世纪假期有限公司（钻石吧市，加利福尼亚州）	IBI（美国）有限公司（小颈镇，纽约州）	山图国际公司（布鲁克林地区，纽约市）
中国国际企业有限公司（檀香山，夏威夷）	JBS 集团（帕萨迪纳市，加利福尼亚州）	台铭营销公司（尼亚加拉大瀑布，纽约州）
中国专业旅游（休斯敦市，得克萨斯州）	欢乐假期（米尔布雷市，加利福尼亚州）	Tauck 旅游（诺瓦克市，康涅狄格州）
中国旅游局公司（檀香山，夏威夷）	JS 国际旅行社（西科维纳市，加利福尼亚州）	大雅国际公司（帕萨迪纳市，加利福尼亚州）
中国国际旅行社（坦普尔城，加利福尼亚州）	JTB 美洲有限公司（托兰斯市，加利福尼亚州）	TBE 旅游咨询公司（工业市，加利福尼亚州）
中国美国旅游公司（圣保罗市，明尼苏达州）	JTB 夏威夷有限公司（檀香山，夏威夷）	集团旅游公司（华盛顿和纽约旅游团服务）（华盛顿特区）
中国青年旅行社（美国）公司（旧金山，加利福尼亚州）	珍宝之旅（艾尔蒙特市，加利福尼亚州）	天平国际旅行社有限公司（圣布鲁诺市，加利福尼亚州）
Chinatour.com 国际旅游公司（圣布埃尔市，加利福尼亚州）	JWL 旅游（蒙特利公园市，加利福尼亚州）	旅游画廊公司（帕萨迪纳市，加利福尼亚州）
中国主持旅游有限公司（拉斯维加斯市，内华达州）	L&L 旅游公司（纽约市，纽约州）	绿色旅游（艾尔蒙特市，加利福尼亚州）
哥伦比亚十字路口旅游公司（比弗顿市，俄勒冈州）	L&Z 体育和旅游咨询有限公司（艾尔蒙特市，加利福尼亚州）	打包旅行（波士顿市，马萨诸塞州）
智慧国际股份有限公司（阿罕布拉市，加利福尼亚州）	L.L.L. 国际旅游公司（法拉盛地区，纽约市）	美国雄师旅游（圣加布里埃尔市，加利福尼亚州）
跨文化旅游（蒙特利公园市，加利福尼亚州）	劳雷尔国际公司（洛克维尔市，马里兰州）	美国大桥旅游集团（福尔斯彻奇市，弗吉尼亚州）
旅游目的地美国公司（阿纳海姆市，加利福尼亚州）	雄狮旅游美国公司（坦普尔城，加利福尼亚州）	美中连接公司（亚特兰大市，佐治亚州）

续表

旅游批发商名单/地址	旅游批发商名单/地址	旅游批发商名单/地址
DHK 国际旅游公司（大学点，纽约市）	法力国际公司（尚蒂伊市，弗吉尼亚州）	美中旅游服务公司（阿罕布拉市，加利福尼亚州）
钻石国际旅游服务公司（伯林盖姆市，加利福尼亚州）	欢乐旅游国际集团公司（恩格尔伍德市，科罗拉多州）	美国国王旅游公司（圣加布里埃尔市，加利福尼亚州）
钻石旅游联盟公司（艾尔蒙特市，加利福尼亚州）	Mesnew 旅游（阿纳海姆山，加利福尼亚州）	美国豪华旅游（拉斯维加斯市，内华达州）
DJ 珍贵旅游服务公司（阿卡迪亚市，加利福尼亚州）	MET 旅游（莫米市，俄亥俄州）	芥末国际旅游公司（凯鲁瓦科纳，夏威夷）
DJ 旅游（圣加布里埃尔市，加利福尼亚州）	晨桥国际有限公司（帕萨迪纳市南部，加利福尼亚州）	威威旅游公司（旧金山，加利福尼亚州）
1 美元旅行社（伯林盖姆市，加利福尼亚州）	N.A. 自由行旅游（奥克利市，加利福尼亚州）	WF 旅游服务公司（拉斯维加斯市，内华达州）
巨龙国际旅行有限责任公司（费城，宾夕法尼亚州）	国家旅游旅行社有限责任公司（大西洋城，新泽西州）	国际探索旅游公司（惠蒂尔市，加利福尼亚州）
巨龙旅游（檀香山，夏威夷）	纽约市度假旅游（金斯敦市，宾夕法尼亚州）	World Strides 旅游（夏洛茨维尔市，弗吉尼亚州）
DTE 旅游（工业市，加利福尼亚州）	NuVu 旅行者（哈德森市，俄亥俄州）	

资料来源：美国国家旅游协会，"中国入境旅游项目批发经营商名单"，参看 http://www.ntaonline.com/includes/media/docs/05.08.12-CHIP-list.pdf

表格 16　美国旅游市场主要的销售中国旅游产品的旅游批发商（按旅游产品主题分类）

旅游批发商	地址	公司成立时间/加入美国旅游批发商协会时间	产品定位	公司及产品描述
A WOMAN'S VIEW 旅游	纽约市，纽约州	1967 年成立；2011 年加入美国旅游批发商协会	豪华	A WOMAN'S VIEW 为女性消费者量身打造适合女性各个社会背景、年龄层次和需求的旅游产品，其旅游产品线路覆盖全球各个角落
美国 ABERCROMBIE & KENT 旅游	答那格鲁市，伊利诺伊州	1962 年成立；1980 年加入美国旅游批发商协会	豪华，高端	ABERCROMBIE & KENT 旅游公司是世界上首屈一指的豪华旅游批发商。其于 1962 年率先开展非洲探险旅游。如今，其屡获殊荣的旅游路线已经延伸到全球七大洲的 100 多个国家和地区
ABERDEEN 旅游	伯林盖姆市，加利福尼亚州	1992 年成立；2002 年加入美国旅游批发商协会	—	ABERDEEN 旅游公司专业从事旅游规划、销售和运营；公司的工作人员拥有多年从事亚洲旅业业务的经验和知识，其旅游产品价格贴近大众消费者，服务质量深受客户满意

续表

旅游批发商	地　　址	公司成立时间/加入美国旅游批发商协会时间	产品定位	公司及产品描述
迪士尼探险旅游（ADVENTURE BY DISNEY）	阿纳海姆市，加利福尼亚州	2005年成立；2008年加入美国旅游批发商协会	豪华、高端	迪士尼探险旅游公司（ADVENTURE BY DISNEY）的旅游路线包含世界上最受欢迎的目的地，其无可比拟的客户服务，细致入微的工作态度，加上迪士尼公司的一点魔法，迪士尼探险旅游公司在激烈的旅游市场脱颖而出
AFFORDABLE ASIA旅游	阿罕布拉市，加利福尼亚州	2008年成立；2008年加入美国旅游批发商协会	高端、廉价	近30年来，公司专注于设计前往中国和亚洲其他目的地的旅游产品，其亚洲目的地旅游产品的销售额在美洲旅游市场高居榜首
ASIA BY GOWAY旅游	格伦代尔市，加利福尼亚州	1989年成立；2001年加入美国旅游批发商协会	豪华、高端	Goway旅游大家庭的重要成员，ASIA BY GOWAY专注于亚洲旅游，其旅游产品线覆盖散客游、小团体、豪华游、探险、邮轮、火车观光等
中国旅行社（CHINA TRAVEL SERVICE）	旧金山，加利福尼亚州	1928年成立；1997年加入美国旅游批发商协会	豪华、高端	中国旅行社创办于1928年，在中国国内拥有超过300家办公室，其专注于中国旅游。公司对中国旅游资源十分了解，其团队具有多年旅游行业的知识和经验。中国旅行社拥有丰富的行业资源，与地区的合作伙伴保持良好的合作关系
COLLETTE旅游	波塔基特市，罗得岛州	1918年成立；1989年加入美国旅游批发商协会	高端	COLLETTE大家庭下属有三个子品牌，分别是COLLETTE CLASSIC TOURING，EXPLORATIONS，以及COLLETTE FAMILY VACATIONS。COLLETTE拥有超过125的旅游产品，覆盖了全球7个大洲的多个国家和地区。其旅游产品的共同特点是顶尖的星级酒店、优质的观光景点、可口的当地美食、独特的文化交流，以及专业的旅游体验和交通服务等
CONTIKI旅游	阿纳海姆市，加利福尼亚州	1962年成立；1992年加入美国旅游批发商协会	—	CONTIKI旅游定位于全球年轻人市场，其旅游产品提供了更多的观光景点、娱乐活动、地道的当地美食，以及优质的星级酒店
美国COX AND KINGS旅游	洛杉矶市，加利福尼亚州	1758年成立；2011年加入美国旅游批发商协会	豪华、高端	无论团队游还是定制的探险旅程，COX AND KINGS旅游能满足其客户的要求，其旅游产品的特点包括浓郁异国情调又不失浪漫情怀的旅游目的、只有COX AND KINGS游客才能享受的服务、文化奇观、与野生动物亲密接触等

续表

旅游批发商	地 址	公司成立时间/加入美国旅游批发商协会时间	产品定位	公司及产品描述
ELITE TRAVEL COLLECTION 旅游	纽约市，纽约州	1967 年成立；2009 年加入美国旅游批发商协会	豪华	ELITE TRAVEL COLLECTION 是 ISRAMWORLD 大家庭中的一员，旨在为其高端客户群提供包括精心设计的行程方案、贴心细致的服务、顶级的酒店等一整套旅游解决方案
EXPLORATIONS 旅游	波塔基特市，罗得岛州	2008 年成立；1989 年加入美国旅游批发商协会	高端	EXPLORATIONS 是 COLLETTE 旅游的子品牌，其旅游产品定位于旅游小团体。EXPLORATIONS 的特色是通过精心设计的旅游行程向客户群提供除优质观光景点以外的丰富的文化和实践活动
GATE 1 旅游	华盛顿堡市，宾夕法尼亚州	1981 年成立；1993 年加入美国旅游批发商协会	豪华，高端	GATE 1 的旅游产品十分丰富，其最主要的特色是为客户定制的旅游和邮轮线路。通常情况下，GATE 1 优惠的旅游产品却提供了十分卓越的价值
GENERAL TOURS WORLD TRAVELER 旅游	基恩市，新罕布什尔州	1947 年成立；1975 年加入美国旅游批发商协会	豪华，高端	GENERAL TOURS WORLD TRAVELER 旅游公司是小团体旅游的先锋，他们超过 70 个精心设计的旅游产品服务于不超过 16 位客人的小团体
GO AHEAD 旅游	剑桥市，马萨诸塞州	1990 年成立；1999 年加入美国旅游批发商协会	高端	GO AHEAD 旅游公司自从 1990 年创立以来，一直是有导游陪同的团体旅游的先锋。公司拥有业内最优秀的领导团队，最优质的旅游服务，多元化的旅游路线，以及全球范围的合作伙伴
GOWAY 旅游	格伦代尔，加利福尼亚州	1970 年成立；2001 年加入美国旅游批发商协会	豪华，高端	自从 1970 年创办以来，GOWAY 旅游公司致力于为其客户打造一些最奇特和有趣的目的地，提供最难忘的旅游体验
明星假期（MAJESTIC VACATIONS）	达拉斯市，得克萨斯州	1984 年成立；2001 年加入美国旅游批发商协会	—	MAJESTIC VACATIONS（明星假期）具有超过 20 年销售亚洲旅游的经验。公司的领导团队具有丰富的旅游知识和经验，并且在亚洲与众多旅游目的地和旅游供应商保持良好、积极的合作关系
ORIENT FLEXI-PAX 旅游	纽约市，纽约州	1977 年成立；1980 年加入美国旅游批发商协会	豪华，高端	ORIENT FLEXI-PAX 旅游公司是 ISRAMWORLD 大家庭中的一员，其主要销售亚洲旅游。公司为消费者提供了众多独具特色的旅游产品
PACIFIC DELIGHT 旅游	纽约市，纽约州	1971 年成立；1992 年加入美国旅游批发商协会	豪华，高端，廉价	作为美国旅游批发商的带头人，41 年来，PACIFIC DELIGHT 旅游公司一直致力于探索中国和亚洲其他旅游目的地，并且为消费者提供丰富且各具特色的旅游产品

123

续表

旅游批发商	地 址	公司成立时间/加入美国旅游批发商协会时间	产品定位	公司及产品描述
PEONY 旅游	蒙特利公园市,加利福尼亚州	1980 年成立；2009 年加入美国旅游批发商协会	豪华,高端,廉价	PEONY 旅游公司专注于美国华人市场。在过去的 30 年间,他们的旅游产品覆盖了全球多个旅游目的地,其主要服务包括为各年龄、背景层次的华人消费者提供导游陪同团或者定制的旅游路线
RITZ 旅游公司	阿罕布拉市,加利福尼亚州	1980 年成立；2001 年加入美国旅游批发商协会	豪华,高端	2012 年是 RITZ 旅游公司进入旅游行业的第 32 周年,其在中国、印度及其他亚洲目的地旅游、埃及旅游、欧洲旅游方面具有优势
SITA WORLD 旅游	恩西诺市,加利福尼亚州	1933 年成立；2000 年加入美国旅游批发商协会	豪华,高端	SITA 是一家定位高端的旅游批发商,其旅游服务包括团队游、散客游、定制旅游,以及导游陪同游。SITA 的旅游产品在美国主要旅游零售商集团中广受欢迎
SWAIN 旅游	阿德莫尔市,宾夕法尼亚州	1987 年成立；2006 年加入美国旅游批发商协会	豪华,高端	SWAIN 旅游批发商专注为消费者打造定制的旅游产品。无论个人消费者还是团队旅游,公司的旅行顾问会倾听其具体的要求,精心设计定制的旅游路线,提供贴心的服务
TAUCK WORLD DISCOVERY 旅游	诺瓦克市,康涅狄格州	1925 年成立；1975 年加入美国旅游批发商协会	豪华,高端	TAUCK 定位于高端旅游市场,其旅游产品的特点是每个旅游行程都由一位专职的项目经理带领,他们会与消费者分享其对旅游目的地文化、历史的独特见解。公司的特殊服务"为您服务"深受消费者好评
TRAFALGAR 旅游	阿纳海姆市,加利福尼亚州	1947 年成立；1988 年加入美国旅游批发商协会	高端	TRAFALGAR 同样定位于高端旅游市场,其超过 200 个导游陪同游项目几乎覆盖了全球每个角落,这些旅游项目独具匠心,深受消费者和旅游零售商欢迎
TRAVCOA 旅游	埃尔塞贡多市,加利福尼亚州	1954 年成立；1995 年加入美国旅游批发商协会	豪华	TRAVCOA 旅游公司的每个导游陪同团只为小团体提供服务,其每个行程要求不超过 18 位消费者。同时,每个行程团队会由一位经验丰富的项目经理来管理
TRAVEL INDOCHINA 旅游	丹佛市,科罗拉多州	1994 年成立；2009 年加入美国旅游批发商协会	豪华,高端	TRAVEL INDOCHINA 在亚洲有 6 个办事处,他们经验丰富的团队为旅游消费者提供探索亚洲历史、文化、观光等一体的解决方案

续表

旅游批发商	地　　址	公司成立时间/加入美国旅游批发商协会时间	产品定位	公司及产品描述
WENDY WU 旅游	纽约市，纽约州	2010 年成立；2012 年加入美国旅游批发商协会	豪华、高端	WENDY WU 旅游公司在澳洲和英国是最成功销售中国的旅游批发商。2010 年，公司来到美国市场希望凭借其个性化的旅游产品为个人或团队消费者提供差异型的服务
教育类旅游批发商				
ACIS 旅游	波士顿市，马萨诸塞州	1978 年成立；2000 年加入美国旅游批发商协会	高端	ACIS 旅游服务于高端教育市场，公司精心设计的超过 200 个教育旅游行程满足不同师生层次的需求。这些旅游路线包含欧洲地区、亚太地区及美洲地区等旅游目的地
AHI 旅游	罗斯蒙特市，伊利诺伊州	1962 年成立；1999 年加入美国旅游批发商协会	豪华、高端	AHI 旅游项目服务于大学师生和校友。公司着力打造的"海外大学校友校园"项目全方位地满足消费者个人需求的同时也十分注重教育内容的灌输
英孚教育 COLLEGE BREAK	剑桥市，马萨诸塞州	2007 年加入美国旅游批发商协会	廉价	作为英孚教育大家庭中的一员，COLLEGE BREAK 专注服务于年龄段为 18 岁至 26 岁的大学生。公司的项目充满娱乐性、简单，价格贴近大学生的消费水平
英孚教育 COLLEGE STUDY TOURS	剑桥市，马萨诸塞州	—	—	COLLEGE STUDY TOURS 是英孚教育的子品牌，其旅游服务定位于大学师生。无论大学教授还是大学学生，都能找到满足需求的旅游产品和服务
EXPLORICA 旅游	波士顿市，马萨诸塞州	2000 年成立；2008 年加入美国旅游批发商协会	豪华、高端	EXPLORICA 旅游公司努力通过其精心打造的旅游行程为在校师生带去丰富的文化和教育体验
NETC 旅游	波士顿市，马萨诸塞州	1993 年成立；2009 年加入美国旅游批发商协会	—	NETC 旅游公司扮演教育类旅游批发商的领军人物，其为美国国内 50 个州数以万计的师生提供丰富的结合文化、教育、观光的旅游项目和服务
PEOPLE TO PEOPLE AMBASSADOR 旅游	斯波坎市，华盛顿州	1967 年成立；1998 年加入美国旅游批发商协会	—	PEOPLE TO PEOPLE AMBASSADOR 旅游公司的旅游产品服务于年龄段为 5 岁至 12 岁的在校生和运动员。截至目前，公司的旅游项目为超过 40 万不同背景的消费者带去在旅途中相互了解的机会

美国旅游业概况

续表

旅游批发商	地址	公司成立时间/加入美国旅游批发商协会时间	产品定位	公司及产品描述
WORLDSTRIDES CAPSTONE PROGRAMS	夏洛茨维尔市，弗吉尼亚州	1967年成立；2008年加入美国旅游批发商协会	—	WORLDSTRIDES是大学课程旅游项目的先锋。公司的目标是为全球师生提供最优质和贴心的服务，其旅游项目涵盖世界多个旅游目的地
邮轮类旅游批发商				
AVALON WATERWAYS旅游	利特尔顿市，科罗拉多州	2003年成立；2003年加入美国旅游批发商协会	豪华，高端	AVALON WATERWAYS定位高端远洋邮轮旅游市场，同时，公司也为旅游消费者提供包括机票、酒店、交通、专业导游等服务。其每次邮轮行程都由一位项目经理来管理
UNIWORLD旅游	洛杉矶市，加利福尼亚州	1976年成立；1998年加入美国旅游批发商协会	豪华	UNIWORLD邮轮公司每年出发500个班次，经过全球13条主要河流，途经超过20个国家。公司豪华邮轮平均载客量为130位。在领略邮轮上豪华设施以外，消费者能品尝精美可口的食物和热情周到的服务。此外，UNIWORLD还提供上岸观光旅游服务
VIKING RIVER CRUISES	伍德兰希尔斯市，加利福尼亚州	1997年成立；2004年加入美国旅游批发商协会	豪华，高端，廉价	VIKING RIVER CRUISES是河流邮轮行业的先锋，致力于为消费者提供无与伦比的快捷、贴心服务——宽敞的豪华套间，轻松自然的行程
冒险和演出类旅游批发商				
COUNTRY WALKERS	沃特伯里市，佛蒙特州	1979年成立；2000年加入美国旅游批发商协会	豪华，高端	COUNTRY WALKERS提供由导游陪同的徒步旅行和登山旅游产品、自行车旅行、野外狩猎，以及小规模的河流邮轮项目
DISCOVERY STUDENT ADVENTURES	斯波坎市，华盛顿州	2009年加入美国旅游批发商协会	—	DISCOVERY STUDENT ADVENTURES旅游公司的主要旅游产品是所有涉及探险的旅游项目，这些旅游服务使得消费者能够前往最受欢迎的目的地，体验标志性建筑和景区，感受独特的文化等
ENCORE旅游	波士顿市，马萨诸塞州	1996年成立；2003年加入美国旅游批发商协会	高端	ENCORE旅游是演出类旅游批发商的先锋，其旅游产品结合演出团队自身的特点、兴趣和要求，在满足其演出的同时，提供观光和其他方面的旅游服务

资料来源：2011年旅游批发商协会，"销售中国业务的旅游批发商"，参看http://www.ustoa.com/2009/Level3_Destination.cfm?DestinationArea=Asia&Destination=China

表格17　美国旅游市场主要旅游零售商和管理公司（按营业额排名）

排名	公司	公司成立时间	公司总部	2010年营业额（亿美元）	员工人数	公司及业务描述
1	Expedia Inc.	1996年	贝尔维尤市，华盛顿州	259.6	8900	Expedia公司拥有几个在线旅游品牌公司：Expedia.com，Hotels.com，Hotwire.com，Egencia（原Expedia商务旅行公司），Venere，Expedia Local Expert，经典假期和中国的艺龙旅游。Expedia下属公司在超过60个国家中拥有100多个销售网点。Expedia通过其广泛的会员网络优势，为酒店、飞机商提供预订服务。而对于消费者来说，Expedia能提供全面的旅游产品信息
2	美国运通（American Express）	1915年	纽约市，纽约州	257	暂无	美国运通（American Express）于1915年创办旅游部门，并致力于提供更方便的旅游服务。很快，美国运通就成立了其第一家旅行社。20世纪30年代以来，美国运通旅游部门快速发展，如今，美国运通旅游部门专注为企业客户提供商务旅游服务
3	嘉信力旅游（Carlson Wagonlit Travel）	1994年	明尼阿波利斯市，明尼苏达州	243	22000	嘉信力旅游（Carlson Wagonlit Travel，CWT）是一家提供休闲和商务旅游的大型旅游零售商集团。公司在157个国家和地区拥有销售网点，共有22000位工作人员。2008年，公司（包括下属合资公司）完成了5500万次的销售交易，年销售额为278亿美元
4	国际商旅服务集团（Hogg Robinson Group）	1845年	纽约市，纽约州	160	12000	国际商旅服务集团（Hogg Robinson Group，HRG）是一家为企业客户提供旅游解决方案的国际企业。公司提供的商旅服务包括企业旅游管理、咨询、费用资金管理、会议和体育赛事筹划和管理等。公司拥有的独资或控股的下属公司分布在亚太地区、欧洲和美洲大陆的25国家。国际商旅服务集团为超过120个国家和地区提供服务
5	差旅治理公司（BCD Travel）	2006年	乌得勒支，荷兰	146	13000	差旅治理公司（BCD Travel）是一家为全球商务旅行提供管理和服务的企业。公司总部位于荷兰乌得勒支，在超过90个国家和地区拥有办公网点，全球范围共有10800位员工，年平均销售额为140亿美元
6	Priceline.com	1997年	诺沃克市，康涅狄格州	136	3400	Priceline.com是一个商业网站，帮助消费者获得折扣机票和酒店住宿等旅游相关产品。Priceline.com并不直接提供旅游服务，相反，公司为消费者和旅游供应商搭建了完善的沟通平台

续表

排名	公司	公司成立时间	公司总部	2010年营业额（亿美元）	员工人数	公司及业务描述
7	Orbitz Worldwide	2001年	芝加哥市，伊利诺伊州	114	1400	Orbitz 是一家全球领先的在线旅游公司。公司的主服务网站 Orbitz.com 为消费者提供内容丰富、全面的旅游产品信息。每天消费者会进行超过150万次有关飞机信息的搜索以及100万次以上酒店有关的搜索
8	美国汽车协会旅游部门 AAA Travel（AAA Inc.）	1902年	希思罗机场，佛罗里达州	34.4	4155	美国汽车协会成立于1902年，是一家服务于美国和加拿大5300万会员的非营利的机动车联盟。作为北美洲规模最大的机动车和休闲旅游组织，其拥有1100家办公网点，以及能够提供全方位服务的网站 AAA.com
9	Travel Leaders Group	1888年	普利茅斯市，明尼苏达州	17.9	1301	Travel Leaders 集团原为卡尔森休闲旅游公司。公司下拥有诸如 Tzell Travel Group，Nexion，以及 Vacation.com 等知名旅游品牌，已经为数以百万的旅游消费者提供服务。Travel Leaders 集团提供休闲和商务旅游，公司通过特许经营的方式不断扩张规模
10	Flight Centre USA	2004年	拉姆齐市，新泽西州	16.8	1829	Flight Centre 是世界上最大的旅游零售商集团之一。在美国市场，其拥有10个旅游品牌，包括自由旅游（Liberty Travel），GOGO Vacations，商务旅客（Corporate Traveler）以及 FCM 旅游解决方案（FCM Travel Solutions）
11	Travelong	1933年	纽约市，纽约州	16	800	Travelong 成立于1933年，是一家独特的提供全方位旅游服务的旅游零售商。公司总部在纽约市，为超过100家企业客户和30家独立代理商提供卓越服务
12	Altour International	1991年	纽约市，纽约州	12	665	Altour 是一家定位于中高端客户群的旅游零售商集团。2010年公司销售额达到了12亿美元。全球范围，公司拥有68家办公网点及超过1200位全职员工。公司的核心业务是企业商务旅游。此外，公司的下属品牌诸如 Altour Limousine, Altour Air, and Altour Management Technology 也提供包括轿车、飞机和管理等服务。2009年，Altour 与美国运通公司旅游部门（American Express）达成了合作推广的协议

续表

排名	公 司	公司成立时间	公司总部	2010年营业额（亿美元）	员工人数	公司及业务描述
13	欧米茄世界旅游（Omega World Travel）	1972年	费尔法克斯市，弗吉尼亚州	11.8	550	欧米茄世界旅游（Omega World Travel）提供基于旅游科技的服务，同时，公司在全球超过200家的办公网点也提供个性化的服务。公司的客户包括世界500强、联邦政府，以及个人
14	旅游和运输集团（Travel and Transport）	1946年	奥马哈市，内布拉斯加州	11.5	725	旅游和运输集团（Travel and Transport）是一家提供全面服务的旅游管理公司。公司成立于1946年，现如今客户群遍布全球
15	忠诚旅游零售商（Loyalty Travel Agency）	1973年	伊甸草原，明尼苏达州	8.63	521	忠诚旅游零售商（Loyalty Travel Agency）是全美最大的为提高客户忠诚度服务的旅游供应商。公司与众多旅游供应商有良好的合作关系，规模效应大，并且专注于提供品质优良的服务
16	Frosch 旅游	1972年	休斯敦市，得克萨斯州	8	1075	Frosch旅游（Frosch）是一家私人拥有的旅游管理公司，总部位于得克萨斯州休斯敦市。公司成立于1972年，专注提供豪华的休闲和企业旅游服务
17	Protravel International	1984年	纽约市，纽约州	7.48	300	Protravel公司成立于1984年，是一家提供全方位旅游服务的公司。目前，公司的年销售额达到了8.5亿美元，是全美最大的私人拥有的旅游零售商集团
18	世界旅游集团（World Travel Holdings）	2005年	华盛顿港，纽约州	6.9	825	世界旅游集团（World Travel Holdings, WTH）是一家有多个旅游品牌的旅游零售商集团。公司的行政办公室坐落于纽约州的华盛顿港，企业办公室位于马萨诸塞州威尔明顿市。公司在佛罗里达州和弗吉尼亚州均设有办公室。世界旅游集团下属旅游品牌包括CruisesOnly, Cruises.com, Rooms.com, Vacation Outlet, CruiseOne, Cruises Inc., Villas of Distinction。此外，世界旅游集团经营的合作伙伴品牌包括BJ's Travel, Orbitz Cruises, Priceline.com Cruises, Delta SkyMiles Cruises, American Airlines Cruises, continental.com cruises 等
19	世界旅游公司（World Travel, Inc.）	1983年	道格拉斯维尔，宾夕法尼亚州	6.6	374	世界旅游公司（World Travel）自1983年成立以来，发展迅速。公司专注为中产阶级消费市场，即每年在旅游产品上消费10万美元至3000万美元的企业客户，提供定制服务

美国旅游业概况

续表

排名	公司	公司成立时间	公司总部	2010年营业额（亿美元）	员工人数	公司及业务描述
20	喝彩旅游集团（Ovation Travel Group）	1984年	纽约市，纽约州	6.07	420	喝彩旅游集团（Ovation Travel Group）是一家私人拥有，年销售额为6亿美元的旅游管理公司。公司拥有一支经验丰富的旅游顾问团队，其分布在全美90个办公网点中。喝彩旅游集团隶属于全球第三大旅游管理公司——BCD旅游管理公司，并为全球客户提供旅游管理服务
21	TS24	1995年	新奥尔巴尼市，俄亥俄州	5.936	暂无	TS24旅游管理公司以客户为中心，提供定制的服务和基于科技的解决方案。TS24提供全年365天，每天24小时的服务。专业的客户经理、全面的账户管理项目，以及最新的旅游管理工具是TS24旅游管理公司成功的基础
22	Travizon	1972年	沃本市，马萨诸塞州	5.42	250	Travizon是全球旅游、会展，还有消费管理的先锋，其提供的方案简化了旅游业务的流程。Travizon的团队具有协作和创新精神，其旅游管理项目提供增值服务
23	日本交通公社美国分公司 JTB USA	1964年	托兰斯市，加利福尼亚州	4.57	1100	日本交通公社美国分公司成立于1964年。起初，公司只为赴美日本游客提供旅游信息服务。公司逐渐地成长为一家提供全方位服务的旅游管理公司。如今，凭借日本交通公社全球庞大的分支机构网络，日本交通公社美国分公司在美国市场提供商务和休闲旅游的管理服务
24	阿德尔曼旅游集团（Adelman Travel Group）	1985年	密尔沃基市，威斯康星州	3.695	暂无	阿德尔曼旅游集团（Adelman Travel Group）是全球十大旅游管理公司之一。公司致力于为定位于中端消费市场的企业提供旅游消费管理，以帮助其增长销售和培养人才。公司拥有一大批经验丰富的旅游零售商和一支售后团队，定制的软件，目的是帮助客户以较低的价格获得增值的服务和体验
25	Ultramar旅游管理公司（Ultramar Travel Management）	2006年	纽约市，纽约州	3.35	225	Ultramar旅游管理公司具有一支经验丰富、敬业、训练有素的零售商团队。公司的"总统"俱乐部为公司高级管理人员提供礼宾级套房服务。此外，公司采用先进的科技软件帮助其客户的旅游服务化繁为简。其"主动服务"为客户提供包括航班时刻表、定制旅游行程等服务

资料来源：《旅游周刊》（Travel Weekly），《2011年美国旅游市场主要旅游集团名单》，参看 http://travelweekly.texterity.com/travelweekly/20110627#pg27

表格 18　美国旅游市场主要旅游零售商集团/公司（按门店数量排名）

排名	旅游零售商集团/公司	总部	门店数量	年营业额（亿美元）
1	Vacation.com	亚历山德里亚市，弗吉尼亚州	5100	暂无
2	Travelsavers.com	多个地点	3265	200
3	Ensemble	纽约市，纽约州	840	暂无
4	Virtuoso	纽约市，纽约州	636	51
5	Nest	达拉斯市，得克萨斯州	600	4.5
6	Signature Travel Network	洛杉矶市，加利福尼亚州	356	45
7	Mast Vacation Planners	奥克布鲁克泰拉斯，伊利诺伊州	199	7.1
8	Cruise Shoppers	韦斯顿市，佛罗里达州	120	0.2

资料来源：《旅游周刊》（Travel Weekly），《2011年美国旅游市场主要旅游集团名单》，参看 http://travelweekly.texterity.com/travelweekly/20110627#pg27

表格 19　美国旅游市场主要特许经营旅游零售商（按营业额排名）

排名	特许经营旅游零售商	门店数量	年营业额（亿美元）
1	美国运通（American Express reps）	暂无	50
2	Uniglobe	750	30
3	Results Travel	677	22.8
4	Travel Leaders*	352	23.5
5	Cruise Holidays**	188	暂无
6	CruiseOne	670	1.5
7	Travel Network	45	0.78

* 除了 352 家特许经营旅游零售商以外，Travel Leaders 自主拥有 27 家门店，总数为 379 家。
** 除了 188 家特许经营旅游零售商以外，Cruise Holidays 自主拥有 4 家门店，总数为 192 家。
资料来源：《旅游周刊》，（Travel Weekly），《2011 年美国旅游市场主要旅游集团名单》，参看 http://travelweekly.texterity.com/travelweekly/20110627#pg27

表格 20　美国旅游市场拥有客房数量最多的 20 大酒店企业

排名	公司	公司总部	美国市场客房数量	美国市场物业数量	公司旗下品牌
1	希尔顿全球酒店集团	麦克林市，弗吉尼亚州	481829	3188	希尔顿酒店、康莱德酒店及度假酒店、希尔顿逸林酒店、大使套房酒店、汉普顿酒店、希尔顿花园酒店、希尔顿度假俱乐部、希尔顿第二家酒店、霍姆伍德套房酒店、华尔道夫酒店及度假酒店等
2	万豪国际集团	贝塞斯达市，马里兰州	476939	2969	万豪酒店及度假酒店、JW 万豪酒店、万怡酒店、万豪 Residence Inn 酒店、万豪 Fairfield Inn 酒店、万丽酒店、万豪 SpringHill 酒店、万豪 TownePlace 酒店、丽思卡尔顿酒店、万豪行政公寓、万豪 Autograph Collection Edition 等

续表

排名	公司	公司总部	美国市场客房数量	美国市场物业数量	公司旗下品牌
3	温德姆酒店集团	帕瑟伯尼，新泽西州	458785	5935	温德姆酒店及度假村温德姆至尊酒店、温德姆花园酒店、温德姆 Tryp 酒店、温德姆 Wingate 酒店、温德姆霍松套房、温德姆 Planet Hollywood 酒店、温德姆 Dream Hotels、温德姆华美达全球酒店、温德姆戴斯酒店、速 8 酒店、温德姆贝蒙特酒店、豪生酒店、温德姆 Travelodge 酒店等
4	洲际酒店集团（IHG）	亚特兰大市，佐治亚州	394219	3185	洲际酒店及度假村、皇冠假日酒店、英迪格酒店、洲际酒店 Staybridge Suites、假日酒店、智选假日酒店、坎特伍德套房等
5	精品国际酒店公司	银泉，马里兰州	389625	4936	舒适客栈、舒适套房、品质客栈、睡觉客栈、凯瑞华晟酒店、坎布里亚套房、长期套房、艾康诺酒店、德威麦格特酒店、Ascend Collection 酒店等
6	贝斯特韦斯特国际酒店集团	凤凰城，亚利桑那州	169747	2040	贝斯特韦斯特酒店、贝斯特韦斯特 + 酒店、贝斯特韦斯特精品酒店
7	喜达屋饭店及度假村国际集团	斯坦福德，康涅狄格州	146264	456	威斯汀酒店、喜来登酒店、福朋饭店、豪华精选酒店、W 酒店、瑞吉酒店、艾美酒店、雅乐轩酒店、源宿酒店
8	马格纳森酒店集团	斯波坎市，华盛顿州	114400	1518	马格纳森大酒店、马格纳森酒店、M 星酒店
9	雅高国际酒店集团	巴黎，法国	111201	1087	索菲特酒店、诺富特酒店、美居酒店、美爵酒店、宜必思酒店、美憬阁酒店、铂尔曼酒店、汽车旅馆 6 号酒店、佛缪勒第 1、All Seasons、Studio 6 等
10	凯悦酒店集团	芝加哥市，伊利诺伊州	91053	343	柏悦酒店、君悦酒店、凯悦酒店、悦府酒店、凯悦度假村、凯悦假日俱乐部、Andaz 等
11	拉金塔客栈和套房集团	欧文市，得克萨斯州	80179	785	拉金塔客栈、拉金塔套房
12	Extended Stay Hotels	夏洛特市，北卡罗来纳州	75723	682	Extended Stay America、工作室套房、Extended Stay Deluxe、工作室 +、Crossland 等
13	卡尔森国际酒店集团	米尼通卡，明尼苏达州	69266	604	丽笙假酒店、丽晶酒店、丽亭酒店、丽怡酒店、丽柏酒店等
14	维斯盟特酒店管理集团	米西索加，安大略省，加拿大	64423	519	维斯盟特酒店管理集团管理洲际酒店旗下假日酒店，精品国际酒店公司旗下的舒适客栈、品质客栈，以及希尔顿酒店、丽笙酒店、温德姆酒店及度假村、喜达屋酒店等多个品牌酒店
15	Vantage 酒店集团	科勒尔斯普林斯，佛罗里达州	59420	965	美洲最惠酒店、Lexington Collection Worldwide，Value Inn Worldwide 等
16	州际酒店与度假村酒店管理公司	阿灵顿市、弗吉尼亚州	41407	212	州际酒店与度假村酒店管理公司管理一系列高档、提供全方位服务的酒店物业，其中包括希尔顿、万豪、喜达屋、温德姆等酒店品牌。

续表

排名	公　司	公司总部	美国市场客房数量	美国市场物业数量	公司旗下品牌
17	红屋顶客栈	哥伦布市，俄亥俄州	36070	343	红屋顶客栈
18	苹果房地产投资信托基金公司	里士满市，弗吉尼亚州	26158	218	Apple Reit 6、Apple Reit 7、Apple Reit 8、Apple Reit 9 等
19	金字塔酒店集团	波士顿市，马萨诸塞州	24997	62	金字塔酒店集团管理一系列高档酒店、提供全方位服务的酒店物业，其中包括希尔顿、万豪、喜达屋、温德姆等酒店品牌
20	费尔科寄宿信托基金公司	欧文市，得克萨斯州	23209	82	费尔科寄宿信托基金公司管理希尔顿酒店集团旗下希尔顿大使套房酒店和希尔顿逸林，喜达屋酒店及度假村国际集团旗下威斯汀酒店、喜来登酒店，万豪国际集团旗下万豪酒店、万怡酒店，以及洲际酒店集团旗下假日酒店等

资料来源：HotelWorldNetwork.com，《H&MM 2010 年美国主要酒店企业调查》，参看 http://images.questex.com/HMM/2010/HMM_Surveys/hmm092010_tophotelco.pdf

表格 21　美国旅游市场拥有客房数量最多的 50 大酒店品牌

排名	酒店品牌	酒店母公司	美国市场的物业数量 房间数量	美国市场的物业数量 物业数量	物业状况 公司自行拥有	物业状况 特许经销	物业状况 受管理	其他
1	贝斯特韦斯特酒店	贝斯特韦斯特国际集团	182630	2002	0	0	0	2002
2	汉普顿酒店	希尔顿全球酒店集团	171783	1768	1	1735	32	0
3	快捷假日酒店	洲际酒店集团	144493	1706	0	1705	1	0
4	万豪酒店及度假酒店	万豪国际集团	143876	356	1	190	162	3
5	马格纳森大酒店	马格纳森酒店集团	131423	1725	0	0	0	1725
6	戴斯酒店	温德姆酒店集团	129437	1673	0	1673	0	0
7	假日酒店及度假村	洲际酒店集团	121456	676	1	654	22	0
8	万怡酒店	万豪国际集团	112041	798	1	516	262	19
9	速 8 酒店	温德姆酒店集团	111403	1850	0	1850	0	0
10	凯富酒店	洲际酒店集团	110932	1422	0	1422	0	0
11	希尔顿度假酒店	希尔顿全球酒店集团	105437	258	22	194	42	0
12	汽车旅馆 6 号酒店	雅高国际酒店集团	99200	1015	597	418	0	0
13	品质客栈	精品国际酒店公司	88967	1015	0	1015	0	0
14	拉金塔客栈和套房	拉金塔客栈和套房集团	81847	804	372	432	14	0
15	喜来登酒店	喜达屋饭店及度假村国际集团	75514	196	6	151	39	0

续表

排名	酒店品牌	酒店母公司	美国市场的物业数量		物业状况			
			房间数量	物业数量	公司自行拥有	特许经销	受管理	其他
16	万豪 Residence 酒店	万豪国际集团	72030	597	1	463	133	0
17	希尔顿花园酒店	希尔顿全球酒店集团	65043	480	2	468	10	0
18	华美达酒店	温德姆酒店集团	59884	516	0	516	0	0
19	万豪 Fairfield Inn 酒店	万豪国际集团	58542	648	0	645	3	0
20	美洲最惠酒店	Vantage 酒店集团	56640	944	0	944	0	0
21	希尔顿逸林酒店	希尔顿全球酒店集团	55525	217	10	176	31	0
24	大使套房酒店	希尔顿全球酒店集团	48451	201	18	131	52	0
25	艾康诺酒店	精品国际酒店公司	48245	779	0	779	0	0
26	舒适套房	精品国际酒店公司	48096	621	0	621	0	0
27	皇冠假日酒店	洲际酒店集团	47211	165	0	152	13	0
28	美国古老酒店	首选酒店集团	44872	241	0	0	0	241
29	Extended Stay America	Extended Stay Hotels	40426	365	365	0	0	0
30	丽笙度假酒店	卡尔森国际酒店集团	36579	458	4	449	5	0
31	红屋顶客栈	红屋顶客栈	35938	344	206	138	0	0
32	霍姆伍德套房酒店	希尔顿全球酒店集团	32614	296	0	253	43	0
33	万豪 SpringHill 酒店	万豪国际集团	31961	273	0	240	33	0
34	首选酒店及度假村	首选酒店集团	30410	113	0	0	0	113
35	沃尔特·迪士尼主题公园及度假区	沃尔特·迪士尼公司	29360	30	30	0	0	0
36	斯利普客栈	精品国际酒店公司	28895	397	0	397	0	0
37	万怡酒店	万豪国际集团	28892	80	0	42	36	2
38	丽笙及度假酒店	卡尔森国际酒店集团	28461	118	3	108	7	0
39	坎特伍德套房	洲际酒店集团	28439	290	0	66	77	0
40	凯瑞华晟酒店	精品国际酒店公司	28259	192	0	192	0	0
41	霍华德约翰逊酒店	温德姆酒店集团	27287	319	0	319	0	0
42	温德姆 Travelodge 酒店	温德姆酒店集团	23618	342	0	342	0	0
43	温德姆贝蒙特酒店	温德姆酒店集团	21827	260	0	260	0	0
44	温德姆蜜客泰尔套房	温德姆酒店集团	21258	300	0	300	0	0
45	罗德威酒店	精品国际酒店公司	20940	381	0	381	0	0
46	Value Place 酒店	Value Place 酒店公司	20854	175	43	132	175	0
47	君悦酒店	凯悦酒店集团	20434	161	49	85	27	0
48	骑士酒店	温德姆酒店集团	19992	320	0	320	0	0
49	万豪 TownePlace 酒店	万豪国际集团	19409	193	0	159	34	0
50	洲际酒店 Staybridge Suites	洲际酒店集团	18991	174	1	130	43	0

资料来源：酒店住宿，酒店开发资源，《主要酒店品牌》，参看 http://lhonline.com/hotel-development-resources/top_hotel_brands/

表格22　美国市场50大第三方酒店管理公司（按所管理的酒店客房数量排名）

排名	公司名称	自身拥有和管理的物业数量		管理的物业数量		管理的总客房数量
		房间数量	物业数量	房间数量	物业数量	
1	州际酒店与度假村酒店管理公司	1921	6	54562	311	56483
2	怀特住宿服务公司	3596	13	19612	142	23208
3	GF酒店管理公司	2811	14	16079	107	18890
4	普卡施迪集团	0	0	16823	63	16823
5	金字塔酒店集团	317	2	15374	48	15691
6	Aimbridge酒店管理公司	0	0	14932	72	14932
7	塞吉酒店资源	暂无	暂无	暂无	暂无	13675
8	新月酒店及度假村	1870	11	11772	54	13642
9	戴维森酒店公司	0	0	13333	47	13333
10	雷明顿酒店管理公司	198	1	13061	66	13259
11	赫尔沙酒店管理公司	1100	7	9500	78	10600
12	Hei酒店及度假村	9231	34	1231	4	10462
13	半岛酒店管理公司	0	0	10369	77	10369
14	协和酒店管理公司	1852	15	8462	64	10314
15	奥特利格集团	3128	6	6877	35	10005
16	加那斯酒店集团	850	5	8000	42	8850
17	多棱镜酒店管理公司	461	2	8315	52	8776
18	第一酒店集团	6164	42	2515	15	8679
19	Crestline酒店及度假村	1165	5	7430	42	8595
20	目的地酒店及度假村	455	1	7504	34	7959
21	Rim酒店管理公司	480	4	6935	43	7415
22	新港酒店集团	3794	35	3250	31	7044
23	木酒店管理有限公司	750	2	6250	24	7000
24	霍斯特马克酒店集团	0	0	7000	37	7000
25	Intermountain酒店管理公司	3579	38	3209	33	6788
26	海门酒店管理公司	4747	18	1960	10	6707
27	Mckibbon酒店管理公司	3342	29	3349	35	6691
28	联合酒店集团	0	0	5966	47	5966
29	马歇尔酒店及度假村	0	0	5451	40	5451
30	赖特投资物业公司	795	3	4638	40	5433
31	科克利威廉姆斯酒店管理公司	0	0	4948	29	4948
32	酒店创投	2118	12	2691	16	4809
33	马库斯酒店及度假村	2520	8	2207	10	4727
34	库萨酒店管理公司	90	1	4556	35	4646

续表

排名	公司名称	自身拥有和管理的物业数量		管理的物业数量		管理的总客房数量
		房间数量	物业数量	房间数量	物业数量	
35	基准国际酒店公司	0	0	4496	36	4496
36	多尔切酒店及度假村	0	0	4406	20	4406
37	OTO 酒店管理公司	0	0	4178	33	4178
38	丽晶酒店管理公司	3507	24	651	7	4158
39	酒店管理公司	0	0	4061	21	4061
40	仕德福酒店管理公司	0	0	4048	13	4048
41	酒店集团	1386	5	2340	20	3726
42	查尔斯镇酒店	414	5	2770	23	3184
43	道指酒店公司	2230	8	791	2	3021
44	HP 酒店发展公司	0	0	2982	27	2982
45	里尔酒店集团	0	0	2940	21	2940
46	法定人数酒店及度假村	0	0	2925	10	2925
47	酒店经理人集团	0	0	2837	18	2837
48	马林酒店管理公司	0	0	2811	33	2811
49	航道酒店管理公司	1758	9	1039	8	2797
50	特拉华州北方公司	585	4	2187	5	2772

资料来源：酒店住宿，酒店开发资源，《主要酒店品牌》，参看 http://lhonline.com/hotel-development-resources/top_hotel_management_companies/

表格23　美国连锁酒店星级等级分类

超豪华	豪华	高档	中高档	中档	经济型
艾菲尼亚酒店	Autograph Collection 品牌酒店	亚当斯马克酒店	三棕榈酒店	美国最佳套房	第一州际客栈
阿卡度假酒店	阿维亚酒店	雅乐轩酒店	艾尔斯酒店	阿美瑞辛酒店	经济美国套房
安达仕酒店	卡米诺雷亚尔酒店	Ascend 酒店	贝斯特韦斯特+酒店	贝蒙特旅馆和套房公寓酒店	美国最佳酒店
克隆尼酒店	俱乐部会所酒店	阿斯顿酒店	大通套房酒店	贝斯特韦斯特酒店	美洲最惠酒店
港丽酒店	多尔切度假酒店	贝斯特韦斯特精品酒店	克莱仁酒店	卡伯特洛奇酒店	预算旅馆
多伊尔集合酒店	多拉酒店	坎布里亚套房酒店	舒适客栈	坎特伍德套房	美国预算套房
艾迪逊酒店	梦幻酒店	康奈德酒店	舒适套房	俱乐部之屋酒店	普吉特旅馆

续表

超豪华	豪 华	高 档	中高档	中 档	经济型
费尔蒙特酒店	大使套房酒店	地中海俱乐部酒店	乡村旅馆和套房酒店	Crossings by GrandStay 酒店	Country Hearth 客栈
Firmdale 酒店	盖洛德酒店	海岸酒店	希尔顿逸林俱乐部酒店	水晶酒店	克雷斯特伍德套房
四季酒店	硬石饭店	万怡酒店	德鲁里旅馆	GrandStay 住宅套房	克罗斯兰套房
君悦酒店	希尔顿酒店	皇冠假日酒店	德鲁里旅馆和套房	温德姆霍松套房就酒店	温德姆戴斯酒店
赫尔姆斯利酒店	凯悦酒店	迪士尼主题公园及度假区	德鲁里小屋	哈特兰德酒店	闹区客栈
洲际酒店	快乐大酒店	希尔顿逸林酒店	德鲁里大酒店	霍华德约翰逊酒店	经济旅社
朱美拉酒店	金普顿酒店	喜达屋 Element 酒店	德鲁里套房	贝斯特韦斯特套房酒店	Extended Stay America
JW 万豪酒店	金普顿酒店	菲茨帕特里克酒店	万豪 Fairfield Inn 酒店	湖景酒店	Extended Stay Deluxe
朗廷酒店	万豪大酒店	福朋喜来登酒店	金郁金香酒店	拉金塔客栈和套房	E-Z 8 汽车旅馆
罗维斯酒店	万豪会议中心	美国大酒店	汉普顿酒店	长期套房	美利坚家庭旅馆
豪华精选酒店	万豪行政公寓	大灰狼度假村	汉普顿酒店及套房	桦树园豪华宾馆	晚安客栈
文华东方酒店	千禧大酒店	希尔顿花园酒店	洲际酒店集团假日酒店	品质客栈	大西部旅馆
Mokara 温泉酒店	新大谷酒店	希尔顿霍姆伍德套房	洲际酒店集团快捷假日酒店	华美达酒店	客栈酒店
蒙太奇酒店	日航酒店	英迪格酒店	洲际酒店集团精选假日酒店	红狮酒店	家门口客栈
柏悦酒店	欧姆尼酒店	塞拉利昂酒店	希尔顿欣庭套房酒店	罗德客栈	家园酒店
丽思卡尔顿酒店	泛太平洋大酒店	悦府大酒店	卡普里岛赌场酒店	Settle 客栈	Home-Towne 套房旅馆
延时度假酒店	丽笙大酒店	君悦大酒店	基韦斯特酒店及套房	夏伊洛旅馆	霍华德约翰逊快捷酒店
罗斯伍德度假酒店	红色康乃馨酒店	朱利酒店	Larkspur Landing 假日酒店	Signature 客栈	美利坚客栈
索菲特酒店	万丽酒店	拉克斯珀酒店	列克星敦酒店	斯利普客栈	InTown 套房旅馆
瑞吉酒店	喜来登大酒店	假日俱乐部酒店	一晚酒店	维嘉邦德旅馆	詹姆逊旅馆
泰姬陵酒店	圣吉尔斯酒店	梅丽亚大酒店	欧哈纳酒店	观景酒店	基韦斯特客栈

美国旅游业概况

续表

超豪华	豪　华	高　档	中高档	中　档	经济型
半岛酒店	Starhotels 酒店	新都酒店及度假村	雷迪森公园酒店	温德姆 Wingate 酒店	骑士酒店
太子酒店	瑞士酒店	诺富特酒店	凤凰城旅馆		Lees Inn of America 旅馆
潮汐酒店	威斯汀酒店	NYLO 酒店	华美达广场酒店		主人旅馆
特朗普酒店集酒店	温德姆酒店	奥卡拉汉酒店	Scanticon 旅馆和套房		名人旅馆
总督酒店		奥特瑞格度假酒店	银云酒店		蜜客泰尔客栈
喜达屋 W 酒店		公园广场酒店	假日阳光度假酒店		汽车旅馆 6 号酒店
华道尔夫饭店		王子大酒店	温德姆 Tryp 酒店		National 9 客栈
		丽笙度假酒店	万豪 TownePlace 酒店		护照酒店
		万豪 Residence 酒店	韦斯特马克酒店		红屋顶酒店
		室友酒店	温德姆花园酒店		Road Star 客栈
		索尼斯塔酒店	仙度拉旅游度假酒店		罗德威旅馆
		万豪 Springhill 套房			萨凡纳酒店
		洲际酒店 Staybridge Suites			苏格兰旅馆
					Select 旅馆
					6 号工作室旅馆
					工作室 + 旅馆
					Suburban Extended Stay 旅馆
					Sun Suites Extended Stay 旅馆
					速 8 旅馆
					温德姆 Travelodge 酒店
					Value Place 酒店
					韦尔斯利酒店
					优特尔旅馆

资料来源：资料来源：STR Global,《STR 全球酒店星级等级分类》，参看 http://www.strglobal.com/documents/STR_US_Chain_Scales.pdf

表格 24　2010 年美国市场酒店物业按地区分类

按地点分类	酒店物业数量*	酒店房间数量**
城　区	4859	753612
郊　区	17479	1745937
机场附近	2207	304762
两州交会区	7346	498064
度假胜地/景区	3763	595135
小城镇地铁附近	15361	904380
按客房费用分类		
低于 30 美元	777	54031
30 美元～44.99 美元	6619	406377
45 美元～59.99 美元	14454	895547
60 美元～85 美元	15789	1385880
高于 85 美元	13376	2060055
按客房数量分类		
少于 75 间房间	28115	1211570
75～149 间房间	16863	1773247
150～299 间房间	4378	876062
300～500 间房间	1125	419280
多于 500 间房间	534	521731

* 统计样本中酒店物业总数量为 51015 家。
** 统计样本中总客房房间数量为 4801890 间。
资料来源：美国酒店业协会，《2011 年美国酒店业简介》，参看 http://www.ahla.com/content.aspx?id=32567

表格 25　2011 年美国主要航空控股公司（按 2011 年年营业额排名）

排名	航空公司	总部地点	飞行目的地数量	航空联盟	员工数量（人）	下属航空品牌	2011 年年营业额（亿美元）
1	达美航空公司	亚特兰大市，佐治亚州	332	天合联盟	76300	达美捷运航空公司，西北航空公司，宋航空公司，西部航空公司	351
2	联合大陆控股公司	芝加哥市，伊利诺伊州	471	星空联盟	81700	美国联合航空公司，大陆航空公司	336.9（2010 年）
3	AMR 公司	沃思堡，得克萨斯州	800	寰宇一家	75300	美国航空公司，美国货运航空公司，美鹰航空公司	221.7（2010 年）
4	西南航空公司	达拉斯市，得克萨斯州	97	暂无	38500	AirTran 航空公司，西南航空公司	157
5	全美航空集团	坦佩市，亚利桑那州	132	星空联盟	30400	美利坚航空公司，皮埃蒙特航空公司，太平洋西南航空公司	78.19

续表

排名	航空公司	总部地点	飞行目的地数量	航空联盟	员工数量（人）	下属航空品牌	2011年年营业额（亿美元）
6	捷蓝航空公司	长岛市，纽约州	71	暂无	12500	捷蓝航空公司	45.04
7	夏威夷控股公司	檀香山，夏威夷	22	暂无	4020	夏威夷航空公司	43.2
8	阿拉斯加航空集团	西雅图市，华盛顿州	91	暂无	9000	阿拉斯加航空公司，地平线航空公司	38.3（2010年）
9	共和航空控股公司	印第安纳波利斯市，印第安纳州	76	暂无	4000	边疆航空公司，共和航空公司，肖托夸航空公司，穿梭美国航空公司	28.6
10	英迪格公司和橡树资本管理公司	美丽华市，佛罗里达州	49	暂无	2580	斯碧尔特航空公司	10.7
11	维珍美国航空公司	伯林盖姆市，加利福尼亚州	18	暂无	1520	维珍美国航空公司	760310美元

表格26　美国市场主要航空公司

航空公司	2010年美国市场乘客数量（千人次）	2011年美国市场乘客数量（千人次）	飞机数量	飞行目的地数量
网络航空公司				
美国联合航空公司	43063	41500	703	378
达美航空公司	90036	92902	714	247
美国航空公司	65624	65247	605	260
美利坚航空公司	45262	46461	340	132
阿拉斯加航空公司	15011	16013	118	91
低价航空公司				
西南航空公司	106959	110449	708	97
捷蓝航空公司	21260	23121	172	71
穿越航空公司	24048	23648	140	70
边疆航空公司	8967	10321	91	76
斯碧尔特航空公司	5592	7110	40	49
维珍美国航空公司	3836	4979	52	18
忠实航空公司	5671	5827	83	79
地域性的航空公司				
美鹰航空公司	15206	16155	264	160
快捷航空公司	13595	15009	414	151
天西航空公司	22721	21923	294	163
巅峰航空公司	10126	9827	199	—

续表

航空公司	2010年美国市场乘客数量（千人次）	2011年美国市场乘客数量（千人次）	飞机数量	飞行目的地数量
地平线航空公司	6024	5742	48	47
威斯康星航空公司	5601	5637	71	69
共和航空公司	10818	9963	85	79
穿梭美国航空公司	4410	4617	70	—
梅萨航空公司	8743	8223	80	165
科尔根航空公司	2479	3702	62	65
南非商务航空公司	6035	5287	74	70
公务航空公司	1610	1641	39	36
指南针航空公司	3255	3346	42	49
太平洋西南航空公司	4958	4885	49	55
GoJet航空公司	2477	2210	37	30

资料来源：研究和创新科技部门，交通部统计局，《航空公司及机场乘客数量统计》，参看 http://www.transtats.bts.gov/Data_Elements.aspx?Data=1

表格27　2010年美国市场主要机场（按乘客数量排名）

排名	机场代码	地　点	机　场	2010年载客量
1	ATL	亚特兰大市，佐治亚州	哈兹菲尔德—杰克逊亚特兰大国际机场	43130585
2	ORD	芝加哥市，伊利诺伊州	芝加哥奥黑尔国际机场	32171831
3	LAX	洛杉矶市，加利福尼亚州	洛杉矶国际机场	28857755
4	DFW	沃思堡市，得克萨斯州	达拉斯/沃思堡国际机场	27100656
5	DEN	丹佛市，科罗拉多州	丹佛国际机场	25241962
6	JFK	纽约市，纽约州	肯尼迪国际机场	22934047
7	IAH	休斯敦市，得克萨斯州	休斯敦洲际机场	19528631
8	SFO	旧金山市，加利福尼亚州	旧金山国际机场	19359003
9	LAS	拉斯维加斯市，内华达州	拉斯维加斯麦克伦国际机场	18996738
10	PHX	凤凰城，亚利桑那州	凤凰城天港国际机场	18907171
11	CLT	夏洛特市，北卡罗来纳州	夏洛特/道格拉斯国际机场	18629181
12	MIA	迈阿密市，佛罗里达州	迈阿密国际机场	17017654
13	MCO	奥兰多市，佛罗里达州	奥兰多国际机场	17017491
14	EWR	纽瓦克市，新泽西州	纽瓦克自由国际机场	16571754
15	DTW	底特律市，密歇根州	底特律都会韦恩县机场	15643890

资料来源：联邦航空管理局，《2010年美国主要机场载客数量统计》，参看 http://www.faa.gov/airports/planning_capacity/passenger_allcargo_stats/passenger/media/cy10_primary_enplanements.pdf

表格28　主要航空公司联盟

航空公司联盟	成立时间	联盟总部	正式会员数量	待审批成员数量	会员目的地机场数量	会员所执行飞行任务的目的地国家数量	每年乘客数量（万人次）	飞机数量
星空联盟	1997年5月14日	美因河畔法兰克福机场，德国法兰克福	25	5	1290	189	60750	4070
天合联盟	2000年6月22日	阿姆斯特丹史基浦机场，荷兰哈勒默梅尔市	15	5	926	173	47400	3451
寰宇一家	1999年2月1日	纽约市，美国纽约州	11	2	800左右	148	28770	2400

资料来源：维基百科，《主要航空公司联盟》，参看 http://en.wikipedia.org/wiki/Airline_alliances

表格29　2010年邮轮业发展迅速的主要国家和地区（按照邮轮乘客占总人口比重排名）

国　家	2011年人口数量（万人次）	乘坐邮轮的乘客数量（万人次）	邮轮乘客占总人口比重（％）	排名
美　国	30930	1009	3.26%	1
英　国	6204	156	2.51%	2
澳大利亚	2222	46.6	2.10%	3
加拿大	3430	69.1	2.01%	4
德　国	8180	122	1.49%	5
意大利	6057	88.9	1.47%	6
西班牙	4615	64.5	1.40%	7
挪　威	495	6.5	1.31%	8
爱尔兰	447	5.8	1.30%	9
瑞　士	778	9.1	1.17%	10
奥地利	839	9.3	1.11%	11
瑞　典	942	6.1	0.65%	12
法　国	6582	38.7	0.59%	13
丹　麦	556	2.6	0.47%	14
荷　兰	1665	7.6	0.46%	15
比利时	1083	4.7	0.43%	16
葡萄牙	1063	4.1	0.39%	17
芬　兰	538	1.6	0.30%	18
卢森堡	50	3	0.06%	19
欧洲其他地区		17.1		

资料来源：国际邮轮协会（CLIA），《2012年邮轮产业简介》，参看 http://www.slideshare.net/monifacio/2012-clia-crusie-update

表格 30　2011 年全球邮轮产业主要目的地市场
（按邮轮公司部署的轮船数量和其承载乘客在船上过夜的数量统计排名）

排名	目的地	轮船公司承载的游客在船上过夜的数量统计（万人次）	市场份额比例（%）
1	加勒比海地区	3620	33.7%
2	地中海地区	2199	20.44%
3	欧洲大陆/斯堪的纳维亚	847	7.9%
4	阿拉斯加地区	665	6.18%
5	巴哈马群岛	650	6.05%
6	西墨西哥地区	351	3.27%
7	大西洋彼岸地区	310	2.9%
8	澳大利亚/新西兰/太平洋彼岸地区	290	2.7%
9	主要河流地区	269	2.5%
10	南美洲地区	260	2.4%
11	夏威夷地区	219	2.14%

资料来源：国际邮轮协会（CLIA），《2012 年邮轮产业简介》，参看 http://www.slideshare.net/monifacio/2012-clia-crusie-update

表格 31　2011 年主要邮轮公司（按邮轮数量和可停靠锚位数量排名）

排名	邮轮公司	公司总部	可停靠锚位数量	邮轮数量
1	皇家加勒比国际邮轮公司	迈阿密市，佛罗里达州	61888	22
2	嘉年华邮轮公司	迈阿密市，佛罗里达州	58292	22
3	公主邮轮公司	圣塔克拉里塔，加利福尼亚州	36510	17
4	歌诗达邮轮公司	好莱坞，佛罗里达州	33797	15
5	地中海韵律邮轮公司	劳德代尔堡市，佛罗里达州	26908	11
6	挪威邮轮公司	迈阿密市，佛罗里达州	26346	11
7	荷兰美国邮轮公司	西雅图市，华盛顿州	23493	15
8	名人邮轮公司	迈阿密市，佛罗里达州	21048	10
9	丘纳德邮轮公司	瓦伦西亚市，加利福尼亚州	6712	3
10	迪士尼邮轮公司	布埃纳文图拉湖，加利福尼亚州	6008	2
11	极地历奇邮轮公司	日出市，佛罗里达州	5923	13
12	大洋洲邮轮公司	迈阿密市，佛罗里达州	4552	3
13	银海邮轮公司	劳德代尔堡市，佛罗里达州	2028	6
14	水晶邮轮公司	洛杉矶市，加利福尼亚州	1992	2
15	熙邦邮轮公司	西雅图市，华盛顿州	1974	5
16	丽晶七海邮轮公司	劳德代尔堡市，佛罗里达州	1892	3
17	超尘精品游船公司	洛杉矶市，加利福尼亚州	1792	11

续表

排名	邮轮公司	公司总部	可停靠锚位数量	邮轮数量
18	阿瓦隆水道公司	利特尔顿，科罗拉多州	1708	10
19	AMA 水道公司	查茨沃斯，加利福尼亚州	1572	9
20	精钻俱乐部邮轮公司	迈阿密市，佛罗里达州	1420	2
21	星风邮轮公司	西雅图市，华盛顿州	608	3
22	美国邮轮公司	吉尔福德，康涅狄格州	526	6
23	保罗高更邮轮公司	贝尔维尤，华盛顿州	332	1
24	海梦游艇俱乐部	迈阿密市，佛罗里达州	220	2
25	珍珠海上邮轮公司	吉尔福德，康涅狄格州	210	1

资料来源：国际邮轮协会（CLIA），《2011年国际邮轮产业简介》，参看 http://cruising.org/sites/default/files/misc/2011FINALOV.pdf

表格32 主要受消费者喜爱的邮轮公司（按用户体验排名）

排　名	邮轮公司	公司总部
用户体验排名前列的大型海洋邮轮公司		
1	水晶邮轮公司	洛杉矶市，加利福尼亚州
2	丽晶七海邮轮公司	劳德代尔堡市，佛罗里达州
3	大洋洲邮轮公司	迈阿密市，佛罗里达州
4	迪士尼邮轮公司	布埃纳文图拉湖，加利福尼亚州
5	丘纳德邮轮公司	瓦伦西亚市，加利福尼亚州
6	精钻俱乐部邮轮公司	迈阿密市，佛罗里达州
7	名人邮轮公司	迈阿密市，佛罗里达州
8	荷兰美国邮轮公司	西雅图市，华盛顿州
9	皇家加勒比国际邮轮公司	迈阿密市，佛罗里达州
10	公主邮轮公司	圣塔克拉里塔，加利福尼亚州
用户体验排名前列的小型海洋邮轮公司		
1	银海邮轮公司	劳德代尔堡市，佛罗里达州
2	海梦游艇俱乐部	迈阿密市，佛罗里达州
3	星风邮轮公司	西雅图市，华盛顿州
用户体验排名前列的河道邮轮公司		
1	陶克邮轮公司（Tauck）	诺沃克市，康涅狄格州
2	超尘精品游船公司	洛杉矶市，加利福尼亚州
3	维京邮轮公司	伍兰冈，加利福尼亚州
4	AMA 水道公司	查茨沃斯，加利福尼亚州
5	阿瓦隆水道公司	利特尔顿，科罗拉多州

资料来源：《旅游+休闲》，《2011年全球旅游产业最佳》，参看 http://www.travelandleisure.com/worldsbest/2011/air-cruise-more/large-ship-cruise/234

表格 33　美国邮轮市场主要登船港口及主力轮船

邮轮市场	邮轮登船港口	主力轮船
美国西海岸出发的邮轮		
檀香山，夏威夷州	檀香山，瓦胡岛	• 挪威邮轮公司：美国"骄傲"号邮轮 • 皇家加勒比邮轮公司："海洋狂想曲"号邮轮等
洛杉矶市，加利福尼亚州	长滩，加利福尼亚州	• 嘉年华邮轮公司："嘉年华启示"号邮轮 • 嘉年华邮轮公司："嘉年华辉煌"号邮轮等
洛杉矶市，加利福尼亚州	圣佩德罗，加利福尼亚州	• 挪威邮轮公司："挪威珍珠"号邮轮 • 迪士尼邮轮公司："迪士尼神奇"号邮轮等
圣地亚哥市，加利福尼亚州	圣地亚哥，加利福尼亚州	• 名人邮轮公司："名人千禧年"号邮轮 • 荷兰美国邮轮公司："赞丹"号邮轮 • 名人邮轮公司："名人世纪"号邮轮 • 名人邮轮公司："名人无限"号邮轮 • 荷兰美国邮轮公司："史特丹"号邮轮等
旧金山市，加利福尼亚州	旧金山，加利福尼亚州	• 公主邮轮公司："海洋公主"号邮轮 • 公主邮轮公司："明星公主"号邮轮 • 丽晶七海邮轮公司："七海导航"号邮轮等
西雅图市，华盛顿州	西雅图，华盛顿州	• 挪威邮轮公司："挪威宝石"号邮轮 • 名人邮轮公司："名人无限"号邮轮 • 荷兰美国邮轮公司："欧士丹"号邮轮 • 嘉年华邮轮公司："嘉年华精神"号邮轮 • 皇家加勒比邮轮公司："海洋狂想曲"号邮轮 • 迪士尼邮轮公司："迪士尼神奇"号邮轮 • 荷兰美国邮轮公司："阿姆斯特丹"号邮轮等
苏渥市，阿拉斯加	苏渥（安克雷奇），阿拉斯加	• 皇家加勒比邮轮公司："光辉海洋"号邮轮 • 名人邮轮公司："名人千禧年"号邮轮等
惠蒂尔市，阿拉斯加	惠蒂尔（安克雷奇），阿拉斯加	• 公主邮轮公司："钻石公主"号邮轮等
美国墨西哥湾或附近停靠港出发的邮轮		
加尔维斯顿市，得克萨斯州	加尔维斯顿，得克萨斯州	• 嘉年华邮轮公司："嘉年华凯旋"号邮轮 • 嘉年华邮轮公司："嘉年华魔力"号邮轮 • 迪士尼邮轮公司："迪士尼魔力"号邮轮等
新奥尔良市，路易斯安那州	新奥尔良，路易斯安那州	• 嘉年华邮轮公司："嘉年华欢欣"号邮轮 • 嘉年华邮轮公司："嘉年华征服"号邮轮等
坦帕市，佛罗里达州	坦帕，佛罗里达州	• 嘉年华邮轮公司："嘉年华天堂"号邮轮 • 皇家加勒比邮轮公司："海洋珠宝"号邮轮 • 嘉年华邮轮公司："嘉年华传奇"号邮轮 • 荷兰美国邮轮公司："莱恩丹"号邮轮等
美国东北海岸出发的邮轮		
波士顿市，马萨诸塞州	波士顿，马萨诸塞州	• 嘉年华邮轮公司："嘉年华光荣"号邮轮 • 挪威邮轮公司："挪威之光"号邮轮

续表

邮轮市场	邮轮登船港口	主力轮船
纽约市，纽约州	纽约，纽约州	• 挪威邮轮公司："挪威宝石"号邮轮 • 挪威邮轮公司："挪威之星"号邮轮 • 挪威邮轮公司："挪威宝石"号邮轮 • 嘉年华邮轮公司："嘉年华奇迹"号邮轮 • 迪士尼邮轮公司："迪士尼魔力"号邮轮等
巴约纳市，新泽西州	自由角邮轮港口（巴约纳市），新泽西州	• 皇家加勒比邮轮公司："海洋探索家"号邮轮 • 名人邮轮公司："名人峰会"号邮轮等
巴尔的摩市，马里兰州	巴尔的摩港口，马里兰州	• 嘉年华邮轮公司："嘉年华自豪"号邮轮 • 皇家加勒比邮轮公司："海洋喜悦"号邮轮等
诺福克市，弗吉尼亚州	诺福克，弗吉尼亚州	• 嘉年华邮轮公司："嘉年华光荣"号邮轮等
美国东南海岸出发的邮轮		
迈阿密市，佛罗里达州	迈阿密，佛罗里达州	• 嘉年华邮轮公司："嘉年华创意"号邮轮 • 皇家加勒比邮轮公司："海洋陛下"号邮轮 • 嘉年华邮轮公司："嘉年华佳运"号邮轮 • 挪威邮轮公司："挪威爱彼"号邮轮等
劳德代尔堡市，佛罗里达州	劳德代尔堡（埃弗格雷斯港），佛罗里达州	• 嘉年华邮轮公司："嘉年华自由"号邮轮 • 皇家加勒比邮轮公司："海洋自主"号邮轮 • 皇家加勒比邮轮公司："海洋魅丽"号邮轮 • 皇家加勒比邮轮公司："海洋绿洲"号邮轮等
卡纳维拉尔港，佛罗里达州	卡纳维拉尔港，佛罗里达州	• 皇家加勒比邮轮公司："海皇"号邮轮 • 嘉年华邮轮公司："嘉年华神往"号邮轮 • 嘉年华邮轮公司："嘉年华梦想"号邮轮 • 皇家加勒比邮轮公司："海洋自由"号邮轮 • 迪士尼邮轮公司："迪士尼梦想"号邮轮 • 迪士尼邮轮公司："迪士尼梦幻"号等
坦帕市，佛罗里达州	坦帕，佛罗里达州	• 嘉年华邮轮公司："嘉年华天堂"号邮轮 • 皇家加勒比邮轮公司："海洋珠宝"号邮轮 • 嘉年华邮轮公司："嘉年华传奇"号邮轮 • 荷兰美国邮轮公司："莱恩丹"号邮轮等
杰克逊维尔，佛罗里达州	杰克逊维尔，佛罗里达州	• 嘉年华邮轮公司："嘉年华神逸"号邮轮等
查尔斯顿，南卡罗来纳州	查尔斯顿，南卡罗来纳州	• 嘉年华邮轮公司："嘉年华梦幻"号邮轮等
新奥尔良市，路易斯安那州	新奥尔良，路易斯安那州	• 嘉年华邮轮公司："嘉年华欢欣"号邮轮 • 嘉年华邮轮公司："嘉年华征服"号邮轮等

资料来源：CruiseOnly，《从附近的港口坐邮轮》，参看 http://www.cruisesonly.com/promotion/ports/regional-cruises.do

表格34　2011年主要邮轮出发港口城市（按载客数量排名）

排名	邮轮出发港	邮轮载客数量（千人）
1	迈阿密	1970
2	佛罗里达州劳德代尔堡	1826
3	佛罗里达州卡纳维拉尔港	1496
4	纽约市	612
5	波多黎各圣胡安市	522
6	得克萨斯州加尔维斯敦市	462
7	佛罗里达州坦帕市	458
8	华盛顿州西雅图	439
9	加利福尼亚州长滩港	405
10	路易斯安那州新奥尔良	373
11	加利福尼亚州洛杉矶市	311
12	马里兰州巴尔的摩	254
13	新泽西州自由角港	217
14	佛罗里达州杰克逊维尔	190
15	西弗吉尼亚州查尔斯顿	165
16	亚拉巴马州莫比尔港	150
17	加利福尼亚州圣地亚哥	148
18	夏威夷檀香山	126
19	马萨诸塞州波士顿	85
20	阿拉斯加苏渥市	65
21	阿拉斯加惠蒂尔市	62
22	加利福尼亚州旧金山	44
23	英国南安普敦港	40
24	西班牙巴塞罗那	21
25	其他港口	121
	所有港口	10887

资料来源：美国交通运输部，海事局，《北美邮轮市场统计》，参见 http://www.marad.dot.gov/documents/North_American_Cruise_Statistics_Quarterly_Snapshot.pdf

表格35　2011年美国市场主要租车公司（按可供使用的租车数量排名）

<table>
<tr><th colspan="6">2011年美国市场主要租车公司规模和营业情况</th></tr>
<tr><th>排名</th><th>租车公司</th><th>公司总部</th><th>2011年可供使用的车辆（平均值）</th><th>租车网点数量</th><th>2011年营业额（亿美元）</th></tr>
<tr><td>1</td><td>企业租车控股公司（旗下品牌包括阿拉莫租车公司，企业租车公司，国家租车公司）</td><td>克莱顿市，密苏里州</td><td>920861</td><td>6187</td><td>111</td></tr>
<tr><td>2</td><td>赫兹汽车租赁公司（旗下品牌包括优势租车公司）</td><td>帕克里奇市，新泽西州</td><td>320003</td><td>2500</td><td>42.41</td></tr>
<tr><td>3</td><td>安飞士巴基特集团</td><td>帕西帕尼，新泽西州</td><td>285000</td><td>2300</td><td>41.10</td></tr>
</table>

续表

2011年美国市场主要租车公司规模和营业情况

排名	租车公司	公司总部	2011年可供使用的车辆（平均值）	租车网点数量	2011年营业额（亿美元）
4	道乐国际汽车租赁有限公司	塔尔萨市，俄克拉荷马州	118000	445	16.45
5	U-Save汽车租赁系统公司	杰克逊市，密西西比州	11500	325	1.18
6	福克斯汽车租赁公司	洛杉矶市，加利福尼亚州	11000	13	1.40
7	佩勒斯汽车租赁公司	圣彼得斯堡，佛罗里达州	10000	32	1.35
8	ACE汽车租赁公司	印第安纳波利斯市，印第安纳州	9000	90	1.00
9	Zipcar汽车租赁公司	剑桥市，马萨诸塞州	74003	128	1.78
10	Rent-A-Wreck of America汽车租赁公司	劳雷尔市，马里兰州	5500	181	0.37
11	三角汽车租赁公司	罗利市，北卡罗来纳州	4200	28	0.40
12	附属汽车租赁公司（旗下品牌包括特廉租车和明智租车）	伊顿敦市，新泽西州	3300	179	0.32
13	独立汽车租赁公司	道格拉斯维尔市，佐治亚州	5000	5350	5.20
总量			1760761	17758	223.960亿美元

*阿拉莫租车公司，企业租车公司，以及国家租车公司自2011年7月31日正式成为企业租车控股公司旗下品牌。

资料来源：汽车租赁新闻，研究及统计，《美国租车市场》，参看http://www.autorentalnews.com/fileviewer/1410.aspx

表格36 美国市场主要购物中心（按商场面积排名）

排名	购物商场	地点	商场面积（平方米）	门店数量	商场主要商店或娱乐场所品牌	成立时间
1	南海岸广场购物中心	科斯塔梅萨市，加利福尼亚州	260000	280	3家梅西百货、西尔斯百货、诺德斯特龙百货、萨克斯第五大道精品百货店、布鲁明黛百货公司	1967年
2	普鲁士国王购物中心	普鲁士国王，宾夕法尼亚州	259500	400+	梅西百货、诺德斯特龙百货、布鲁明黛百货公司、洛德和泰勒百货、奈曼马库斯百货、西尔斯百货、杰西潘尼百货	1963年
3	美利坚购物中心	布卢明顿市，明尼苏达州	258200.0	522+	3家梅西百货、布鲁明黛百货公司、诺德斯特龙百货、西尔斯百货、尼克罗迪恩环球游乐场、明尼苏达海洋生物水族馆、AMC电影院	1992年
4	Millcreek购物中心	伊利湖，宾夕法尼亚州	240000	241	西尔斯百货、杰西潘尼百货、梅西百货、Bon-Ton百货、伯林顿服厂	1974年

续表

排名	购物商场	地　点	商场面积（平方米）	门店数量	商场主要商店或娱乐场所品牌	成立时间
5	阿文特拉购物中心	阿文特拉，佛罗里达州	220000	275	诺德斯特龙百货、布鲁明黛百货公司、梅西百货、西尔斯百货、杰西潘尼百货	1983年
6	索格拉斯折扣店中心	日出市，佛罗里达州	221472.1	350	塔吉特百货、杰西潘尼百货、伯林顿服厂、帝王电影院、马歇尔百货、诺德斯特龙百货、奈曼马库斯百货、萨克斯第五大道精品百货店	1990年
7	盖勒瑞尔购物中心	休斯敦市，得克萨斯州	213530	375	诺德斯特龙百货、3家梅西百货、奈曼马库斯百货、萨克斯第五大道精品百货店、溜冰场（滑冰娱乐中心）	1970年
8	罗斯福购物中心	花园城，纽约州	208528.4	294	梅西百货、布鲁明黛百货公司、诺德斯特龙百货、杰西潘尼百货、迪克体育用品	1956年
9	伍德费尔德购物中心	香堡格，伊利诺伊州	206600	300	西尔斯百货、杰西潘尼百货、梅西百货、诺德斯特龙百货、洛德和泰勒百货	1971年
10	帕利塞德购物中心	西尼亚克，纽约州	205996.0	400	塔吉特百货、AMC电影院、杰西潘尼百货、洛德和泰勒百货、巴诺书店、西尔斯百货、家得宝百货、BJ百货批发	1998年
11	泰森斯角购物中心	麦克林市，弗吉尼亚州	200000	300	布鲁明黛百货公司、梅西百货、诺德斯特龙百货、洛德和泰勒百货、AMC电影院、巴诺书店	1968年
12	拉斯维加斯美洲广场购物中心	圣胡安，波多黎各	201900	300+	梅西百货、西尔斯百货、杰西潘尼百货、老海军服饰、加勒比电影院、凯马特百货、玩具反斗城、永远21岁服饰连锁	1968年
13	南海岸广场购物中心	布伦特里，马萨诸塞州	201100	225	梅西百货、洛德和泰勒百货、西尔斯百货、诺德斯特龙百货、塔吉特百货	1961年
14	韦斯特菲尔德花园国家广场购物中心	帕拉姆斯，新泽西州	198079.7	346	梅西百货、洛德和泰勒百货、杰西潘尼百货、奈曼马库斯百货、洛德和泰勒百货、AMC电影院	1957年
15	德尔-阿莫购物中心	托兰斯市，加利福尼亚州	200000	300	梅西百货、西尔斯百货、杰西潘尼百货、马歇尔百货、T.J.马克斯百货、伯林顿服厂、AMC电影院	1975年
16	阿拉莫纳购物中心	檀香山，夏威夷	200000	290	梅西百货、西尔斯百货、诺德斯特龙百货、奈曼马库斯百货、Shirokiya百货商店	1959年

续表

排名	购物商场	地点	商场面积（平方米）	门店数量	商场主要商店或娱乐场所品牌	成立时间
17	莱克伍德购物中心	莱克伍德市，加利福尼亚州	194419	255	梅西百货、塔吉特百货、永远21岁服饰连锁、杰西潘尼百货、好市多批发超市	1951年
18	斯科特斯德时尚广场购物中心	斯科茨代尔，亚利桑那州	190374	250+	梅西百货、迪拉兹百货、诺德斯特龙百货、奈曼马库斯百货、巴尼斯纽约精品店	1961年
19	奥克布鲁克购物中心	奥克布鲁克，伊利诺伊州	187500	175	梅西百货、西尔斯百货、诺德斯特龙百货、奈曼马库斯百货、奈曼马库斯百货、洛德和泰勒百货、布鲁明黛百货公司	1962年
20	北方公园购物中心	达拉斯市，得克萨斯州	190000	235	迪拉兹百货、梅西百货、诺德斯特龙百货、奈曼马库斯百货、巴尼斯纽约精品店、AMC电影院	1965年

资料来源：维基百科，《美国市场最大的购物中心名单》，参看 http://en.wikipedia.org/wiki/List_of_largest_shopping_malls_in_the_United_States

表格37 美国市场规模最大的折扣商场及开发商

2011年美国市场最大的3家折扣商场开发商集团		
开发商	折扣商场数量	折扣商场面积（平方米）
Premium品牌奥特莱斯，西蒙地产集团	70	2441441
Mills品牌奥特莱斯，西蒙地产集团	7	1006697
坦格尔工厂直销中心	33	955559
总　　计	110	4403697

美国市场最大的奥特莱斯名牌直销中心（面积均超过500000平方英尺，约合4.64万平方米）

商场名称	地点	商场面积（平方米）	开发商	开业时间
伍德伯利奥特莱斯名牌直销中心	中央谷地，纽约州	78503	Premium奥特莱斯/西蒙地产集团	1985年
奥兰多奥特莱斯名牌直销中心	奥兰多市，佛罗里达州	72027	Premium奥特莱斯/西蒙地产集团	1981年
圣马科斯奥特莱斯名牌直销中心	圣马科斯市，得克萨斯州	69513	Premium奥特莱斯/西蒙地产集团	1990年
VF奥特莱斯名牌直销中心	雷丁市，宾夕法尼亚州	68191	VF名牌直销中心	1970年
坦格尔奥特莱斯名牌直销中心	里弗黑德，纽约州	67770	坦格尔工厂直销中心	1994年
伯奇伦奥特莱斯名牌直销中心	伯奇伦，密歇根州	64032	Premium奥特莱斯/西蒙地产集团	1986年
卡马里奥奥特莱斯名牌直销中心	卡马里奥市，加利福尼亚州	62617	Premium奥特莱斯/西蒙地产集团	1995年

续表

商场名称	地　　点	商场面积（平方米）	开发商	开业时间
大西洋奥特莱斯名牌直销中心	大西洋城，新泽西州	62245	Cordish 地产集团	2003 年
迪尔派克坦格尔工厂直销中心	迪尔派克，纽约州	60738	坦格尔工厂直销中心	2008 年
伦瑟姆奥特莱斯名牌直销中心	伦瑟姆，马萨诸塞州	57228	Premium 奥特莱斯/西蒙地产集团	1997 年
奥尔马奥特莱斯名牌直销中心	埃斯特罗，佛罗里达州	56256	奥尔马地产发展公司	1998 年
格兰德河谷奥特莱斯名牌直销中心	梅塞德斯市，得克萨斯州	53884	Premium 奥特莱斯/西蒙地产集团	2006 年
吉尔罗伊奥特莱斯名牌直销中心	吉尔罗伊市，加利福尼亚州	53698	Premium 奥特莱斯/西蒙地产集团	1990 年
若胡博斯比奇坦格尔奥特莱斯名牌直销中心	若胡博斯比奇市，特拉华州	52856	坦格尔工厂直销中心	1989 年
兰卡斯特洛克威尔奥特莱斯名牌直销中心	兰开斯特市，宾夕法尼亚州	52490	PA 奥特莱斯管理公司	1986 年
路易斯安那浮桥奥特莱斯名牌直销中心	波西尔市，路易斯安那州	51097	O＆S 控股集团	2005 年
奥兰多葡萄园奥特莱斯名牌直销中心	奥兰多市，佛罗里达州	51097	Premium 奥特莱斯/西蒙地产集团	2000 年
费城奥特莱斯名牌直销中心	利默里克，宾夕法尼亚州	51097	Premium Outlets/西蒙地产集团	2007 年
北佐治亚奥特莱斯名牌直销中心	道森维尔市，佐治亚州	50168	Premium 奥特莱斯/西蒙地产集团	1996 年
拉斯维加斯奥特莱斯名牌直销中心	拉斯维加斯市，内华达州	50168	Premium 奥特莱斯/西蒙地产集团	2003 年
休斯敦奥特莱斯名牌直销中心	赛普拉斯，得克萨斯州	50168	Premium 奥特莱斯/西蒙地产集团	2008 年
格罗夫奥特莱斯名牌直销中心	格罗夫市，宾夕法尼亚州	49573	Premium 奥特莱斯/西蒙地产集团	1994 年
尼亚加拉瀑布奥特莱斯名牌直销中心	尼亚加拉瀑布城，纽约州	49517	AWE Talisman 投资公司	1982 年
圣地亚哥奥特莱斯名牌直销中心	圣地亚哥市，加利福尼亚州	48774	Premium 奥特莱斯/西蒙地产集团	2001 年
威廉斯堡奥特莱斯名牌直销中心	威廉斯堡，弗吉尼亚州	48730	Premium 奥特莱斯/西蒙地产集团	1988 年
棕榈泉沙漠丘奥特莱斯名牌直销中心	卡巴松，加利福尼亚州	46452	Premium 奥特莱斯/西蒙地产集团	1990 年
26 家	13 个州	147889	8 家开发商	平均营业年份：17 年

资料来源：价值零售消息，《2010 年奥特莱斯中心报告》，参看 http://www.valueretailnews.com/pdfs/2011StateIndustry_Outlet_Centers.pdf

表格38　2010年美国市场前20大零售连锁公司（按2010年销售额排名）

排名	公　　司	总　　部	2010年美国市场销售额（亿美元）	2010年门店数量
1	沃尔玛连锁公司	本顿维尔市，阿肯色州	3077.36	4358
2	克罗格连锁公司	辛辛那提市，俄亥俄州	783.26	3609
3	塔吉特百货公司	明尼阿波利斯，明尼苏达州	658.15	1750
4	沃尔格林连锁公司	迪尔菲尔德，伊利诺伊州	612.40	7456
5	家得宝连锁公司	亚特兰大市，佐治亚州	601.94	1966
6	好市多仓库超市	依萨跨市，华盛顿州	589.83	412
7	希维斯保健零售公司	文索基特市，罗得岛州	574.64	7217
8	洛斯百货公司	摩尔斯威尔市，北卡罗来纳州	481.75	1723
9	百思买电器零售公司	里奇菲尔德市，明尼苏达州	371.10	1312
10	西尔斯百货公司	霍夫曼庄园，伊利诺伊州	353.62	3484
11	西夫韦零售公司	普莱森顿，加利福尼亚州	332.62	1475
12	超价食品零售公司	伊甸草原，明尼苏达州	309.75	2436
13	来爱德连锁药店	露营山，宾夕法尼亚州	251.96	4750
14	普布利克斯超市	莱克兰市，佛罗里达州	250.72	1173
15	梅西百货公司	辛辛那提市，俄亥俄州	248.64	852
16	皇家阿霍德美国杂货零售公司	华盛顿特区	235.18	751
17	麦当劳饮食连锁公司	奥克布鲁克，伊利诺伊州	231.30	14027
18	德尔海兹美国食品公司	索尔兹伯里，北卡罗来纳州	187.99	1627
19	亚马逊电子商务公司	西雅图市，华盛顿州	185.26	—
20	科尔士百货公司	梅诺莫尼福尔斯，威斯康星州	183.91	1083

*2010年美国主要的100家零售连锁公司营业额为1.6万亿美元。
资料来源：商场媒介，《2011年美国市场前100家零售连锁公司》，参看http://www.stores.org/2011/Top-100-Retailers

表格39　美国市场主要主题连锁公园（按2010年游客数量排名）

排名	前6家顶级主题连锁公园	总部	2010年游客数量（单位：万）	正在运营中的主题公园
1	沃尔特迪士尼主题公园	伯班克，加利福尼亚州	12060	迪士尼游乐园度假区： ●迪士尼公园 ●加利福尼亚迪士尼冒险游乐园 沃尔特·迪士尼世界度假区： 迪士尼主题游乐园： ●魔法王国游乐园 ●未来世界游乐园 ●迪士尼好莱坞工作室游乐园 ●迪士尼动物王国游乐园 迪士尼水上游乐园： ●迪士尼风暴海滩游乐园 ●迪士尼暴风雪游乐园

续表

排名	前6家顶级主题连锁公园	总部	2010年游客数量（万人次）	正在运营中的主题公园
2	环球影城娱乐集团	奥兰多市，佛罗里达州	2630	好莱坞环球影城 • 好莱坞环球影城 • 环球漫步品牌系列影城 奥兰多环球影城度假村 • 佛罗里达环球影城 • 冒险岛 • 环球漫步品牌系列影城 • 潮野水上游乐园
3	六旗主题公园公司	大草原城，得克萨斯州	2430	游游乐园： • 六旗德克萨斯大草原城公园 • 六旗美利坚游乐园 • 六旗探索王国 • 六旗德克萨斯节日游乐园 • 六旗大冒险游乐园 • 六旗大美利坚游乐园 • 六旗魔法山 • 六旗新英格兰游乐园 • 六旗佐治亚游乐园 • 六旗德克萨斯游乐园 • 六旗圣路易斯游乐园 水上游乐园： • 六旗飓风港水上游乐园 • 溅水王国水上游乐园 • 六旗白水游乐园 • 白水湾水上游乐园
4	雪松娱乐公司	桑达斯基，俄亥俄州	2280	游乐园： • 加利福尼亚大美利坚游乐园 • 卡洛温德斯游乐园 • 杉点游乐园 • 多丽公园和激流王国游乐园 • 吉尔罗伊花园式游乐园 • 多米尼至尊游乐园 • 国王岛游乐园 • 诺氏草莓乐园游乐园 • 密歇根冒险游乐园 • 圣荷西山谷游乐园 • 欢乐世界游乐园 水上游乐园： • 回旋镖湾水上游乐园 • 泡泡城水上游乐园 • 水厂公园 • 激流冒险水上游乐园 • 激流王国水上游乐园 • 诺氏橘子县水上城市乐园 • 诺氏棕榈泉水上城市乐园 • 诺氏圣地亚哥水上城市乐园

续表

排名	前6家顶级主题连锁公园	总部	2010年游客数量（万人次）	正在运营中的主题公园
5	海洋世界娱乐集团	奥兰多市，佛罗里达州	2240	布希花园式游乐园 • 布希坦帕湾花园式游乐园 • 布希花园式威廉斯堡 海洋世界公园 • 奥兰多海洋世界 • 圣安东尼奥海洋世界 • 圣地亚哥海洋世界 水上游乐园 • 冒险岛水上游乐园 • 佛罗里达水上乐园 • 圣地亚哥水上乐园 • 美利坚水城乐园 其他主题公园 • 芝麻坊游乐园 • 探索海湾游乐园
6	贺森娱乐集团	亚特兰大市，佐治亚州	960	娱乐和主题公园： • 银元城主题公园 • 多莉山主题公园 • 达里恩湖主题公园 • 艾利契花园式公园 • 野外冒险游乐园 水上乐园 • 多莉山水花飞扬水上乐园 • 岛国艾利契花园式水上乐园 • 水花飞扬岛 野外冒险游乐园 • 水花飞扬镇（达连湖）水上乐园 • 白水布兰森水上乐园 水族馆： • 冒险水族馆 • 纽波特水族馆 其他类型乐园： • 多莉帕顿牛仔乐园 • 肖博特布兰森佳丽乐园 • 石山公园

资料来源：维基百科，《游乐园游客到访数据列表》，参看 http://en.wikipedia.org/wiki/List_of_amusement_park_attendance_figures#North_America

表格40　2010年美国市场按游客数量排名最多的主题公园

主题公园	地　　点	2010年游客数量（万人次）
迪士尼魔术王国游乐园	奥兰多市，佛罗里达州	1690
迪士尼乐园	阿纳翰市，加利福尼亚州	1590
迪士尼未来世界游乐园	奥兰多市，佛罗里达州	1080
迪士尼动物王国游乐园	奥兰多市，佛罗里达州	968
迪士尼好莱坞影城	奥兰多市，佛罗里达州	960
迪士尼加利福尼亚州冒险乐园	阿纳翰市，加利福尼亚州	627
环球影城冒险岛	奥兰多市，佛罗里达州	594
佛罗里达环球影城	奥兰多市，佛罗里达州	592
奥兰多海洋世界	奥兰多市，佛罗里达州	510
好莱坞环球影城	环球城，加利福尼亚州	504

资料来源：世界地图，《美国市场游客数量最多的主题公园》，参看http://www.mapsofworld.com/usa/usa-maps/most-visited-theme-parks.html

表格41　美国旅游产业私营企业和政府机构之间的协同作用

美国政府机构对旅游产业的目标和策略	
增加旅游产业带来的外贸创收，鼓励美国人多进行国内旅游	
热情迎接外国入境游客的到来	国务院/国土安全局/商务部
配合品牌美国（Brand USA）的旅游推广工作，协调私营企业和政府机构之间的合作合作关系	商务部
协调、增强政府机构对旅游的推广力度	商务部/内政部
为旅游消费者提供容易操作的工具、软件和资源	内政部/农业部
减少贸易壁垒，使外国游客来美旅游变得更加简单和方便	
降低旅游产业上与其他国家的贸易壁垒，实现旅游贸易的顺差	商务部/贸易代表办公室
简化旅游签证申请程序	国务院/国土安全局
扩大免签证的国家和地区范围	国土安全局/国务院
改善各入境口岸的客户服务水平	国土安全局
加强机场安检力度	国土安全局
改善公共交通基础设施	交通部

续表

美国政府机构对旅游产业的目标和策略	
为外国游客来美提供优质的服务和产品，提高游客满意度，鼓励其再次来美游玩	
提升政府机构管辖的旅游景区的旅客服务质量	内政部/农业部/国防部陆军公司/商务部国家海洋和大气管理局
培养、训练拥有专业知识和技能的酒店和其他旅游行业人才	劳动局
支持旅游产业中的小规模企业和组织	中小企业管理局
优先考虑和协调各政府机构之间对旅游行业的支持	
强调、突出旅游产业对于美国政府的重要作用	商务部/内政部
支持旅游业发展	交通部/内政部
数据的收集和分析，为政府机构和私营部门的决策提供支持。同时，政府机构能有效地衡量旅游推广所采取的活动的有效性	
实施研究和调查	商务部
监测和评估结果	商务部

资料来源：《2012年美国旅游产业发展战略——旅游竞争力》，参看 http://hirono.house.gov/UploadedFiles/Obama_Travel_and_Tourism_Strategy.pdf

附录 3

表格 42 2010 年美国旅游市场上文化遗产游客访问最多的 14 个旅游目的地

排名	旅游目的地城市	2010 年市场占有率
1	纽约市	44.8%
2	洛杉矶市	15.7%
3	旧金山市	13.7%
4	拉斯维加斯市	13.3%
5	迈阿密市	10.1%
6	华盛顿特区	9.6%
7	奥兰多市	8.4%
8	波士顿市	5.9%
9	芝加哥市	4.9%
10	檀香山市	3.9%
11	圣地亚哥市	3.7%
12	费城市	3.0%
13	亚特兰大市	2.7%
14	凤凰城	2.3%

资料来源：美国商务部，国际贸易司，旅游产业办公室，《2010 年美国旅游市场文化遗产游客》，参看 http://www.tinet.ita.doc.gov/outreachpages/download_data_table/2010-cultural-heritage-profile.pdf

表格 43 2010/2011 季度美国各州运营的滑雪场数量排名

排名	州名	滑雪场数量
1	纽约州	52
2	密歇根州	43
3	威斯康星州	32
4	宾夕法尼亚州	30
5	科罗拉多州	29
6	加利福尼亚州	28
7	新罕布什尔州	28
8	佛蒙特州	25
9	缅因州	17
10	明尼苏达州	17
11	蒙大拿州	17

续表

排名	州 名	滑雪场数量
12	爱达荷州	16
13	华盛顿州	16
14	犹他州	15
15	马萨诸塞州	13
16	俄勒冈州	13
17	阿拉斯加州	10
18	怀俄明州	10
19	新墨西哥州	9
20	北卡罗来纳州	7
21	伊利诺伊州	6
22	俄亥俄州	6
23	康涅狄格州	5
24	内华达州	5
25	西弗吉尼亚州	5
26	亚利桑那州	4
27	艾奥瓦州	4
28	北达科他州	4
29	南达科他州	4
30	新泽西州	3
31	印第安纳州	2
32	密苏里州	2
33	亚拉巴马州	1
34	马里兰州	1
35	罗得岛	1
36	田纳西州	1
总 计		486

资料来源：国家滑雪区协会（NSAA），《2010/2011季度各州运营的滑雪场数目》，参看 http://www.nsaa.org/nsaa/press/sa-per-state.pdf

表格44 美国主要的滑雪度假管理公司

公 司	滑雪场个数	总面积（平方千米）	简 介
英措韦斯特	10（6个在美国，4个在加拿大）	88.68	• 铜山，科罗拉多州； • 汽船，科罗拉多州； • 冬季公园，科罗拉多州； • 溪山，新泽西州； • 雪鞋/银溪，西弗吉尼亚； • 斯特拉顿山度假区，佛蒙特州

续表

公司	滑雪场个数	总面积（平方千米）	简　　介
维尔度假村	5	70.42	• 比利河,科罗拉多州; • 布雷肯里奇,科罗拉多州; • 凯斯顿,科罗拉多州; • 维尔,科罗拉多州; • 海文力,加利福尼亚州/内华达州
CNL 地产开发商	10	50.46	• 布雷顿森林,新罕布什尔州; • 布莱顿滑雪胜地,犹他州,由博伊恩美国管理; • 龙山度假胜地,新罕布什尔州,由博伊恩美国管理; • 山高度假村,加利福尼亚州; • 北极星太浩湖度假村,加利福尼亚州,由布斯河公司管理; • 塞拉利昂太浩湖度假村,加利福尼亚州,由布斯河公司管理; • 舒格洛夫美国,缅因州,由博伊恩美国管理; • 斯诺夸尔米山峰度假区,华盛顿,由博伊恩美国管理; • 星期日河,缅因州,由博伊恩美国管理; • 大天空度假村,蒙大拿州
Powdr 公司	7	36.61	• 北方滑雪区,加利福尼亚州; • 苏打温泉滑雪区,加利福尼亚州; • 帕克城滑雪场,犹他州; • 学士山,俄勒冈州; • 拉斯维加斯滑雪度假村,内华达州; • 肯灵顿佛蒙特州和皮科,佛蒙特州
阿斯本滑雪公司	4	27.79	• 阿斯本山,科罗拉多州; • 阿斯本高地,科罗拉多州; • 巴特米尔克,科罗拉多州; • 斯诺马斯,科罗拉多州

资料来源：科罗拉多州野生和滑雪区公民联合会,《2008 年国家滑雪产业特征和趋势》,参看 http://www.skiareacitizens.com/Demographics_Trends_2008.pdf

表格 45　美国 50 处最大的滑雪度假区（按滑雪场海拔排名）

排名	度假名	州　名	海拔（英尺）	可供滑雪面积（英亩）
1	杰克逊洞滑雪胜地	怀俄明州	4105	2000～2500
2	斯诺马斯滑雪胜地,阿斯本	科罗拉多州	4030	3000～3500
3	大天空月光流域滑雪胜地	蒙大拿州	4016	5500～6000
4	特柳赖德滑雪度假村	科罗拉多州	3830	2000～2500
5	密林滑雪胜地,胡德雪山	俄勒冈州	3690	1000～1500
6	阿斯本高地滑雪胜地	科罗拉多州	3572	1000～1500
7	比利河滑雪胜地	科罗拉多州	3340	1500～2000
8	阿斯本山/Ajax 滑雪胜地	科罗拉多州	3267	500～750
9	雪鸟滑雪度假村	犹他州	3243	2000～2500
10	太阳谷滑雪胜地	爱达荷州	3241	2000～2500
11	普莱西德湖/白脸山滑雪场	纽约州	3216	500～750
12	韦尔滑雪度假村	科罗拉多州	3041	5000～5500

续表

排名	度假名	州名	海拔（英尺）	可供滑雪面积（英亩）
13	斯诺本森滑雪度假村	犹他州	2960	3000～3500
14	猛犸滑雪度假村	加利福尼亚州	2880	2000～2500
15	胡德山草地	俄勒冈州	2822	2000～2500
16	塔马拉克滑雪度假村	爱达荷州	2760	1000～1500
17	王冠峰山区度假胜地	科罗拉多州	2755	1000～1500
18	太浩湖天堂滑雪场	加利福尼亚州	2735	3000～3500
19	帕克城滑雪胜地	犹他州	2712	3000～3500
20	黄石俱乐部滑雪场	蒙大拿州	2669	2000～2500
21	学士山滑雪胜地	俄勒冈州	2645	3500～4000
22	峡谷滑雪胜地，帕克城	犹他州	2615	3500～4000
23	冬季公园滑雪胜地	科罗拉多州	2574	2500～3000
24	水晶山滑雪场	华盛顿州	2571	2500～3000
25	蒙大拿州斯诺堡滑雪区	蒙大拿州	2564	750～1000
26	枫林滑雪胜地	佛蒙特州	2552	500～750
27	汽船滑雪度假村	科罗拉多州	2479	2500～3000
28	六月山冬季度假胜地	加利福尼亚州	2420	2500～3000
29	舒格洛夫滑雪度假村	缅因州	2410	750～1000
30	铜山滑雪场	科罗拉多州	2410	2000～2500
31	史怀哲山滑雪度假区	爱达荷州	2395	2500～3000
32	阿尔耶斯卡滑雪度假村	阿拉斯加州	2390	1000～1500
33	斯阔谷滑雪胜地，太浩湖	加利福尼亚州	2389	3500～4000
34	陶斯滑雪度假村	新墨西哥州	2379	1000～1500
35	凯斯顿滑雪度假村	科罗拉多州	2362	3000～3500
36	白鱼滑雪度假村	蒙大拿州	2305	3000～3500
37	北极星太浩湖滑雪胜地	加利福尼亚州	2276	2000～2500
38	斯诺夸尔米山峰/奥攀多滑雪胜地	华盛顿州	2275	1500～2000
39	团岭滑雪度假村	华盛顿州	2190	1000～1500
40	亚利桑那州斯诺堡滑雪度假村	亚利桑那州	2180	250～500
41	银山滑雪场	爱达荷州	2160	1500～2000
42	圣丹斯滑雪度假村	犹他州	2140	250～500
43	斯托滑雪度假村	佛蒙特州	2132	500～750
44	戈尔山滑雪度假区	纽约州	2100	250～500
45	特纳山滑雪区	蒙大拿州	2090	100～250
46	大炮山滑雪度假区	新罕布什尔州	2089	250～500
47	斯马格勒切口滑雪胜地	佛蒙特州	2088	250～500
48	鲍尔迪山滑雪区	加利福尼亚州	2080	250～500
49	天使火滑雪胜地	新墨西哥州	2072	500～750
50	龙山滑雪胜地	新罕布什尔州	2060	250～500

资料来源：MountainVertical.com，《最大的滑雪胜地：美国/加拿大根据调准垂直下降排名的最好的滑雪场》，参看http://mountainvertical.com/（1英尺=0.3048米，1英亩=0.004平方千米）

表格46　美国国家公园系统各州分布情况

州	国家公园数量	2011年游客数量（人次）	2010年国家公园旅游带来的经济效益（美元）	国家级历史古迹数量	2011年志愿者工作时间（小时）	国家/世界遗产数量	国家自然地标数量	国家历史地标数量
亚拉巴马州	7	763515	24048000	1248	10824	1	7	36
阿拉斯加州	23	2331977	208767000	410	100704	1	16	49
萨摩亚群岛	1	7916	暂无	24	21905	0	7	2
亚利桑那州	22	10263291	74282151	1394	209030	1	9	41
阿肯色州	7	2867074	138541945	2544	46973	0	5	16
加利福尼亚州	25	35370881	1312824000	2516	1197656	2	35	138
科罗拉多州	13	5805431	306544000	1415	170367	4	12	22
康涅狄格州	2	21921	1249000	1561	5298	2	2	60
特拉华州	0	暂无	暂无	684	暂无	0	0	13
华盛顿特区	23	28966981	1006427000	532	181528	0	0	75
佛罗里达州	11	10160418	581999000	1629	206187	2	18	42
佐治亚州	11	7052204	258017000	2049	150789	3	10	48
关岛	1	489781	7637000	122	4583	0	4	0
夏威夷州	7	4667330	252166000	331	140461	2	7	33
爱达荷州	7	587338	20631000	1021	6043	0	11	10
伊利诺伊州	1	298376	18516000	1729	5933	3	18	84
印第安纳州	3	2053723	75689000	1731	35946	0	30	37
艾奥瓦州	2	213804	11714000	2156	2543	1	7	24
堪萨斯州	5	92609	4650000	1253	21129	1	5	24
肯塔基州	4	1685360	92528000	3308	61942	1	7	30
路易斯安那州	5	568343	24688000	1355	26495	2	0	53
缅因州	3	2394027	186282000	1544	55121	0	14	42
马里兰州	16	6060354	178418000	1499	242675	2	6	71
马萨诸塞州	15	10035294	444219000	4185	255667	5	11	185
密歇根州	5	1912324	143396000	1776	58579	1	12	34
明尼苏达州	5	554400	30695000	1604	47835	0	8	25
密西西比州	8	7042627	139552000	1344	23660	3	5	39
密苏里州	6	3948733	175947000	2110	56166	1	16	37
蒙大拿州	8	4084405	297036000	1098	83549	2	10	25
内布拉斯加州	5	276617	10654000	1025	171545	0	5	20
内华达州	3	5012902	195286000	367	141265	1	6	7
新罕布什尔州	2	31476	1169000	732	4737	1	11	22
新泽西州	9	5470987	157526000	1620	18251	1	11	55

161

美国旅游业概况

续表

州	国家公园数量	2011年游客数量（人次）	2010年国家公园旅游带来的经济效益（美元）	国家级历史古迹数量	2011年志愿者工作时间（小时）	国家/世界遗产数量	国家自然地标数量	国家历史地标数量
新墨西哥州	13	1545616	67931000	1086	80733	1	12	44
纽约州	22	16349381	490911000	5379	170601	5	27	262
北卡罗来纳州	10	17310766	739147000	2762	131278	3	13	38
北达科他州	3	618446	31303000	422	22410	1	4	6
俄亥俄州	7	2441236	68979000	3809	178256	2	23	70
俄克拉荷马州	3	1174953	17646000	1202	9123	0	3	21
俄勒冈州	5	852258	55215000	1922	19320	0	7	17
宾夕法尼亚州	18	8424875	356706000	3292	378419	8	27	164
波多黎各	1	1214764	54976000	303	4692	1	5	4
罗得岛	1	50053	3334000	758	54848	1	1	44
南卡罗来纳州	6	1574067	47313000	1470	78442	2	6	76
南达科他州	6	3811546	167834000	1278	32763	0	13	16
田纳西州	12	7695502	548135000	2012	206472	2	13	30
得克萨斯州	13	4373534	237378000	3113	139860	0	20	46
犹他州	13	9205114	617132000	1522	125390	2	4	14
佛蒙特州	2	28986	1552000	807	7829	1	12	17
维尔京群岛	5	565824	67050000	88	15359	0	7	5
弗吉尼亚州	22	23348544	578288000	2840	255347	3	10	119
华盛顿州	13	7394826	264320000	1452	253794	1	17	24
西弗吉尼亚州	6	1486136	65259000	1005	368892	3	13	16
威斯康星州	2	304348	20111000	2231	79785	0	18	41
怀俄明州	7	5982465	616613000	516	127449	1	6	24

资料来源：美国国家公园管理局，美国内政部，"寻找国家公园"，参看 http://www.nps.gov/findapark/index.htm#

表格47　美国58处国家公园（按地点分布排列）

名　称	地点	成立时间	面积（英亩）	公　园　描　述
冰川湾国家公园	阿拉斯加州	1980年	3224840.31	冰川湾国家公园拥有数不胜数的入海冰川、山脉和峡湾。温带雨林和海湾是灰熊、山羊、鲸鱼、海豹和鹰的栖息地。当1794年英国探险家乔治·温哥华发现此地时，整个海湾都被冰覆盖。而如今，冰川的面积已经减少了约104.61千米

续表

名　称	地　点	成立时间	面积（英亩）	公　园　描　述
卡特迈国家公园	阿拉斯加州	1980年	3674529.68	这个位于阿拉斯加半岛的国家公园守护着万烟谷以及卡特迈火山。万烟谷是由1912年诺瓦拉普塔火山所爆发的火山灰流堆积而形成的。如今，超过2000只棕熊会经常出没于此来捕捉产卵的鲑鱼
基奈峡湾国家公园	阿拉斯加州	1980年	669982.99	基奈峡湾国家公园临近基奈半岛上的海港小城苏尔。公园守护着哈丁冰原及其构成的38个以上的冰川和峡湾。此公园唯一可供车辆通行的只有冰川口。观赏国家公园其他的景色，只能乘船游览
克拉克湖国家公园	阿拉斯加州	1980年	2619733.21	克拉克湖国家公园周围地区拥有包括堡垒火山在内的四座活跃火山。此外，克拉克湖国家公园的地貌特征还包括河流、冰川、瀑布和温带雨林、苔原高原、山脉
兰格尔—圣伊利亚斯国家公园	阿拉斯加州	1980年	8323147.59	这块山地衔接了阿拉斯加、楚加奇山脉，以及兰格尔—圣伊利亚斯山脉地区。这些山脉地区拥有许多像圣伊利亚斯山峰一样，超过16000英尺（4900米）海拔的山峰。这个公园超过25%的火山峰覆盖着冰川，具有典型代表的冰川火山包括哈伯冰川、山麓冰川和山谷纳贝斯纳冰川
丹奈利国家公园	阿拉斯加州	1917年	4740911.72	丹奈利国家公园围绕着北美最高峰——麦金利山峰，是通往奇迹湖的唯一道路。麦金利山峰及其他阿拉斯加区域的山脉都覆盖着长长的冰川和寒带森林。此处的野生动物包括多尔大角羊、灰熊、驯鹿，以及灰狼
科伯克河谷国家公园	阿拉斯加州	1980年	1750716.50	科伯克河谷国家公园拥有长达61英里（98千米）的科伯克河以及三处沙丘。由于由冰川构成，大科伯克沙丘、科伯克沙丘、亨特河沙丘的高度可达到海拔100英尺（30米），温度能达到100华氏度（38℃）。它们是在北极地区最大的沙丘。每年两次，50万驯鹿会迁移穿过这些沙丘及包含着冰河时代化石的河床峭壁。目前，科伯克河谷国家公园的游客数量在国家公园系统里是最少的
北极之门国家公园	阿拉斯加州	1980年	7523897.74	北极之门国家公园在国家公园系统里面最靠近北极地区。公园守护着一部分布鲁克斯山脉。公园内并没有公园设施。此处生活着依靠土地耕种和驯鹿的阿拉斯加土著居民，这样的生活习惯和传统已经保持了11000年
美属萨摩亚国家公园	美属萨摩亚群岛	1988年	9000.00	美属萨摩亚国家公园坐落于萨摩亚群岛，是国家公园系统中最靠近南边的国家公园。这片土地守护着珊瑚礁、热带雨林、火山，以及白沙滩。该地区居住着大量飞狐、褐鲣鸟、海龟，以及900种鱼类

续表

名　　称	地　点	成立时间	面积（英亩）	公　园　描　述
仙人掌国家公园	亚利桑那州	1994 年	91439.71	干燥的索诺拉沙漠分为凌康山区和图森山区，是 6 个生物群落中多种动植物的家园。典型的珍稀动植物包括同名的巨型撒瓜罗仙人掌，还有桶仙人掌、全罗仙人掌、仙人掌果等植物，以及副管鼻果蝠、斑点猫头鹰和野猪
石化林国家公园	亚利桑那州	1962 年	93532.57	石化林国家公园的钦利地质层集中分布着大量有着 225 万年历史的老木化石。周边的彩色沙漠蚕食了被称为皂土的红色火山岩。此处也有恐龙化石地带，以及超过 350 处美洲原住民保留区
大峡谷国家公园	亚利桑那州	1919 年	1217403.32	大峡谷国家公园由科罗拉多河雕刻而成。大峡谷长达 277 英里（446 千米），最深达到了 1 英里（1.6 千米），最宽达到 15 英里（24 千米）。数百万年暴露和日晒造就了丰富多彩的科罗拉多高原台地和峡谷壁层
温泉国家公园	阿肯色州	1921 年	5549.75	温泉国家公园是国家公园系统中唯一坐落于市区内的国家公园，也是面积最小的国家公园。温泉国家公园拥有多处天然温泉，目前已对公众开放。温泉国家公园内的温泉中心的 47 处温泉中含有许多对人体有益的矿物质
约书亚树国家公园	加利福尼亚州	1994 年	789745.47	约书亚树国家公园地域宽阔，横跨了科罗拉多州、莫哈韦沙漠和圣罗莎山的一部分。这里是约书亚树的栖息地。约书亚树国家公园的地貌包括沙丘、干湖泊、崎岖蜿蜒的山脉，以及花岗岩石柱
海峡群岛国家公园	加利福尼亚州	1980 年	249561.00	海峡群岛国家公园包含了八个海峡群岛中的五个岛屿。公园一半的面积位于水面以下。海峡群岛屿上拥有一个独特的地中海生态系统，超过 2000 种陆生动植物栖息于此，其中 145 种动植物是海峡群岛国家公园所特有的。当地居住了被称为丘马什的土著
红杉国家公园	加利福尼亚州	1890 年	404051.17	红杉国家公园守护着巨木森林，包括世界上最大的树——谢尔曼将军树，以及世界最大的 9 棵树中的 4 棵。公园中还拥有超过 240 个洞穴、惠特尼山、花岗岩圆顶摩洛岩石
国王峡谷国家公园	加利福尼亚州	1940 年	461901.20	国王峡谷国家公园生长着众多的巨型红杉树，其中包括了世界第二大的树——格兰特将军树。公园内流淌着国王河和圣华金河、花岗岩国王峡谷，以及伯登岩洞
优胜美地国家公园	加利福尼亚州	1890 年	761266.19	优胜美地国家公园中的地貌特点包括了高耸的悬崖、瀑布、美洲杉等地质和水质结构。半圆顶峰和艾克匹坦峰从由中部的冰川形成的优胜美地山谷拔地而起。公园中的优胜美地大瀑布是北美海拔最高的瀑布。公园内栖息着大量的野生动植物

续表

名　　称	地　点	成立时间	面积（英亩）	公　园　描　述
拉森火山国家公园	加利福尼亚州	1916年	106372.36	拉森火山国家公园拥有所有三个类型的火山：盾状火山、煤渣圆顶火山、复合火山。其中拉森峰是世界上最大的塞顶火山。除了最后一次于1915年爆发的火山外，园区内有热液区。其特点包括拥有大量的喷气孔、沸池、热气腾腾的地面，以及熔化的岩石
红木国家公园	加利福尼亚州	1968年	112512.05	红木国家公园以及共同管理国家公园守护着近一半残留的海岸红杉。这些世界上最高的树种面临灭亡。在这个地震活跃的地区有三个大的河流系统。此外，公园内长达37英里（60千米）的受保护的海岸线拥有潮汐池和海蚀柱。此处的草原、河口、海岸、河流、森林生态系统栖息着大量的动植物
死亡谷国家公园	加利福尼亚州，内华达州	1994年	3372401.96	死亡谷在美国最热、地势最低、最干旱的地方。白天最高温度可达130华氏度（54℃）。西半球的最低点——巴德沃特盆地就坐落于此。死亡谷国家公园的地貌特点包括峡谷、色彩丰富的荒地、沙丘、山川。超过1000种植物生长于此
梅萨维德国家公园	科罗拉多州	1906年	52121.93	梅萨维德国家公园拥有超过4000处古普韦布洛人的考古遗址。这些遗址都具有700年的历史。于12世纪和13世纪期间建造的悬崖边的住所典型代表包括拥有150间房间和23处大地穴露台楼的绝壁宫殿，以及拥有通道和隧道的阳台屋
大沙丘国家公园	科罗拉多州	2004年	42983.74	大沙丘国家公园内有高达750英尺（230米）的北美最高的沙丘及邻近的草原、灌丛和湿地。这样的地貌是由圣路易斯山谷格兰德河上的沙床冲击而形成的。公园内还有高山湖泊、6座海拔为13000英尺（4000米）的高山，以及大片的原始森林
甘尼逊黑峡谷国家公园	科罗拉多州	1999年	32950.03	甘尼逊黑峡谷国家公园守护1/4面积的甘尼逊河流域，前寒武纪时代的黑暗峡谷壁就坐落于此。峡谷坡度陡峭，是漂流和攀岩活动的绝佳场所。由片麻岩和片岩组成的峡谷往往在阴影中呈现出深邃的黑色
落基山国家公园	科罗拉多州	1915年	265828.41	这部分落基山脉，由于不同的海拔，分布着多种生态系统：150个河岸湖泊、亚高山针叶林、高山苔原等形态。栖息于此的大型野生动物包括黑尾鹿、大角羊、黑熊、美洲狮等。朗斯峰和大熊湖是热门景区
海龟国家公园	佛罗里达州	1992年	64701.22	海龟国家公园位于佛罗里达群岛的西端，是西半球最大的砖石建筑群杰弗逊堡国家古迹。公园内大部分为海水。这里能见到不少的珊瑚礁和沉船船骸。游客只有通过乘坐飞机或轮船进入园区参观

续表

名　称	地点	成立时间	面积（英亩）	公　园　描　述
大沼泽地国家公园	佛罗里达州	1934 年	1508537.90	沼泽地公园是美国最大的亚热带荒原。园区内的红树林生态系统和入海口是 36 个受保护生物物种的家园，其中包括佛罗里达美洲豹、美洲鳄和西印度海牛。园区内的一些地区虽然得到了开发，但是现在的修复项目旨在还原其原生态
比斯坎国家公园	佛罗里达州	1980 年	172924.07	比斯坎国家公园位于佛罗里达群岛的北端的比斯坎湾区域，拥有四个相互关联的海洋生态系统：包括红树林、海湾、群岛，以及珊瑚礁等生态。园区内的濒危动物包括西印度海牛、美洲鳄鱼、各种海龟和游隼
夏威夷火山国家公园	夏威夷州	1916 年	323431.38	夏威夷火山国家公园位于夏威夷大岛，守护着世界上最活跃的两座火山：基拉韦厄火山和冒纳罗亚火山。园区内从海平面到 13000 英尺（4000 米）分布着多种生态系统
哈莱亚卡拉国家公园	夏威夷州	1916 年	29093.67	位于夏威夷毛伊岛的哈莱亚卡拉火山具有一个非常大的火山坑，坑内有许多火山渣锥。园区内有许多夏威夷当地土著及植物。奇帕胡鲁地区有许多淡水鱼池。这个国家公园拥有数量最大的濒危物种
马默斯巨穴国家公园	肯塔基州	1941 年	52830.19	马默斯巨穴国家公园拥有迄今为止世界上最长的洞穴系统，园区内道路总长达到了 392 英里（631 千米）。洞穴内的动物包括 8 种蝙蝠，肯塔基洞穴虾、洞穴火蜥蜴等。地面以上，一条绿河流淌经过园区。园区内还拥有长达 70 英里（112 千米）的徒步步道、大量的落水洞和泉水
阿卡迪亚国家公园	缅因州	1919 年	47389.67	阿卡迪亚国家公园地域包含了大部分荒岛和其他沿海岛屿，守护着大西洋沿岸的最高山峰、花岗岩峰林、漫长的海岸线、树林，以及湖泊。园区内有淡水、河口、森林、潮间带栖息地等自然资源
罗亚岛国家公园	密歇根州	1931 年	571790.11	罗亚岛是苏必利尔湖最大的岛屿，这个国家公园是一个孤立的荒野地区。园区内有许多沉船遗骸、水道和漫长的徒步步道。此外，公园还拥有超过 400 个较小的岛屿和面积为 4.5 英里（7.2 千米）的水域。园区内拥有 20 种哺乳动物，有代表性的是狼和驼鹿
探险家国家公园	明尼苏达州	1971 年	218200.17	探险家国家公园横跨四大湖泊，是划独木舟、皮划艇、钓鱼的好去处。公园内记载着有关奥吉布瓦土著美国人、法国毛皮贸易探险家及淘金热的历史故事。这一地区由冰川形成，其他地质地貌还包括高大的峭壁、岩石园、岛屿和海湾等。公园内还存留大量的历史建筑

续表

名 称	地 点	成立时间	面积（英亩）	公 园 描 述
冰川国家公园	蒙大拿州	1910 年	1013572.41	作为沃沃特顿冰川国际和平公园的一部分，冰川国家公园拥有 26 个冰川和 130 个湖泊，坐落于落基山山峰之下。园区内有历史悠久的酒店和一条具有标志性的公路，这些山脉是冰川快速退去以后逆掩断层而形成的，它们是现今世界上最好的元古代时期的沉积化石
大盆地国家公园	内华达州	1986 年	77180.00	大盆地国家公园靠近新墨西哥州的最高山峰——惠勒峰。园内生长着 5000 岁的狐尾松树。其地质机构包括大量的冰碛和石灰岩溶洞。公园还有一个特点，即具有美国国内最黑暗的夜空。园区内的动物物种包括汤氏大耳蝙蝠、叉角羚，博纳维尔鳟鱼等
卡尔斯巴德洞穴国家公园	新墨西哥州	1930 年	46766.45	卡尔斯巴德洞穴国家公园内有 117 个洞穴，其中最长的洞穴超过 120 英里（190 千米），而最大的房间的长度接近 4000 英尺（1200 米）。洞穴内居住着 40 万只墨西哥无尾蝙蝠和其他 16 种动物。地面上的主要地质特点是以奇瓦瓦沙漠为代表的沙漠地带，以及响尾蛇泉水
大雾山国家公园	卡罗来纳州，田纳西州	1934 年	521490.13	大雾山是阿巴拉契亚山脉的一部分，其山脉的海拔范围十分广泛。超过 400 种脊椎动物，100 种树木种类，5000 种植物种类栖息和生长于此。徒步旅行是公园内的主要活动，这里有超过 800 英里（1300 千米）的徒步步道，其中包括著名的 70 英里（110 千米）的阿巴拉契山脉小路。园区内其他的休闲活动包括钓鱼、骑马，以及游览近 80 座历史建筑
西奥多·罗斯福国家公园	北达科他州	1978 年	70446.89	这片深深吸引并影响了西奥多·罗斯福总统的热土，如今已是一个由三块荒地为主而组成的国家公园。除了参观罗斯福总统历史悠久的小屋以外，这里还是欣赏风景和野外远足的好去处。园区内栖息着包括大角羊、美洲野牛、叉角羚和野马等野生动物
库雅荷加谷国家公园	俄亥俄州	2000 年	32860.73	库雅荷加谷国家公园坐落于凯霍加河畔旁，园区内有无数的瀑布、丘陵、小径，呈现出早期农村生活的景色。这里还能看见骡子沿着俄亥俄运河和伊利河沿岸的曳船路拖曳运河轮船。公园内有众多的历史建筑、桥梁及其他建筑物
火山口湖国家公园	俄勒冈州	1902 年	183224.05	火山口湖国家公园坐落于俄勒冈州梅扎马火山的山口。7700 年前的一次火山喷发形成了现在的火山口湖。火山口湖是美国国内最深的湖泊，且以湖水的湛蓝清澈而闻名。湖中有两个岛屿，由于没有入口或出口，所有的水皆为降水而来

167

续表

名　　称	地点	成立时间	面积（英亩）	公园描述
坎格瑞沼泽国家公园	南卡罗来纳州	2003 年	26545.86	坎格瑞沼泽国家公园位于康加里河畔，守护着北美洲历史悠久且面积最大的洪溢平原林。园区内生长着美国东部地区最高的树木。回路走道依着连绵起伏的地势而造，是穿越园区内沼泽的主要高架行人道
风穴国家公园	南达科他州	1903 年	28295.03	风穴国家公园的地质结构十分独特，园内具有被称为框格构造的方解石鳍形地层，以及生长着称为霜花构造形状的物体。这个由于地洞所传出的风声而闻名的山洞是世界上最密集的洞穴系统。地面上是一个混合草原生态系统，包括野牛、黑足鼬、土拨鼠栖息居住于此。园区内的黄松森林是美洲狮和麋鹿的家园
恶土（又名巴德兰兹）国家公园	南达科他州	1978 年	242755.94	恶土（又名巴德兰兹）国家公园的地质特征包括土丘、石峰、尖塔、草原等。园区内拥有迄今为止从渐新世时期以来最集中的化石层。包括野牛、大角羊、黑脚貂、草原狐等野生动物栖息、居住于此
大弯国家公园	得克萨斯州	1944 年	801163.21	大弯国家公园被称为美国—墨西哥边境的格兰德河弯。公园范围还包括了奇瓦瓦沙漠的一部分地区。公园内拥有大量种类繁多的白垩纪第三纪的化石以及印第安人文物
瓜达卢佩山国家公园	得克萨斯州	1966 年	86415.97	瓜达卢佩山国家公园以得克萨斯州最高峰——瓜达卢佩峰而闻名，麦基切克峡谷景区覆盖了满满的粗齿枫树。公园覆盖了奇瓦瓦沙漠的一部分地域。园区内具有丰富的二叠纪时期的化石礁
维尔京群岛公园	美属维京群岛	1956 年	14688.87	圣约翰岛拥有丰富的人文和自然历史遗迹。有泰诺族（西印度群岛一已绝种之印第安种族）的考古遗址和从哥伦布时代起的甘蔗种植园遗址。穿过园内原始海滩是红树林、海草床、珊瑚礁和海藻平原
锡安国家公园	犹他州	1919 年	146597.60	这片地质独特的区域有丰富多彩的砂岩峡谷、高原、岩石塔。天然拱顶和暴露的科罗拉多高原构成了拥有园区内四个生态系统的大荒原
布赖斯峡谷国家公园	犹他州	1928 年	35835.08	布赖斯峡谷国家公园仿佛是一个沿庞沙冈特高原而建的巨大天然圆形剧场。公园内拥有数以百计的由于风蚀而形成的高大的石林。印第安人最先定居于此，随后居住在该地区的主要是摩门教教徒
峡谷岛国家公园	犹他州	1964 年	337597.83	峡谷岛国家公园由于被科罗拉多河、绿河及其支流常年冲击，经过风蚀以后，地质逐渐形成了峡谷、孤峰、平顶山。两条大河将公园分割成四个区域。园区内拥有大量的岩石尖塔和其他自然雕刻而形成的岩石，以及古代普韦布洛人（一印第安种族）遗留下的文物

续表

名 称	地点	成立时间	面积（英亩）	公 园 描 述
圆顶礁国家公园	犹他州	1971年	241904.26	圆顶礁国家公园内的水袋折曲是条100英里（161千米）长的单斜褶皱，充分地展现了地球的地质层。公园内其他的自然景观包括巨石、砂岩圆顶以及美国国会大厦形状的悬崖
拱门国家公园	犹他州	1971年	76518.98	拱门国家公园的地质十分丰富。公园内拥有包括玲珑拱门在内的2000多个天然砂岩拱门。沙漠气候、千百万年的风蚀冲刷造就了这些奇特的地质构造。干旱地表拥有可维持生命的土壤结皮和坑洼、能吸收水分的天然盆地。园区内其他的地质特征还包括石柱、尖顶、翅片状石块及石塔
雪伦多亚国家公园	弗吉尼亚州	1926年	199045.23	雪伦多亚国家公园的蓝岭山脉生长着茂密的阔叶林。公园内栖息居住着数以万计的动物。穿过这条狭窄的公园的天际线走道和阿巴拉契亚山道构成了总长度超过500英里（800千米）的道路。沿着这些道路可以俯瞰优美的风景，欣赏雪伦多河瀑布
雷尼尔山国家公园	华盛顿州	1899年	235625.00	雷尼尔山是一座活火山，是华盛顿州喀斯开山脉上最突出的山峰。雷尼尔山被26座已命名冰河所覆盖，其中包括卡本冰川和美国国内最大的艾孟斯冰川。雷尼尔山以登山活动著名，公园超过一半的山头覆盖着亚高山和高山森林。"南坡天堂"景区在世界上降雪最密集的地方之一，朗迈尔景区游客中心是环绕雷尼尔山的"仙境"的景区的入口
奥林匹克国家公园	华盛顿州	1938年	922650.86	奥林匹克国家公园坐落于奥林匹克半岛上，地域十分广阔：从带有潮汐池的太平洋海岸线到温带雨林，一直延伸至奥林匹斯山。奥林匹克山冰川可俯瞰霍河雨林可可西里雨林和美国大陆最潮湿的地区——奎诺尔特雨林
北喀斯喀特国家公园	华盛顿州	1968年	504780.94	北喀斯喀特国家公园由两个国家保护区构成：罗斯福湖国家保护区和车蓝湖国家保护区。园区内拥有数不胜数的冰川。舒克桑山、凯旋山和埃尔拉多山顶是徒步旅行和登山活动的胜地
大提顿国家公园	怀俄明州	1929年	309994.66	大提顿山是提顿山脉最高的山。公园中荷尔山谷和湖水与从冰雪覆盖的山谷中崛起的山峰形成鲜明对比
黄石国家公园	怀俄明州，蒙大拿州，爱达荷州	1872年	2219790.71	位于黄石火山口上的这个世界上第一个国家公园拥有广阔的地热温泉和间歇泉，其中最知名的有诚实喷泉和大棱镜喷泉。以黄色为基调的黄石大峡谷拥有许多瀑布。园区内共有四个山脉贯穿整个公园。有近60种哺乳动物栖息生活在此，其中包括灰狼、棕熊、猞猁、美洲野牛、麋鹿等

资料来源：美国国家公园服务，美国内政部，"寻找国家公园"，参看 http://www.nps.gov/findapark/index.htm#（1英亩=0.004平方千米）

表格 48　美国 76 处国家历史纪念碑（按地点分布排列）

名　　称	地　　点	面积（英亩）	成立时间
拉塞尔国家洞穴纪念碑	亚拉巴马州	310	1961 年
克鲁森施特恩角国家纪念碑和考古区	阿拉斯加州	649085	1978 年
阿尼亚查克国家纪念碑	阿拉斯加州	5994	1978 年
卡萨格兰德国家纪念碑	亚利桑那州	472.5	1918 年
奇里卡瓦国家纪念碑	亚利桑那州	11985	1924 年
谢伊峡谷国家纪念碑	亚利桑那州	83840	1931 年
霍霍坎皮马国家纪念碑	亚利桑那州	1690	1972 年
蒙提祖马堡国家纪念碑	亚利桑那州	859.27	1906 年
纳瓦霍国家纪念碑	亚利桑那州	360	1909 年
烛台掌国家纪念碑	亚利桑那州	330688	1937 年
大峡谷帕拉香国家纪念碑	亚利桑那州	1054264	2000 年
管泉国家纪念碑	亚利桑那州	40	1923 年
森塞特火山口国家纪念碑	亚利桑那州	3040	1930 年
坦图国立纪念碑	亚利桑那州	1120	1907 年
图齐古特国家纪念碑	亚利桑那州	811.89	1939 年
沃尔纳特峡谷国家纪念碑	亚利桑那州	3529	1966 年
乌佩特奇国家纪念碑	亚利桑那州	35422	1924 年
魔桩垛国家纪念碑	加利福尼亚州	798	1911 年
卡布利罗国家纪念碑	加利福尼亚州	143.9	1913 年
熔岩床国家纪念碑	加利福尼亚州	46692	1925 年
穆尔森林国家纪念碑	加利福尼亚州	554	1908 年
尖塔国家纪念碑	加利福尼亚州	26606	1908 年
佛罗瑞珊化石带国家纪念碑	科罗拉多州	5998	1969 年
科罗拉多国家纪念碑	科罗拉多州	20533	1911 年
亚卡豪斯国家纪念碑	科罗拉多州	33.87	1919 年
霍文威普国家纪念碑	科罗拉多州 / 犹他州	784	1923 年
马坦萨斯堡国家纪念碑	佛罗里达州	227.76	1924 年
卡斯蒂略圣马科斯国家纪念碑	佛罗里达州	320	1924 年
普拉斯基堡国家纪念碑	佐治亚州	5623	1924 年
弗雷德里卡堡国家纪念碑	佐治亚州	284.49	1936 年
奥克马尔吉国家纪念碑	佐治亚州	701.54	1936 年
第二次世界大战太平洋战区纪念碑美国海军亚利桑那号战列舰纪念馆	夏威夷州 / 加利福尼亚州 / 阿拉斯加州	6310	2008 年
月球环形山的国家纪念碑	爱达荷州	464303	1924 年
哈格曼化石床国家纪念碑	爱达荷州	4351	1988 年
雕像墩国家纪念碑	艾奥瓦州	2526	1949 年
怕瓦特庞特国家纪念碑	路易斯安那州	910.85	1988 年
麦克亨利堡国家纪念碑和历史圣地	马里兰州	43.26	1925 年
大波蒂奇国家纪念碑	明尼苏达州	710	1960 年

续表

名　　称	地　点	面积（英亩）	成立时间
派普斯通国家纪念碑	明尼苏达州	281.78	1937年
乔治·华盛顿卡弗国家纪念碑	密苏里州	210	1943年
小大角羊战场国家纪念碑	蒙大拿州	765.34	1879年
玛瑙化石地层国家纪念碑	内布拉斯加州	11617	1997年
美国霍姆斯泰德国家纪念碑	内布拉斯加州	211	1936年
斯考特布拉夫国家纪念碑	内布拉斯加州	3005	1919年
赫拉悬崖住所国家纪念碑	新墨西哥州	533	1907年
尤宁堡国家纪念碑	新墨西哥州	720.6	1956年
埃尔摩罗国家纪念碑	新墨西哥州	1278.72	1906年
埃尔马尔佩斯国家纪念碑	新墨西哥州	114276	1987年
阿兹特克遗址国家纪念碑	新墨西哥州	318	1923年
班德利尔国家纪念碑	新墨西哥州	33677	1916年
卡普林火山国家纪念碑	新墨西哥州	793	1916年
摩崖石刻国家纪念碑	新墨西哥州	7532	1990年
萨利纳斯普韦布洛国家纪念碑	新墨西哥州	1076.9	1909年
白沙国家纪念碑	新墨西哥州	143733	1933年
斯坦尼克斯堡国家纪念碑	纽约州	16	1935年
非裔公墓国家纪念碑	纽约州	0.35	2006年
克林顿城堡国家纪念碑	纽约州	1	1946年
加弗纳斯岛国家纪念碑	纽约州	22.78	2001年
埃利斯岛自由女神像国家纪念馆	纽约州/新泽西州	暂无	1924年
俄勒冈洞穴国家纪念碑	俄勒冈州	488	1909年
约翰时代化石床国家纪念碑	俄勒冈州	13944	1975年
萨姆特堡国家纪念碑	南卡罗来纳州	234.74	1948年
宝石洞窟国家纪念碑	南达科他州	1273	1908年
阿里贝兹采石场国家纪念碑	得克萨斯州	1371	1965年
巴克岛暗礁国家纪念碑	美属维京群岛	880	1961年
维尔京群岛珊瑚礁国家纪念碑	美属维京群岛	12708	2001年
锡达布雷克斯国家纪念碑	犹他州	602779	1933年
自然桥国家纪念碑	犹他州	7636	1908年
彩虹桥国家纪念碑	犹他州	160	1910年
廷帕诺戈斯洞穴国家纪念碑	犹他州	250	1922年
国家恐龙纪念馆	犹他州/科罗拉多州	210844	1915年
乔治·华盛顿故居纪念碑	弗吉尼亚州	661.7	1930年
门罗堡国家纪念碑	弗吉尼亚州	暂无	2011年
布克华盛顿国家纪念碑	弗吉尼亚州	198.8	1956年
化石山国家纪念碑	怀俄明州	8198	1972年
魔塔国家纪念碑	怀俄明州	1346	1906年

资料来源：美国国家公园服务，美国内政部，"寻找国家公园"，参看 http://www.nps.gov/findapark/index.htm#

表格 49　美国 18 处国家保护区（按地点分布排列）

名　　称	地　点	面积（英亩）	成立时间
小河谷国家保护区	亚拉巴马州	13633	1992 年
白令大陆桥国家保护区	阿拉斯加州	2697391	1978 年
丹纳利国家公园和自然保护区	阿拉斯加州	4740911	1917 年
北极之门国家公园和自然保护区	阿拉斯加州	8472506	1980 年
冰川湾国家公园和自然保护区	阿拉斯加州	3223384	1980 年
阿尼亚查克国家纪念地和保护区	阿拉斯加州	601293	1978 年
克拉克湖国家公园和自然保护区	阿拉斯加州	4030015	1980 年
卡特迈国家公园和自然保护区	阿拉斯加州	4093077	1980 年
诺阿塔克国家保护区	阿拉斯加州	6569904	1978 年
育空—查理河国家自然保护区	阿拉斯加州	2525512	1978 年
兰格尔—圣诶利亚斯国家公园保护区	阿拉斯加州	13175799	1980 年
莫哈韦国家保护区	加利福尼亚州	1538015	1994 年
大沙丘国家公园和保护区	科罗拉多州	84997	2004 年
大落羽杉国家保护区	佛罗里达州	720566	1974 年
蒂姆库安生态及历史保护区	佛罗里达州	46000	1988 年
月球环形山国家纪念碑和保护区	爱达荷州	464303	2002 年
托尔格拉斯草原国家保护区	堪萨斯州	10894	1996 年
大灌木丛国家保护区	得克萨斯州	106305	1974 年

资料来源：美国国家公园服务，美国内政部，"寻找国家公园"，参看 http://www.nps.gov/findapark/index.htm#（1 英亩 =0.004 平方千米）

表格 50　美国 46 处国家历史公园（按地点分布排列）

名　　称	地　点	占地面积（英亩）	成立时间
锡特卡国家历史公园	阿拉斯加	112	1972 年
克朗代克淘金国家历史公园（克朗代克淘金国际历史公园的一部分）	阿拉斯加，华盛顿州	12996	1976 年
图麦克国家历史公园	亚利桑那州	360	1990 年
旧金山海洋国家历史公园	加利福尼亚州	50	1988 年
铆工罗西/世界大战大后方国家历史公园	加利福尼亚州	145	2000 年
切萨皮克和俄亥俄州运河国家历史公园	哥伦比亚特区，马里兰州，西弗吉尼亚州	19586	1938 年
太平洋战争国家历史公园	关岛	2037	1978 年
克罗克侯纳克国家历史公园	夏威夷	1161	1978 年
卡劳帕帕国家历史公园	夏威夷	10779	1980 年
普吾霍鲁拉国家历史公园	夏威夷	420	1955 年
内兹佩尔塞国家历史公园	爱达荷州，蒙大拿州，俄勒冈州，华盛顿州	2134	1965 年

续表

名　　称	地　　点	占地面积（英亩）	成立时间
乔治·罗杰斯克拉克国家历史公园	印第安纳州	24.3	1966年
亚伯拉罕·林肯出生地国家历史公园	肯塔基州	344.50	1916年
坎伯兰山口国家历史公园	肯塔基州，田纳西州，弗吉尼亚州	20508	1940年
简·拉菲特国家历史公园和自然保护区 ■沙尔梅特国家公墓	路易斯安那州	20020	1907年
凯恩河克里奥尔语国家历史公园	路易斯安那州	207	1994年
新奥尔良爵士乐国家历史公园	路易斯安那州	4	1973年
洛厄尔国家历史公园	马萨诸塞州	141	1978年
波士顿国家历史公园	马萨诸塞州	43	1974年
亚当国家历史公园	马萨诸塞州	8.5	1998年
分钟人国家历史公园	马萨诸塞州	967	1959年
新贝德福德捕鲸国家历史公园	马萨诸塞州	34	1996年
基威诺国家历史公园	密歇根州	1869	1992年
纳奇兹国家历史公园	密西西比州	108.07	1988年
帕特森大瀑布国家历史公园	新泽西州	暂无	1986年
莫里斯敦国家历史公园	新泽西州	1711	1966年
托马斯·爱迪生国家历史公园	新泽西州	21.25	1966年
查科文化国家历史公园	新墨西哥州	33977.8	1980年
佩科斯国家历史公园	新墨西哥州	6671.4	1991年
萨拉托加国家历史公园	纽约州	3392	1938年
女权国家历史公园	纽约州	暂无	1980年
霍普韦尔文化国家历史公园	俄亥俄州	1170	1923年
代顿航空遗产国家历史公园	俄亥俄州	86	1992年
刘易斯和克拉克国家州立历史公园	俄勒冈州，华盛顿州	3303	1958年
独立国家历史公园 ■本杰明·富兰克林国家纪念馆（附属区） ■德什勒莫里斯楼 ■凯莱棣（老瑞典人）教会国家历史遗址（附属区） ■独立大厅 ■国家宪法中心 ■赛迪斯—哥斯高国家纪念馆	宾夕法尼亚州	55.42	1948年
福吉谷国家历史公园	宾夕法尼亚州	3466	1966年
林登·约翰逊国家历史公园	得克萨斯州	1570	1969年
帕洛阿尔托战场国家历史公园	得克萨斯州	3357.42	1978年
圣安东尼奥使命国家历史公园	得克萨斯州	826	1983年
盐河海湾国家历史公园和生态保护区	美属维京群岛	945.77	1992年

续表

名　　称	地　　点	占地面积（英亩）	成立时间
马什比林斯洛克菲勒国家历史公园	佛蒙特州	643	1992 年
阿波马托克斯郡府国家历史公园	弗吉尼亚州	1774	1966 年
雪松河和贝尔格罗夫国家历史公园	弗吉尼亚州	3712	2002 年
殖民国家历史公园 亨利角纪念殖民大路 ■ 詹姆斯敦国家历史遗址（附属面积） ■ 约克战场遗址 ■ 约克国家公墓	弗吉尼亚州	9349.28	1930 年
圣胡安岛国家历史公园	华盛顿州	2072	1966 年
哈珀斯费里国家历史公园	西弗吉尼亚州	2287.48	1944 年

资料来源：美国国家公园管理局，美国内务部，"寻找国家公园"，参看 http://www.nps.gov/findapark/index.htm#（1 英亩 =0.004 平方千米）

表格 51　美国 89 处国家历史遗址（按地点分布排列）

名　　称	地　　点	占地面积（英亩）	成立时间
塔斯基吉空军国家历史遗址	阿拉巴马州	44.71	1998 年
塔斯克基学院国家历史遗址	亚拉巴马州	暂无	1974 年
阿留申群岛世界二战国家历史区（附属面积）	阿拉斯加	暂无	1996 年
哈贝尔交易站国家历史遗址	亚利桑那州	160	1965 年
鲍威堡国家历史遗址	亚利桑那州	999.45	1972 年
威廉·杰斐逊·克林顿总统出生地国家历史遗址	阿肯色州	暂无	1994 年
小石城中心高中国家历史遗址	阿肯色州	17.95	1998 年
史密斯堡国家历史遗址	阿肯色州，俄克拉荷马州	75	1961 年
海角堡国家历史遗址	加利福尼亚州	暂无	1970 年
尤金·奥尼尔国家历史遗址	加利福尼亚州	13	1971 年
曼扎拿国家历史遗址	加利福尼亚州	814	1976 年
约翰·缪尔国家历史遗址	加利福尼亚州	345	1966 年
本特的古堡国家历史遗址	科罗拉多州	799	1966 年
克里克沙滩大屠杀国家历史遗址	科罗拉多州	12583	2007 年
堰农场国家历史遗址	康涅狄格州	暂无	1990 年
安德森维尔国家历史遗址	佐治亚州	514	1970 年
马丁·路德·金国家历史遗址	佐治亚州	34.47	1974 年
吉米·卡特国家历史遗址	佐治亚州	71	1987 年
普拉克侯神庙国家历史遗址	夏威夷	86	1966 年
米尼多卡国家历史遗址	爱达荷州	292	2001 年
芝加哥运输国家历史遗址（附属区）	伊利诺伊州	91.2	1966 年
林肯之家国家历史遗址	伊利诺伊州	12.24	1971 年

续表

名　　称	地　　点	占地面积（英亩）	成立时间
赫伯特·胡佛国家历史遗址	艾奥瓦州	187	1965年
斯科特堡国家历史遗址	堪萨斯州	17	1966年
劳尔德堡国家历史遗址	堪萨斯州	718	1966年
布朗v.教育委员会国家历史遗址	堪萨斯州	2	1992年
尼哥底母国家历史遗址	堪萨斯州	161	1996年
汉普顿国家古迹	马里兰州	62.04	1948年
克拉拉·巴顿国家历史遗址	马里兰州	9	1966年
托马斯·斯通国家历史遗址	马里兰州	360	1972年
弗雷德里克·劳·奥姆斯特德国家历史遗址	马萨诸塞州	7	1979年
波士顿非裔美国国家历史遗址	马萨诸塞州	0.18	1980年
约翰·菲茨杰拉德·肯尼迪国家历史遗址	马萨诸塞州	0.09	1967年
朗费罗众议院华盛顿的总部国家历史遗址	马萨诸塞州	2	1972年
斯普林菲尔德兵工厂国家历史遗址	马萨诸塞州	暂无	1966年
索格斯钢铁厂国家历史遗址	马萨诸塞州	9	1966年
萨利姆海洋国家历史遗址	马萨诸塞州	9	1938年
哈里S.杜鲁门国家历史遗址	密苏里州	6.67	1983年
尤利塞斯格兰特国家历史遗址	密苏里州	9.65	1989年
格兰特牧场国家历史遗址	蒙大拿州	1618	1972年
烟囱石国家历史遗址（附属面积）	内布拉斯加州	83	1956年
圣高登斯国家历史遗址	新罕布什尔州	365	1972年
富兰克林·罗斯福之家国家历史遗址	纽约州	800	1966年
埃莉诺·罗斯福国家历史遗址	纽约州	181	1977年
马丁·范布伦国家历史遗址	纽约州	125	1966年
凯特·穆兰尼国家历史遗址（附属区）	纽约州	暂无	1998年
下东区住户国家历史遗址（附属区）	纽约州	暂无	1992年
西奥多·罗斯福出生地国家历史遗址	纽约州	0.11	1966年
圣保罗教堂国家历史遗址	纽约州	6	1966年
萨加莫尔希尔国家历史遗址	纽约州	83.02	1966年
西奥多·罗斯福就职国家历史遗址	纽约州	1.03	1966年
汤姆斯科尔国家历史遗址（附属面积）	纽约州	3.5	1966年
范德比尔特大厦国家历史遗址	纽约州	211	1940年
罗利堡国家历史遗址	北卡罗来纳州	14	1966年
卡尔·桑德伯格之家国家历史遗址	北卡罗来纳州	246	1968年
联合堡交易站国家历史遗址	北达科他州	444	1966年
刀河印第安村社国家历史遗址	北达科他州	1758	1974年
詹姆斯·A.加菲尔德国家历史遗址	俄亥俄州	4.9	1966年
威廉·霍华德·塔夫脱国家历史遗址	俄亥俄州	3	1966年

续表

名　　称	地　　点	占地面积(英亩)	成立时间
第一夫人国家历史遗址	俄亥俄州	暂无	2001年
沃希托河战场国家历史遗址	俄克拉荷马州	暂无	1966年
霍普韦尔炉国家历史遗址	宾夕法尼亚州	848	1938年
凯莱棣（老瑞典人）教会国家历史遗址（附属面积）	宾夕法尼亚州	3.71	1942年
友谊山国家历史遗址	宾夕法尼亚州	675	1966年
阿勒格尼运输铁路国家历史遗址	宾夕法尼亚州	1296	1962年
艾森豪威尔国家史迹	宾夕法尼亚州	690.5	1967年
爱伦坡国家古迹	宾夕法尼亚州	暂无	1966年
蒸汽机镇国家历史遗址	宾夕法尼亚州	62.48	1986年
圣胡安国家历史遗址	波多黎各	75.13	1949年
托罗会堂国家历史遗址（附属区）	罗得岛	0.23	1946年
卡姆登革命战争遗址（隶属于面积）	南卡罗来纳州	107	1982年
查尔斯·平克尼国家历史遗址	南卡罗来纳州	28.45	1988年
九十六国家历史遗址	南卡罗来纳州	1022	1969年
民兵导弹国家历史遗址	南达科他州	15	1999年
安德鲁·约翰逊国家历史遗址	田纳西州	暂无	1966年
戴维斯堡国家历史遗址	得克萨斯州	474	1961年
克里斯琴斯特德国家历史遗址	美属维京群岛	27.15	1952年
金道钉国家历史遗址	犹他州	2735	1957年
詹姆斯敦国家历史遗址（附属面积）	弗吉尼亚州	20.63	1940年
玛吉·L.沃克国家历史遗址	弗吉尼亚州	暂无	1975年
惠特曼的使命国家历史遗址	华盛顿州	暂无	1966年
弗雷德里克·道格拉斯国家历史遗址	华盛顿特区	9	1988年
卡特G.伍德森之家国家历史遗址	华盛顿特区	暂无	1976年
福特剧院国家历史遗址	华盛顿特区	0.29	1966年
宾夕法尼亚大道国家历史遗址	华盛顿特区	20.6	1965年
玛丽·麦克劳德白求恩住址国家历史遗址	华盛顿特区	0.07	1982年
休厄尔—贝尔蒙楼国家历史遗址（附属面积）	华盛顿特区	暂无	1972年
温哥华堡国家历史遗址 温哥华堡 麦克洛克林楼 温哥华国家历史保护区	华盛顿州，俄勒冈州	0.6	1966年
拉勒米堡国家历史遗址	怀俄明州	833	1931年

共有89处国家古迹，其中78个隶属国家公园系统和11个附属领域

资料来源：美国国家公园管理局，美国内务部，"寻找国家公园"，参看http://www.nps.gov/findapark/index.htm#（1英亩=0.004平方千米）

表格52　美国4处国家战地公园（按地点分布排列）

名　　称	地　点	占地面积（英亩）	成立时间
肯尼索山国家战地公园	佐治亚州	2888.14	1917年
瑞森河国家战地公园	密歇根州	暂无	2009年
马纳萨斯国家战地公园	弗吉尼亚州	5073	1940年
里士满国家战地公园	弗吉尼亚州	771.4	1966年

资料来源：美国国家公园管理局，美国内务部，"寻找国家公园"，参看 http://www.nps.gov/findapark/index.htm#（1英亩=0.004平方千米）

表格53　美国9处国家军事公园（按地点分布排列）

名　　称	地　点	占地面积（英亩）	成立时间
马蹄湾国家军事公园	亚拉巴马州	2040	1959年
豌豆岭国家军事公园	阿肯色州	4300	1956年
奇克莫加河和查塔努加国家军事公园	佐治亚州，田纳西州	8119.11	1890年
维克斯堡国家军事公园 ■ 维克斯堡国家军事公墓	密西西比州，路易斯安那州	1852.75	1899年
吉尔福德法院国家军事公园	北卡罗来纳州	220.25	1917年
葛底斯堡国家军事公园 ■ 葛底斯堡国家军事公墓	宾夕法尼亚州	暂无	1893年
国王山国家军事公园	南卡罗来纳州	3945	1931年
希洛国家军事公园 ■ 希洛国家军事公墓	田纳西州	3996.64	1894年
弗雷德里克斯堡和斯波特斯凡尼亚县战场纪念国家军事公园 ■ 弗雷德里克斯堡国家公墓	弗吉尼亚州	8374	1927年

资料来源：美国国家公园管理局，美国内务部，"寻找国家公园"，参看 http://www.nps.gov/findapark/index.htm#（1英亩=0.004平方千米）

表格54　美国11处国家战役遗址（按地点分布排列）

名　　称	地　点	占地面积（英亩）	成立时间
安蒂特姆国家战场遗址 ■ 安蒂特姆国家公墓	马里兰州	3230	1890年
莫诺卡西国家战场遗址	马里兰州	1647	1976年
图珀洛国家战场遗址	密西西比州	1	1929年
威尔逊溪国家战场遗址	密苏里州	1749.91	1960年
大洞国家战场遗址	蒙大拿州	1010	1883年
摩尔溪国家战场遗址	北卡罗来纳州	88	1926年
尼塞西提堡国家战场遗址	宾夕法尼亚州	902.8	1933年
考彭斯国家战役遗址	南卡罗来纳州	842	1929年

续表

名　称	地　点	占地面积（英亩）	成立时间
石头河国家战场遗址 ■ 石头河国家公墓	田纳西州	728.41	1927年
多纳尔逊堡国家战场遗址 ■ 多纳尔逊堡国家公墓	田纳西州，肯塔基州	1007	1928年
彼得斯堡国家战场遗址 ■ 白杨树林国家公墓	弗吉尼亚州	2740	1926年

资料来源：美国国家公园管理局，美国内务部，"寻找国家公园"，参看 http://www.nps.gov/findapark/index.htm#（1英亩=0.004平方千米）

表格55　美国34处国家纪念碑（按地点分布排列）

名　称	地　点	占地面积（英亩）	成立时间
科罗纳多国家纪念碑	亚利桑那州	4750.22	1952年
阿肯色州邮报国家纪念碑	阿肯色州	757.51	1960年
芝加哥港海军杂志国家纪念馆	加利福尼亚州	5	1992年
索托国家纪念碑	佛罗里达州	26.84	1948年
卡罗琳堡国家纪念馆	佛罗里达州	138.39	1953年
林肯少年时代国家纪念碑	印第安纳州	200	1962年
父亲马奎特国家纪念碑（附属区）	密歇根州	52	1975年
杰斐逊国家扩张纪念堂	密苏里州	192.83	1935年
格兰特将军国家纪念碑	纽约州	暂无	1994年
汉密尔顿农庄国家纪念碑	纽约州	暂无	1962年
联邦大厅国家纪念馆	纽约州	0.45	1842年
莱特兄弟国家纪念碑	北卡罗来纳州	428	1927年
美国纪念公园（附属区）	马里亚纳群岛北部	133	1978年
佩里的胜利和国际和平纪念碑	俄亥俄州	25.38	1936年
俄克拉荷马城国家纪念碑（附属区）	俄克拉荷马州	3.3	1997年
约翰斯敦洪水国家纪念碑	宾夕法尼亚州	164.12	1964年
93号航班国家纪念馆	宾夕法尼亚州	2200	2002年
本杰明·富兰克林国家纪念碑（附属区）	宾夕法尼亚州	107.43	1972年
撒迪厄斯查国家纪念碑	宾夕法尼亚州	0.02	1970年
罗杰·威廉姆斯国家纪念碑	罗得岛	暂无	1965年
拉什莫尔山国家纪念碑	南达科他州	1278.45	1925年
查米扎国家纪念碑	得克萨斯州	54.90	1974年
红山帕特里克·亨利的国家纪念碑（附属区）	弗吉尼亚州	117	1986年
阿灵顿楼，罗伯特.E.李纪念堂	弗吉尼亚州	28.08	1966年
马丁·路德·金纪念馆	华盛顿特区	暂无	2011年

续表

名　称	地　点	占地面积（英亩）	成立时间
第二次世界大战纪念馆	华盛顿特区		
朝鲜战争老兵纪念碑	华盛顿特区	2.20	1995 年
富兰克林·德拉诺·罗斯福纪念馆	华盛顿特区	7.50	1997 年
林肯纪念堂	华盛顿特区	107.43	1966 年
在波托马克的林登·贝恩斯·约翰逊纪念园	华盛顿特区	17	1973 年
西奥多·罗斯福岛国家纪念碑	华盛顿特区	88.5	1932 年
越战老兵纪念碑	华盛顿特区	2.00	1982 年
托马斯·杰斐逊纪念堂	华盛顿特区	18.67	1943 年
华盛顿纪念碑	华盛顿特区	106.01	1885 年

共有 28 个国家纪念馆隶属于国家公园管理处和下属 6 个国家纪念馆

资料来源：美国国家公园管理局，美国内务部，"寻找国家公园"，参看 http://www.nps.gov/findapark/index.htm#（1 英亩 =0.004 平方千米）

表格 56　美国 18 处休闲娱乐区（按地点分布排列）

名　称	地　点	占地面积（英亩）	成立时间
金门国家娱乐区 ● 恶魔岛 ● 旧金山要塞	加利福尼亚州	80002	1972 年
圣塔莫尼卡山脉国家娱乐区	加利福尼亚州	156670	1978 年
威斯基顿国家休闲区	加利福尼亚州	203587	1965 年
库里坎蒂国家休闲区	科罗拉多州	41972	1945 年
查特胡奇河国家娱乐区	佐治亚州	9205.53	1978 年
波士顿港群岛国家娱乐区	马萨诸塞州	1482	1996 年
大角羊峡谷国家娱乐区	蒙大拿州，怀俄明州	120296	1966 年
密德湖国家娱乐区 ● 大峡谷—帕拉山特国家纪念碑	内华达州，亚利桑那州	1495665.69	1936 年
特拉华州峡谷国家娱乐区 ● 特拉华中部国家风景区河	新泽西州，宾夕法尼亚州	68714	1965 年
盖特威国家休闲区	纽约州，新泽西州	26607	1972 年
契卡索人国家休闲区	俄克拉荷马州	9888.83	1902 年
雅米斯泰德号国家休闲区	得克萨斯州	58500	1965 年
湖梅雷迪思国家娱乐区	得克萨斯州	46349	1990 年
格伦峡谷国家娱乐区	犹他州，亚利桑那州	1254429	1972 年
湖奇兰国家娱乐区	华盛顿州	61958	1968 年
罗斯湖国家娱乐区	华盛顿州	117574	1968 年
罗斯威尔特国家娱乐区	华盛顿州	100390	1946 年
高利河国家娱乐区	西弗吉尼亚州	11507	1988 年

资料来源：美国国家公园管理局，美国内务部，"寻找国家公园"，参看 http://www.nps.gov/findapark/index.htm#

表格 57　美国 10 处国家海岸（按地点分布排列）

名　　称	地　　点	占地面积（英亩）	成立时间
雷斯岬国家海岸	加利福尼亚州	71028	1962 年
卡纳维拉尔国立海滨	佛罗里达州	57662	1975 年
海湾群岛国家海滨	佛罗里达州，密西西比州	135457.89	1971 年
坎伯兰岛国家海滨	佐治亚州	36415.39	1972 年
阿萨蒂格岛国家海滨	马里兰州，弗吉尼亚州	41320	1965 年
鳕鱼岬国家海岸	马萨诸塞州	暂无	1961 年
火岛国家海滨	纽约州	19579	1964 年
卢考特角国家海滨	北卡罗来纳州	28243.36	1966 年
哈特拉斯角国家海岸线	北卡罗来纳州	30319.43	1953 年
帕德里岛国家海滨	得克萨斯州	130434	1962 年

资料来源：美国国家公园管理局，美国内务部，"寻找国家公园"，参看 http://www.nps.gov/findapark/index.htm#（1 英亩 =0.004 平方千米）

表格 58　美国 4 处国家湖岸（按地点分布排列）

名　　称	地　　点	占地面积（英亩）	成立时间
印第安纳沙丘国家湖岸	印第安纳州	15067	1966 年
图为岩国家湖岸	密歇根州	73236	1966 年
睡熊沙丘国家湖岸	密歇根州	71187	1970 年
使徒群岛国家湖岸	威斯康星州	69372	1970 年

资料来源：美国国家公园管理局，美国内务部，"寻找国家公园"，参看 http://www.nps.gov/findapark/index.htm#（1 英亩 =0.004 平方千米）

表格 59　美国 15 处国家河道（按地点分布排列）

名　　称	地　　点	占地面积（英亩）	成立时间
阿拉格纳拉克河野生风景区	阿拉斯加州	暂无	1980 年
布法罗国家河	阿肯色州	94293	1972 年
大南叉国家河和娱乐区域	肯塔基州，田纳西州	125310	1974 年
密西西比州国家河和娱乐区域	明尼苏达州	53775	1988 年
欧扎克国家风景河	密苏里州	80000	1964 年
奈尼布拉勒国家风景区河	内布拉斯加州	23074	1991 年
密苏里国家休闲河	内布拉斯加州，南达科他州	33800	1978 年
大蛋港国家风景区游憩河	新泽西州	710	1992 年
特拉华中部国家风景区河	新泽西州，宾夕法尼亚州	68714	1965 年
特拉华上层风景和休闲河	纽约州，宾夕法尼亚州	55575	1978 年
俄贝德自然风景河	田纳西州	5174	1976 年
锐欧格兰德自然风景河	得克萨斯州	9600	1978 年
青石国家风景河	西弗吉尼亚州	4310	1988 年
新河峡国家河	西弗吉尼亚州	72808	1978 年
圣克洛伊国家风景河	威斯康星州，明尼苏达州	92738	1968 年

资料来源：美国国家公园管理局，美国内务部，"寻找国家公园"，参看 http://www.nps.gov/findapark/index.htm#（1 英亩 =0.004 平方千米）

表格60　美国3处国家保护区（按地点分布排列）

名　　称	地　　点	占地面积（英亩）	成立时间
岩石城国家保护区	爱达荷州	14407	1988年
新泽西松林地国家保护区（附属区域）	新泽西州	1164025	1978年
易百登陆国家自然历史保护区	华盛顿州	17400	1978年

资料来源：美国国家公园管理局，美国内务部，"寻找国家公园"，参看http://www.nps.gov/findapark/index.htm#（1英亩=0.004平方千米）

表格61　美国10处国家公园大道（按地点分布排列）

名　　称	地　　点	占地面积（英亩）	成立时间
休特兰公园大道（附属区域）	马里兰州	418.9	1995年
巴尔的摩到华盛顿特区公园大道（附属区域）	马里兰州，华盛顿特区	32.52	1954年
拿切士足迹大道	密西西比州，亚拉巴马州，田纳西州	52302	1938年
福特西尔斯大道（部分是大烟山国家公园）	田纳西州	71.00	1944年
科洛尼尔大道（部分是科洛尼尔国家历史公园）	弗吉尼亚州	23.00	1957年
乔治·华盛顿纪念大道（1989年，在马里兰州和华盛顿特区的部分大道被更名为克拉拉巴顿来帮助司机克服混乱） ■克劳德摩尔殖民农场 ■格伦回声公园 ■大瀑布公园 ■西奥多·罗斯福岛国家纪念碑	弗吉尼亚州，马里兰州，华盛顿特区	25.00	1935年
蓝岭风景区干道	弗吉尼亚州，北卡罗来纳州	93390	1936年
奥克森润大路（附属区域）	华盛顿特区	126	1959年
岩溪和波多马克大道（附属区域）	华盛顿特区	暂无	2005年
约翰 D. 洛克菲勒初级纪念大道	怀俄明州	24000	1972年

资料来源：美国国家公园管理局，美国内务部，"寻找国家公园"，参看http://www.nps.gov/findapark/index.htm#（1英亩=0.004平方千米）

表格62　美国世界遗产（按加入世界遗产名录年份排列）

名　称	位　置	标　准	面积（英亩）	加入时间	简　介
文化遗产					
梅萨维德国家公园	科罗拉多州	文化：(iii)	52485	1978年	该公园于1906年由总统西奥多·罗斯福创建，旨在保护世界上保存完整的悬崖居所。梅萨维德以其悬崖住所闻名，它们建筑在洞穴里露出的山崖下——该公园甚至包括悬崖宫殿，它们是全美最大的悬崖居所

续表

名　称	位　置	标准	面积（英亩）	加入时间	简　介
独立大厅	费城，宾夕法尼亚州	文化：(vi)	—	1979年	美国《独立宣言》和《宪法》的起草地，自由和民主的概念在这些文件中被提出，并且影响了联合国和很多国家的宪章
奥林匹克国家公园	华盛顿州	文化：(vii)，(ix)	913400	1981年	奥林匹克公园坐落在美国华盛顿州，奥林匹克半岛上。公园可被划分为四个基本区域：太平洋海岸线，阿尔卑斯山区域，温和的西热带雨林和干燥的东热带雨林。美国总统西奥多·罗斯福在1909年创建了奥林匹斯山国家纪念碑，国会认可重新划分国家公园地位的行为后，总统富兰克林·罗斯福于1938年签署法案。1976年奥林匹克国家公园变成世界生物圈保护区，1981年列入世界遗产名录
卡霍基亚土丘历史遗址	伊利诺伊州	文化：(iii)，(iv)	2200	1982年	卡霍基亚古城是密西西比的文化、宗教和经济中心。它是北墨西哥最早也是最大的前哥伦比亚人聚集地
香格里拉福塔莱萨和圣胡安国家历史遗址	波多黎各，圣胡安	文化：(vi)	75.13	1983年	波多黎各在美国殖民时期有着重要的战略意义，这可以从15世纪到19世纪建造的用来保护圣胡安港口的防御工事看出来
大烟山国家公园	田纳西州和北卡罗来纳州	文化：(vii)，(viii)，(ix)，(x)	520000	1983年	有着超过3500种植物物种的大烟山国家公园是古植物Arcto-Tertiary最大的残存地。它也是世界最大的火蜥蜴种群的栖息地，并且以其云雾缭绕的维京雨林闻名
自由女神像	纽约，纽约州	文化：(i)，(vi)	—	1984年	自由女神像（自由照亮世界；法国；自由世界的启示）是矗立在自由岛纽约港的巨大的新古典主义雕塑，由弗雷德里克·巴托尔迪设计并在1886年10月28日完成。该雕像是法国人民送给美国的礼物，一个穿着长袍的女性形象，代表了罗马自由女神Libertas，手拿火炬和tabula ansata（启示法典的碑文）上面刻着美国独立宣言的起草日期1776年7月4日。一条断了的锁链躺在她脚下。这一雕像变成了自由和美国的象征

续表

名　称	位　置	标准	面积（英亩）	加入时间	简　介
查科文化	新墨西哥州	文化：(iii)	33977.8	1987年	以其纪念碑著名的查科文化遗址是普韦布洛文化的见证，这一文化在9世纪中叶到13世纪早期统治了现在美国西南地区
蒙蒂赛罗和弗吉尼亚大学夏洛茨维尔校区	弗吉尼亚州	文化：(i)，(iv)，(vi)	—	1987年	蒙蒂赛罗是美国《独立宣言》主要作者、美国第三任总统、美国弗吉尼亚州创始人托马斯·杰斐逊的地产。蒙蒂赛罗，以及周边的弗吉尼亚大学都是由杰斐逊设计的，于1987年收录于联合国教科文组织的《世界遗产名录》里。自1923年起该地产由托马斯·杰斐逊基金会所有并运营
陶斯印第安村	新墨西哥州	文化：(iv)	—	1992年	陶斯印第安村是属于美国土著陶斯族（北部提瓦）的古老的村落。目前大约有1000年历史。力拓普韦布洛是从源头的桑格雷德克里斯托领域到普韦布洛中部的很小的分支。在普韦布洛旁一个大约95000英亩的保护区（380平方千米），居住着1900个居民
自然遗产					
黄石国家公园	怀俄明州和小部分蒙大拿州和爱达荷州地区	自然：(vii)，(viii)，(ix)，(x)	2219870	1978年	黄石国家公园，由美国国会成立并由美国总统尤利西斯·S.格兰特于1872年3月1日批准并写入法案，是一个主要坐落在美国怀俄明州，部分延伸到蒙大拿州和爱达荷州的国家公园。黄石公园普遍被认为是世界上第一个国家公园，因其野生动物和许多地貌特点而闻名于世，尤其是老忠实泉，该景点是公园内最受游客欢迎的地方之一。黄石公园内部虽然生态系统种类繁多，但以亚高山针叶林为主
埃弗格莱兹国家公园（又名大沼泽公园）	佛罗里达州	自然：(viii)，(ix)，(x)	1465100	1979年	公园中的大量湿地和海岸栖息地使它成为大量动物，包括20种珍稀濒危物种比如佛罗里达黑豹和海牛的避难所。在飓风的破坏后该区域从1993年到2007年一直处于濒临灭绝的状态，自从2010年又遭受持续的生物退化和海岸栖息地流失

续表

名　称	位　置	标　准	面积（英亩）	加入时间	简　介
大峡谷国家公园	亚利桑那州	自然：(vii),(viii),(ix),(x)	1218420	1979年	暴跌了1500米到科罗拉多河的大峡谷是世界上最壮观的峡谷之一。除了多阶的岩石墙，峡谷也为大量当地珍稀和濒危的物种创造了多种多样的生态系统。河流的土壤侵蚀也暴露出了从寒武纪到新生代的富含化石的土壤
克卢恩/兰格尔–圣伊莱亚斯/冰川湾/Tatshenshini的阿尔塞克	加拿大哥伦比亚和育空；美国阿拉斯加	自然：(vii),(viii),(ix),(x)	24313000	1979年	这些公园拥有世界上最大的非极地冰原，其中有些是最大的冰川和地质构造上活跃的山脉景观。它们也是大量濒危物种如熊、狼、北美驯鹿和野大白羊的栖息地
红木国家州立公园	加利福尼亚州	自然：(vii),(ix)	140560	1980年	红木国家州立公园的生态系统保护了大量濒危动物如褐鹈鹕、潮水虾虎鱼、秃鹰、奇怒克鲑、北方花斑猫头鹰和虎头海狮。考虑到其稀有的生态系统和文化历史，联合国在1980年9月5日将其列入《世界遗产名录》
马默斯洞穴国家公园	肯塔基州	自然：(vii),(viii),(x)	52360	1981年	马默斯洞穴国家公园位于美国肯塔基州中部，包含已知的世界上最长的洞穴系统——马默斯洞穴的部分。官方为这个在山脊下形成的山洞命名为猛犸—燧石山脊洞穴系统。该公园于1941年7月1日被建成国家公园，于1981年10月27日成为世界文化遗产
约塞米蒂国家公园	加利福尼亚州	自然：(vii),(viii)	761780	1984年	每年有超过370万人前来参观约塞米蒂国家公园：大多数人在7平方英里（18平方千米）的约塞米蒂山谷度过他们的时间。1984在被收录进《世界遗产名录》后，约塞米蒂也由于它壮丽的花岗岩，瀑布，清泉，巨杉林和生物多样性而闻名。该公园大约95%的面积都是荒僻的原野。尽管不是第一个认定的国家公园，约塞米蒂却和国家公园发展理念不谋而合

续表

名　称	位　置	标准	面积（英亩）	加入时间	简　介
夏威夷火山国家公园	夏威夷州	自然：(viii)	323431	1987年	建于1916年的夏威夷火山国家公园坐落在美国夏威夷州的夏威夷岛上。它包含两个活火山：基拉韦厄山，世界上最活跃的火山之一；莫纳罗亚山，世界上最大的火山。这个公园为科学家关于夏威夷群岛的起源和研究火山论的形成发展提供了很多启示。对于游客，公园也同样提供了激动人心的火山地貌以及稀有的动植物
瓦特顿冰川国际和平公园	加拿大埃尔伯塔州和美国蒙大拿州	自然：(vii),(ix)	1130790	1995年	瓦特顿冰川国际和平公园是加拿大埃尔伯塔州的沃特顿湖区国家公园与美国蒙大拿州的冰河国家公园进行合并后的名字。这两个公园以及它们合并后的公园都被宣布为生物圈保护区并被联合国教科文组织认定为世界遗产遗址
卡尔斯巴德洞窟国家公园	新墨西哥州	自然：(vii),(viii)	46770	1995年	超过80个石灰石洞穴因其规模和装饰性的岩石形成（洞穴堆积物）而闻名。其中有些是在细菌的作用下形成。它们的容易接近和可达性促进了科学研究
混合遗产					
帕帕哈瑙莫夸基亚国家海洋保护区	夏威夷州	混合：(iii),(vi),(viii),(ix),(x)	140000	2010年	作为夏威夷土著的祖先生活的环境，帕帕哈瑙莫夸基亚国家海洋保护区是一个包含了自然和文化重要性的世界遗产遗址。该区域包含了过去帕帕哈瑙莫夸基亚的波利尼西亚人的考古残余，以及海洋动植物的广阔的栖息地。由环礁和小岛组成的帕帕哈瑙莫夸基亚成了世界上最大的海洋保护区

资料来源：世界遗产中心，联合国教育、科学及文化组织，"美利坚合众国"，参看 http://whc.unesco.org/en/statesparties/us（1英亩=0.004平方千米）

表格 63　美国前 25 大报纸（按发行量排名）

	报纸	成立时间	地点	日发行量（份）	周日发行量（份）	所有者	简单介绍
1	华尔街日报	1889年	纽约，纽约州	2117796	1994121（周末版）	道琼斯新闻集团	全国最大的商业报纸来自纽约。它的"周末日报"和"追求"板块主打旅游特别是商务旅游
2	今日美国	1982年	麦克莱恩，弗吉尼亚州	1829099	暂无	加奈特公司	美国第二大报纸。实时到分钟的新闻和信息包括全国和世界新闻、理财、运动、生活、科技和新闻每周7天24小时更新。它还有"目的地和娱乐活动"板块
3	纽约时报	1851年	纽约，纽约州	916911	1339462	纽约时报公司	《纽约时报》网络版：每日世界，全国和当地新闻覆盖，头条新闻滚动、科技、运动、评论、填字游戏、分类广告列表。《纽约时报》旅游板块包括综合深入的特色故事，精选当地美食贴士和消费者投诉报道
4	洛杉矶时报	1881年	洛杉矶，加利福尼亚州	605243	948889	论坛报业公司	加利福尼亚州最大的报纸。它的旅游板块几乎全面覆盖加利福尼亚州、夏威夷、拉斯维加斯和墨西哥区域。在线读者还能登录《洛杉矶时报》消息版和附近目的地指南
5	圣荷西水星报	1851年	圣荷西，加利福尼亚州	577665	636999	媒体新闻集团	该报纸的当地覆盖率和发行量主要集中在硅谷、半岛、东湾、马林县和旧金山
6	华盛顿邮报	1877年	华盛顿特区	550821	852861	华盛顿邮报公司	华盛顿特区最大的日报。它有生活和旅游板块
7	每日新闻	1919年	纽约，纽约州	530924	584658	每日新闻公司	美国第四大广泛发行的日报，2011年11月1日发行量高达605677。它有着生活和旅游板块
8	纽约邮报	1801年	纽约，纽约州	522874	355784	新闻集团	美国出版的历史第十三悠久的报纸。该邮报以其保守的编辑政策和哗众取宠的标题闻名。它有生活和旅游板块
9	芝加哥论坛报	1847年	芝加哥，伊利诺伊州	437205	780601	论坛报业公司	伊利诺伊州最大的日报。它有倾向共和党的特点。该报纸对国际和当地旅游都有广泛覆盖。在线读者能够登录论坛上精心组织的中西部目的地指南。每个目的地都有个板块覆盖必去景点和一系列芝加哥论坛的特色故事
10	芝加哥太阳时报	1848年	芝加哥，伊利诺伊州	419407	421453	太阳时报传媒集团	伊利诺伊州最大的日报，该报纸偏向民主党，有着先进性，但是独立于民主党成立的机构。它有生活和旅游栏目

续表

	报纸	成立时间	地点	日发行量（份）	周日发行量（份）	所有者	简单介绍
11	达拉斯晨报	1885年	达拉斯，得克萨斯州	404951	582252	A. H. Belo Corporation	该报纸是面向达拉斯市场的主要日报。它有着全美前二十大订阅发行量。该报纸有生活和旅游板块
12	休斯敦纪事报	1901年	休斯敦，得克萨斯州	364724	587984	赫斯特国际集团	得克萨斯州最大的日报。它的网站有着超过7500万的平均月浏览量。在它的"生活和娱乐"板块包含了旅游信息
13	费城问询报/费城每日新闻	1829年	费城，宾夕法尼亚州	343710	488287	费城媒体网络	宾夕法尼亚州发行量最大的日报，也是美国现存的历史第三悠久的报纸。该报纸的平均发行量为全美第十三大
14	亚利桑那共和报	1890年	凤凰城，亚利桑那州	337170	511764	甘尼特公司	该报纸是凤凰城出版发行的日报，它也是亚利桑那州出版和发行的最大的报纸。根据发行量该报纸在全美排名第十四。该报纸在周日特刊上有旅游信息
15	丹佛邮报	1892年	丹佛，科罗拉多州	324970	519838	媒体新闻集团	该报纸是在丹佛发行的日报。它是科罗拉多州最大的报纸，平均工作日的发行量是401120，周日特刊发行量为595363。它有旅游和生活板块
16	新闻日报	1940年	梅尔维尔，纽约	298759	362221	有线电视	这是主要面向拿索和萨福克地区以及纽约皇后区的长岛地区的日报，尽管它在整个纽约城区有售。它是发行量最大的郊区报纸
17	明星论坛报	1867年	明尼阿波利斯，明尼苏达州	296605	516134	明星论坛报	该报纸是明尼苏达州最大的日报
18	坦帕湾时报	1884年	圣彼得堡，佛罗里达州	292441	429048	时报文化出版企业	曾经叫《圣彼得堡时报》，该报纸是佛罗里达地区最大的日报
19	俄勒冈人报	1850年	波特兰，俄勒冈州	260248	304739	先进出版公司	该报纸是美国西部地区最古老的仍在发行的报纸。根据发行量，该报纸是俄勒冈最大的报纸
20	老实人报	1842年	克利夫兰，俄亥俄州	254372	403001	先进出版公司	该报纸是俄亥俄州最大的报纸。它的周日特刊有着"旅游"，讲述旅游的各种贴士
21	西雅图时报	1891年	西雅图，华盛顿州	253742	346991	西雅图时报公司	该报纸是华盛顿州最大的日报，它有旅游和生活板块
22	底特律自由报	1831年	底特律，密歇根州	246169	614226	甘尼特公司	该报纸是密歇根州最大的日报
23	旧金山纪事报	1865年	旧金山，加利福尼亚州	235350	292459	赫斯特国际公司	该报纸主要面向美国加利福尼亚州旧金山湾区，但是在加利福尼亚州北部和中部都有发行

美国旅游业概况

续表

	报纸	成立时间	地点	日发行量（份）	周日发行量（份）	所有者	简单介绍
24	明星纪事报	1832年	纽瓦克，新泽西州	229255	337416	先进出版公司	该报纸是美国新泽西州发行量最大的日报
25	波士顿环球报	1872年	波士顿，马萨诸塞州	219214	356652	纽约时报公司	马萨诸塞州发行量最大的报纸，在社会问题上很有先见

资料来源：审计局，ABC互动，《2012年3月美国发行量最大的报纸》，参看 http://accessabc.wordpress.com/2012/05/01/the-top-u-s-newspapers-for-3月-2012/

Travelscience,《报纸旅行板块》，参看 http://www.travelscience.com/Framed_Pages/Main_Frame/Travel_Library/Travel_Topics_Newspaper_Travel_Sections.htm

维基百科，《美国市场报刊发行量排行》，参看 http://en.wikipedia.org/wiki/List_of_newspapers_in_the_United_States_by_circulation

表格64　精选美国旅游细分市场杂志

排名	杂志名	出版商	地点	成立时间	发行刊数	平均发行量	简介
面向会员杂志							
1	AAA Going Places 杂志	AAA 南方汽车俱乐部	坦帕，佛罗里达州	暂无	6刊/年	3016011	AAA Going Places是在佛罗里达州、佐治亚州、亚拉巴马州、东田纳西州、部分弗吉尼亚州、俄亥俄州、纽约州和宾夕法尼亚州的AAA汽车俱乐部的官方会员杂志
2	AAA Via 杂志	加利福尼亚州汽车协会	奥克兰，加利福尼亚州	1917年	6刊/年	2640000	VIA是加利福尼亚州汽车协会向其在北卡罗来纳州、内华达州、犹他州、俄勒冈州和爱达荷州南部的会员发送的双月刊旅游杂志。它包含了针对西部和世界地区去哪儿，看什么和做什么的旅游贴士
3	AAA 生活杂志	AAA 南方汽车俱乐部	坦帕，佛罗里达州	暂无	6刊/年	2458902	AAA生活为大多数会员提供了丰富多元的信息，尤其是对春夏季旅游选择提供了很多点子
4	出发杂志	美国运通出版公司	纽约，纽约州	1985年	7刊/年	800000	出发杂志是针对上层美国运通卡白金卡持卡会员提供的漂亮、全彩页、纸页光滑的杂志。这些消费者非常富裕并且享受精致的生活，很有品位。覆盖了旅游、食物、时尚和精致艺术的出发杂志传递了自己代表独特和卓越的信号
5	行政旅游杂志	美国运通出版公司	纽约，纽约州	2002年	6刊/年	125000	行政旅行是使广告投放者接触到美国运通卡公司白金卡持卡人的发行物

续表

排名	杂志名	出版商	地点	成立时间	发行刊数	平均发行量	简介
面向消费者杂志							
1	国家地理杂志	美国国家地理协会	华盛顿特区	1888年	12刊/年	5000000	国家地理杂志是月度出版，为美国超过5000000名订阅者提供关于地球的一切的杂志。从丰富的荒野到濒危的动物，从极地跋涉到火山喷发，从海底到人文精神，国家地理覆盖了地球上重要的、律动的生命能量
2	Where杂志	莫里斯通信有限责任公司	奥古斯塔，佐治亚州	1938年	12刊/年	1136000	Where杂志是针对购物、会聚文化景点和娱乐活动的旅游向导。它在当地出版和发行，从最了解城市的人中获取第一手内幕信息，它提供的及时和精确的信息使得游客好像当地人一样，最大化他们的旅行体验
3	旅游休闲	美国运通出版公司	纽约，纽约州	1971年	12刊/年	950000	旅游休闲杂志是寄给美国运通卡会员的旅游发行物。超过925000名订阅者通过旅游休闲杂志来获取最新、最热和最好的关于食物、购物、商务旅行、技术和其他信息
4	康德纳斯旅游者	康德纳斯出版公司	纽约，纽约州	1953年	12刊/年	800000	康德纳斯旅游者是一个针对奢侈旅游的月刊杂志。它主要评级并评论高价酒店、航空公司、与旅游相关的产品和服务
5	国家地理行者	美国国家地理协会	华盛顿特区	1984年	8刊/年	715000	国家地理行者在美国、加拿大和海外探索丰富的度假灵感和目的地。每个话题都包含绝佳的摄影和生动的故事，以及详尽实用的旅游建议。它包含所有你需要计划完美旅行的一切
6	亚瑟弗·罗默的预算旅行	弗莱切资产管理公司	纽约，纽约州	1999年	10刊/年	675000	预算旅行杂志为游客提供省钱、实用的旅行建议。它包括寻找城市向导，餐厅推荐，以及更多为你下次旅行的经济提供点子
7	联合航空半球	美国联合航空	布鲁克林，纽约州	1992年	12刊/年	645000	联合航空半球杂志由INK出版，每年发行12次。它在每天超过3000个联合航空上发放，每年的阅读人次达到9200万

续表

排名	杂志名	出版商	地点	成立时间	发行刊数	平均发行量	简介
8	达美天空杂志	达美航空公司	明尼阿波利斯，明尼苏达州	暂无	12刊/年	615000	天空杂志是达美航空公司的发行物，特点是包括名人故事以及全球目的地故事
9	Veranda杂志	赫斯特国际集团	纽约，纽约州	2002年	8刊/年	440000	Veranda由于对室内，花园，桌面布置和花卉设计的艺术性而被大众认知。在装置艺术、书本、藏品、奢侈品、不同寻常的旅游目的地、必看艺术展览、有名望的建筑师以及最新的杰出家具等各种话题上发表权威性的文章
10	航空杂志	国际航空股份有限公司	桑达波因特，爱达荷	1994年	12刊/年	375000	美国航空杂志是美国航空公司官方随机发行的刊物。美国航空是第一家低价，全服务的国家级航空公司
11	美国之路（美国航空）	AMR公司	沃斯堡，得克萨斯州	1967年	24刊/年	351000	美国之路是由美国航空旗下的AA发行公司在每月1号和15号为乘坐美国航空/美国之鹰的乘客发行的杂志
12	背包客	Active Interest媒体公司	巨石城，科罗拉多州	1973年	9刊/年	340000	背包客杂志，美国权威的野外旅游杂志，主要着眼在自由行的,设备齐全的过夜野外旅游。背包客杂志为读者对于当今户外旅游业最新科技、目的地、工具和设备提供了深入的分析和视角
13	美国佬杂志	美国佬出版公司	都柏林，新罕布什尔州	1935年	6刊/年	325000	美国佬杂志是如今想要了解和享受新英格兰生活方式的人的必备资源。这一提供可信的信息和灵感的杂志距今已经有超过65年的历史了。美国佬杂志传递了丰富的关于最佳的家庭和花园、旅游、食物内容，并提供了大量实用的贴士和做法的建议
14	Vacations杂志	度假出版公司	休斯敦，得克萨斯州	1987年	每年6次	200000	实用性强、信息量大的Vacations杂志关注世界范围的邮轮、观光、度假和目的地。从特别兴趣旅游到单亲家庭和孩子旅行，Vacations告知读者在任何价格范围内的最佳选择，最新和最值得尝试的事物
15	Islands杂志	邦尼尔公司	温特帕克，佛罗里达州	1976年	8刊/年	200000	Islands杂志关注世界岛屿上独一无二，非比寻常并且引人注目的人和地点

续表

排名	杂志名	出版商	地点	成立时间	发行刊数	平均发行量	简介
16	Afar 杂志	Afar 媒体	旧金山，加利福尼亚州	2009年	7 刊/年	140708	Afar 杂志是与众不同的旅游杂志，它引导并激发那些在世界上旅行并想要结识朋友，感受文化和了解观点的人
17	邮轮旅游杂志	湖滨出版公司	埃文斯顿，伊利诺伊州	暂无	6 刊/年	120000	邮轮旅游是为那些对于想要了解邮轮度假的人准备的。编辑内容包括邮轮特色、港口、邮轮航线、邮轮向导、邮轮观光结合、海路/空路套餐旅游产品、相关海岸设施和活动
18	环球旅游者杂志	FXExpress 出版公司	亚德里，宾夕法尼亚州	2004年	12 刊/年	105047	环球旅游者是面向如今考虑高端生活方式经验丰富的国际商务旅行者的商务旅行杂志。
19	AirTran Go 杂志	INK	布鲁克林，纽约州	暂无	12 刊/年	100000	平均每月覆盖 200 万乘客的 AirTran Go 航空公司的杂志，提供尖端前沿的编辑内容
20	旅行女孩杂志	旅行女孩公司	亚特兰大，佐治亚州	2003年	6 刊/年	100000	旅行女孩是在 2003 年引进，针对女性和她们的旅游冒险的旅游杂志。它提供关于健康、幽默、家庭、理财、浪漫、精神和一般健康的文章
21	Inside Flyer 杂志	Frequent Flyer Services 公司	科泉，科罗拉多州	1995年	12 刊/年	78000	该月刊主要为经常飞行的人提供最全面的信息，也是世界上独一无二的关注累积和兑换里程数的出版物。世界上的商务和休闲旅游者加入 InsideFlyer 来了解如何最大化他们经常飞行的项目的价值
面向旅游业界杂志							
1	Travel Agent 杂志	Questex 媒体集团股份公司	纽约，纽约州	1933年	24 刊/年	50000	Travel Agent 是由 Questex 媒体集团股份公司出版的双周刊贸易杂志，定位旅游公司专家，特色是旅游产业新闻。该杂志也有在线版本
2	Recommend 杂志	Worth 国际通信公司	迈阿密，佛罗里达州	1967年	12 刊/年	45000	该出版物一贯关注推广目的地和旅游产品概念，该杂志认为这是帮助旅游零售商"贩卖"旅游的唯一信息渠道，也是旅游供应商理想的编辑环境
3	旅行周刊	Northstar 旅游媒体公司	斯考克斯，新泽西州	1958年	52 刊/年	40000	旅行周刊通过深入地覆盖每个商业部门，包括航空、汽车租赁、邮轮、目的地、酒店和旅游批发商以及科技、经济和政府话题，为旅游专家提供国际观点和视角

续表

排名	杂志名	出版商	地点	成立时间	发行刊数	平均发行量	简介
4	Vacation Agent 杂志	Travelliance 媒体	西安普顿，新泽西州	2005年	12刊/年	31000	Vacation Agent 杂志是针对只关注休闲旅游产品的旅行社的唯一的杂志
5	JAX FAX 旅游营销杂志	Jet Airtransport Exchange	米尔福德，康涅狄格州	1973年	12刊/年	25000	JAX FAX 是一家月度旅游贸易杂志，旨在成为旅行社为客户制订休闲旅游计划时首要的参考工具
6	TravelAge West 杂志	Northstar 旅游媒体公司	洛杉矶，加利福尼亚州	1969年	12刊/年	23029	TravelAge West 覆盖了西部97%的旅行社。它覆盖14个西部州和加拿大西部的旅行社
7	Agent@Home 杂志	Travelliance 媒体	西安普顿，新泽西州	2004年	12刊/年	18328	Agent@Home 是为家庭、为单位的旅行社撰写并发行的唯一一刊物，这类旅行社在旅行社市场上正经历快速发展
8	Luxury Travel Advisor 杂志	Questex 媒体集团股份公司	纽约，纽约州	暂无	12刊/年	12000	Luxury Travel Advisor 是第一家也是唯一一家针对豪华旅游顾问独特和特殊需求的刊物。它覆盖了超过12000个豪华旅游卖家并包括了来自艺术品鉴赏家，美国运通和 Ensemble 以及 Signature Travel Network 的会员
有线电视旅游频道或节目							
1	国家地理频道	美国国家地理协会	华盛顿特区	1997年	暂无	超过143个国家，支持25种语言，世界上1.6亿户家庭观看	国家地理频道是基于订阅的有线电视频道，放送美国地理协会的节目。该频道特色在于关于自然、科学、文化和历史的纪录片。该频道覆盖世界上超过143个国家，提供25种语言选择。该频道的美国分部是由国家地理协会和福克斯有线网络组成的合资企业，由福克斯提供发行，营销和广告销售的专业服务
2	旅游频道		切维蔡斯，马里兰州	1987年	暂无	超过9500万美国家庭	旅游频道主攻针对旅游爱好者的在线节目。这些网站提供大量丰富的预订酒店、度假套餐、旅游保险、旅行社、旅游地域等信息

来源：Mondotimes,《美国旅游杂志》，参看 http://www.mondotimes.com/2/topics/5/110
维基百科,《旅游杂志名单》，参看 http://en.wikipedia.org/wiki/List_of_travel_magazines
Squidoo,《旅游杂志列表》，参看 http://www.squidoo.com/travel-magazines-list
AllYouCanRead.com,《旅游杂志》，参看 http://www.allyoucanread.com/travel-magazines/
维基百科,《根据发行量排名旅游杂志》，参看 http://en.wikipedia.org/wiki/List_of_magazines_by_circulation#United_States

表格65　美国联邦节日列表

日　期	官方名称	简单介绍
1月1日	新年	庆祝阳历的起始。庆典包括新年前一夜的倒数，常常伴随烟火表演和派对。通常也是圣诞节和节日季的结束
1月第三个周一	马丁·路德·金诞辰	纪念马丁·路德·金，人权运动的领袖，他实际生于1929年1月15日，这一节日的确定整合了其他州的其他节日
总统就职后的第一个1月20日	美国总统就职日	只针对在华盛顿特区的联邦政府员工，和临近的马里兰州和弗吉尼亚州以缓解这一事件带来的拥堵情况。美国总统和副总统宣誓就职。每四年庆祝一次。注意：如果1月20日是周日，则该盛事推迟到1月21日举行。如果总统就职日刚好在周六，则之前的周五不是联邦节日
2月第三个周一	乔治·华盛顿诞辰纪念日/总统日	根据由1879年国会法，乔治·华盛顿诞辰纪念日被宣布为联邦节日。1968年的统一假日法案，将华盛顿诞辰纪念日的日期从2月22日更换到2月的第三个周一（在2月15和21日之间，这意味着这一节日从来没有真正吻合过华盛顿的生日）。因此，和总统亚伯拉罕·林肯的生日在2月12日的事实结合，很多人现在将这天视作"总统日"并认为这天旨在纪念所有美国总统。然而，统一假日法案和接下来的任何法律都没有将乔治·华盛顿诞辰纪念日更换为总统日
5月最后一个周一	阵亡将士纪念日	旨在纪念南北战争阵亡的人；非正式地意味着夏季的起始。（传统上是5月30日，后根据1968年统一假日法案调整到5月的最后一个周一）
7月4日	独立日	旨在纪念脱离英国独立宣言的签署，也叫7月4日。全国的许多城市都会燃放烟火庆祝
9月第一个周一	劳动节	旨在庆祝员工和劳工运动的成绩；也非正式地意味着夏季的结束
10月第二个周一	哥伦布发现美洲纪念日	旨在纪念发现美洲的克里斯多夫·哥伦布。在部分区域这也是对意大利文化和遗产的庆祝日。（一般是10月12日）在某些州，这也被叫作"原住民日"来纪念本土土著，而非哥伦布
11月11日	老兵节	旨在纪念美国军方的所有士兵。为了纪念1918年第一次世界大战结束的那天，所以设置在11月11日（一战的主要战争行动都随着德方签下休战协议结束在1918年11月11日11点）
11月第四个周四	感恩节	传统来说是庆祝秋季大丰收，对于给予的感恩。一般来说该节日包括全家分享一餐火鸡晚餐。它也是圣诞节和节日季的开始
12月25日	圣诞节	基督纪元最普遍庆祝的节日，圣诞节被认为庆祝拿撒勒人耶稣诞生的周年纪念日。圣诞节的传统由来有百年的历史了。最近的是圣诞树，最早是在17世纪的德国树立的。殖民曼哈顿的岛民引入了圣诞老人，一个住在4世纪小亚细亚的名叫圣尼古拉斯的荷兰人

资料来源：美国人事管理办公室，《2012年联邦假日》，参看 http://www.opm.gov/Operating_Status_Schedules/fedhol/2012.asp

表格 66　精选美国每年旅游消费者和贸易展销会列表

旅游贸易展	组织者	数据	地址	时间	简　　介
面向消费者旅游展					
波士顿环球旅游展	J2l Events	参展商：300+ 访客：20000+	波士顿，马萨诸塞州	2月	波士顿环球旅游展从世界范围的目的地和服务专家那里采集新的信息和旅游点子带给上千个在大波士顿区域有兴趣的游客
洛杉矶时报旅游展	洛杉矶时报	参展商：300+ 访客：20000+	洛杉矶，加利福尼亚州	2月	来自旅游公司的经理和代表在该展会向大众展示他们的服务和特别供应。在该展会上，这些参展商会提供关于旅游目的地、景点、活动、度假、产品、豪华商品和服务的信息
纽约时报旅游展	MSE 管理	参展商：500+ 访客：22000+	纽约，纽约州	3月	这是一个非常好的为消费者探索国内外热点的盛会，不论为人熟知的并深受喜爱的景点还是那些相对来说不为人熟知的地方
旅游探险展	Unicomm 有限公司	参展商：100+ 访客：12000+	每年更替	每年更替	旅游探险展是美国最大也是最先进的旅游展系列。它吸引了超过 12000 个符合条件的达拉斯消费者和旅游代理，他们能够在超过 200 个美国和世界范围目的地旅游办事处，旅游批发商、邮轮、酒店/度假，以及其他旅游相关产品和服务提供商那里计划和预订度假。这个一站式旅游消费市场为旅游办事处和批发商带来了上千个销售和预订机会
面向业界贸易类旅游展					
邮轮迈阿密年度贸易展	UBM Live	参展商：970+ 访客：5500+	迈阿密海滩，迈阿密	3月	引进新产品，揭示令人激动的服务，面向邮轮业买家的需求，并且参与覆盖最新的邮轮业话题的会议。没有其他任何活动能够像邮轮迈阿密年度贸易展一样将国际邮轮业、会议和贸易展聚集在一起
国际旅游交易会 Pow Wow	美国旅游协会	参展商：70+ 访客：5000+	每年更替	每年更替	国际旅游交易会 Pow Wow 是最杰出的展会和最大的市场之一。这一盛事为美国入境游带来大量销售额。这是游客参与这一动态盛会的黄金机会。国际 Pow Wow 盛会同样使得从不同国家来的游客参与到这一激动人心的文化体验中去
AAHOA 会议贸易展	亚裔美国酒店业主协会	暂无	每年更替	3月	这一盛事是为了展示酒店业最新的产品、服务和趋势。有着大约 11000 名会员，掌握超过 20000 家合计资产高达 128 亿美元的酒店，AAHOA 显然是酒店业里发展迅速的组织之一。该盛事承诺将不同于任何代表酒店业主声音的其他会展和展示形式

续表

旅游贸易展	组织者	数据	地址	时间	简介
美国奖励商务旅游和会议展	里德旅游会展	暂无	巴尔的摩，马里兰州	6月	AIBTM是美国第一个关于奖励旅游、商务旅游、会议和展业的国际展会。AIBTM将世界会议、奖励旅游、商务和公司计划者聚集在为期三天的集中商会上
全球商务旅行协会会议与展览会	全国商务旅游协会（NBTA）	参展商：315+	波士顿，马萨诸塞州	7月	该会议是一项聚集所有公司并使其了解旅游业最佳机会的盛事。全球商务旅行协会会议与展览会上有航空、酒店、餐厅、旅游公司、保险公司等参与
La Cumbre，美国旅游产业峰会	里德旅游会展	参展商：190+	每年更替	9月	该峰会是一项为期三天的年度盛会，只针对产业内来自休闲旅游、公司和会议旅游等部门的专家
ASTA旅游零售目的地展会	美国旅行社协会	参展商：500+ 访客：2400+	拉斯维加斯，内华达州	9月	该展会只针对顶尖的零售旅游机构所有者/经理、家庭为单位的代理、独立承揽人、公司旅游经理、策展人、批发商、制作人、供应商、国家旅游机构、旅游媒体和国际旅游买家，使他们交换思想，学习先进案例，建立行业关系并且发展必需工具来维持长期成功
One World旅游交易会	J21 Events	访客：10000	旧金山，加利福尼亚州	9月	该盛事宣扬一个聚焦的、开放的商业市场环境，将国际目的地管理机构、旅游供应商和美国旅游批发商、策展人、旅行社和旅行媒体联系在一起
IMEX美国	丽晶展览有限公司	暂无	拉斯维加斯，内华达州	10月	该活动可以帮助参展人建立新的人脉和持续的商业关系。参与者能得到最新的美国会议市场的人脉信息，获得新的灵感和对商业的激情。这是美国会议市场针对参展人和访客最著名的盛会
国际酒店旅馆餐厅展	乔治小管理公司	参展商：700+ 访客：30000+	纽约，纽约州	11月	该活动是世界酒店业最大的盛事。访客能够在展会上发现超过1400件产品和服务。这次活动将突出与设计、技术、人力资源、操作、餐饮、安全和个人和职业发展主题相关的信息研讨会
豪华旅游展	Questex媒体集团	暂无	拉斯维加斯，内华达州	11月	该展会与国际豪华旅游代理传递和分享重要的市场和商业策略

资料来源：BizTradeShows，《旅行旅游贸易展》，参看http://www.biztradeshows.com/travel-tourism/

表格 67　精选美国旅游业研究机构

机　构	调研统计方向	简　介	类　型	美国办事处
美国航空业调研机构				
国际航空运输协会（IATA）	市场调研： • 飞机服务追踪调查（CST） • 短途飞行乘客满意度调查（欧洲和亚洲） 统计： • 国际航空业预测 • 飞机追踪 • 月度国际统计 • 航线区域统计 • 世界航空运输统计	IATA 是一个国际贸易组织。它代表了占所有航空运输84%的240个航空公司。该组织通常也代表、领导和服务航空业	产业协会	迈阿密，佛罗里达州
美国航空（A4A）	市场调研： • 美国航空经济 • 机场，航空交通管控 • 安全有保障的环境 • 能源税收和运营	美国航空（A4A），前身是美国航空运输协会（ATA），是第一家也是到现在为止唯一一家美国主要航空公司的贸易组织	产业机构	华盛顿特区
研究和创新技术管理机构（RITA）	数据和统计： • 美国航空交通 • 航空票价 • 航班准时率 • 出入境调查 • 商品流调查 • 运输	研究和创新技术管理机构（RITA）协同美国交通运输部（DOT）研究项目，负责通过先进的跨界尖端科技发展来改进国家运输系统	交通运输部下的政府机构	华盛顿特区
联邦航空管理局	数据和调研： • 美国航空准时率调查 • 机场统计和联络信息 • 机场噪声兼容性方案数据	联邦航空管理局（FAA）是国家航空业的权威机构。它规范和监督美国民用航空的所有方面，包括调节飞行检验标准，鼓励新的航空技术，发行飞行员证书，促进安全等	交通运输部下的政府机构	华盛顿特区
酒店业调研机构				
美国酒店住宿协会	数据和统计： • 美国住宿业经济分析 • 住宿业和整体旅游业就业率 • 住宿客户信息	美国酒店住宿协会是唯一代表住宿业所有部门和股东的国家协会，包括个体成员酒店、酒店企业、学生和教职员工和行业供应商	产业机构	华盛顿特区
史密斯旅游调研（STR Global）	市场调研： • 酒店投资晴雨表 • 市场预测 • 酒店调研 • 住宿市场数据书 • 管线报告 • STR 分析研究	史密斯旅游调研是史密斯国际集团旗下的调研机构，负责追踪酒店业供求数据，并为主要的国际酒店连锁和品牌提供有价值的市场份额分析	调研公司	亨德森维尔，田纳西州
PKF 酒店调研（PKF-HR）	市场调研： • 酒店财务报告 • 酒店预测 • 住宿业财务报告	作为 PKF 咨询公司的附属研究机构，PKF 酒店调研（PKF-HR）管理着与酒店业损益表和售价相关的巨大的数据库	调研公司	亚特兰大，佐治亚州

续表

机　　构	调研统计方向	简　介	类　型	美国办事处
康奈尔大学酒店管理学院	市场调研： • 康奈尔酒店报告 • 康奈尔酒店业观点看法 • 安全和保障	成立于1922年的康奈尔大学酒店管理学院是第一家酒店管理方面的大学项目。今天它被公认为世界酒店管理领域的翘楚	调研公司	伊萨卡，纽约州
邮轮业调研机构				
国际邮轮协会（CLIA）	数据和统计： • 邮轮业概况 • 经济贡献 • 乘客安全和保障	国际邮轮协会是世界上最大的邮轮协会，致力于邮轮业的推广和发展。它也作为非政府咨询机构服务于联合国下的国际海事机构	产业协会	劳德代尔堡，佛罗里达州
海事管理局	数据和统计： • 邮轮业快照 • 水路交通统计快照 • 美国港口船舶停靠快照 市场调研：指导海洋运输的市场研究	海事管理局是处理水路运输的美国交通运输部下的机构	交通运输部下的机构	华盛顿特区
美国旅游业调研机构				
旅游产业办公室（OTTI）	数据和统计： • 美国入境旅游 • 美国出境旅游 • 旅游进出口	旅游产业办公室支持增进美国旅游产业的国际竞争力，提高出口，从而创造美国就业率和经济增长	交通运输部下的政府机构	华盛顿特区
美国旅游协会	市场调研： • 目的地旅游洞察 • 国内国际调研 • 经济调研 • 旅游视野 • 美国旅游追踪	美国旅游协会是国家非营利性机构，代表了所有构成价值1.8万亿美元旅游产业的元素	产业机构	华盛顿特区
PhoCusWright	市场调研： • 商务旅游 • 消费者趋势 • 目的地 • 财务和投资 • Mobil • 规模和预测 • 社会和调研 • 科技	PhoCusWright是旅行、旅游和酒店产业最可靠和最多引证的数据、信息和分析的来源	调研公司	谢尔曼，康涅狄格州
IBISWorld	市场调研： • 旅游业概况 • 旅游业趋势 • 战略产业分析	作为世界上最大针对美国行业调研的独立出版商，IBISWorld的专家分析团队覆盖了700个不同的细分市场	调研公司	圣塔莫妮卡，加利福尼亚州
欧洲商情市场调研公司	市场调研： • 汽车租赁业 • 健康养生业 • 入境、出境旅游流 • 旅游住宿 • 旅游零售	欧洲商情市场调研公司是消费者市场战略调研的世界级领军公司	调研公司	芝加哥，伊利诺伊州

表格68　主要州/城市的州际公路

主要城市的州际公路（1990年人口普查超过50000人）		
州名称	城市地区	州际公路
亚拉巴马州	安尼斯顿	I-20
	奥本欧佩莱卡	I-85
	伯明翰	I-20，I-59，I-65，I-459
	迪凯特	I-65
	加兹登	I-59，I-759
	亨茨维尔	I-65，I-565
	莫比尔	I-10，I-65，I-165
	蒙哥马利	I-65，I-85
	塔斯卡卢萨	I-20，I-59，I-359
	10条线路	总英里数：1035.27（约1666千米）
阿拉斯加州	安克雷奇	A-1，A-3，A-4
	费尔班克斯	A-2，A-4
	4条线路	总英里数：1082.22（约1741.7千米）
亚利桑那州	凤凰城菲尼克斯	I-10，I-17
	图森	I-10，I-19
	尤马（亚利桑那到加利福尼亚州）	I-8
	6条线路	总英里数：1168.64（1880.7千米）
阿肯色州	史密斯堡	I-40，I-540
	小石城	I-30，I-40，I-430，I-440，I-630
	德克萨肯纳	I-30
	西孟菲斯	见田纳西州，孟菲斯
	8条线路	总英里数：657.59（约1058.3千米）
加利福尼亚州	费尔菲尔德	I-80
	洛杉矶到长岛	I-5，I-10，I-105，I-110，I-210，I-405，I-605，I-710
	Redding	I-5
	萨克拉门托	I-5，I-80，I-305
	圣贝纳迪诺到河滨市	I-10，I-15，I-215
	圣地亚哥	I-5，I-8，I-15，I-805
	旧金山到奥克兰	I-80，I-238，I-280，I-380，I-580，I-680，I-880，I-980
	圣何塞	I-280，I-680，I-880
	斯托克顿	I-5
	尤马（加利福尼亚州到亚利桑那州）	亚利桑那州，尤马
	25条线路	总英里数：2455.74（约3952.1千米）

续表

州名称	城市地区	州际公路
科罗拉多州	科罗拉多斯普林斯	I-25
	丹佛	I-25, I-70, I-76, I-225, I-270
	柯林斯堡	I-25
	大章克申	I-70
	普韦布洛	I-25
	5条线路	总英里数：952.91（约1533.6千米）
康涅狄格州	布里奇波特	I-95
	丹伯里	I-84
	哈特福德	I-84, I-91, I-291, I-384
	梅里登	I-91, I-691
	新不列颠	I-84
	纽黑文	I-91, I-95
	新伦敦到诺威奇	I-95, I-395
	诺瓦克	I-95
	斯坦福德	I-95
	沃特伯里	I-84
	8条线路	总英里数：346.17（约557.1千米）
特拉华州	威明顿市	I-95, I-295, I-495
	3条线路	总英里数：40.61（约65.4千米）
华盛顿特区	华盛顿特区（弗吉尼亚州到马里兰州）	I-66, I-95, I-270, I-295, I-395, I-495, I-595, I-695
	5条线路	总英里数：13.71（约22千米）
佛罗里达州	代托纳比奇	I-4, I-95
	迈尔斯堡	I-75
	皮尔斯堡	I-95
	劳德代尔堡到好莱坞	I-95, I-75, I-595
	盖恩斯维尔	I-75
	杰克逊维尔	I-10, I-95, I-295
	雷克兰	I-4
	墨尔本到可可比奇	I-95
	迈阿密	I-75, I-95, I-195, I-395
	那不勒斯	I-75
	奥卡拉	I-75
	奥兰多	I-4
	彭萨科拉	I-10, I-110
	萨拉索塔到布雷登顿	I-75, I-275
	圣彼得斯堡	I-175, I-275, I-375
	塔拉哈西	I-10

续表

州名称	城市地区	州际公路
	坦帕	I-4, I-75, I-275
	棕榈滩	I-95
	12条线路	**总英里数：1472.05（约2369千米）**
佐治亚州	亚特兰大	I-20, I-75, I-85, I-285, I-575, I-675
	奥古斯塔—北奥古斯塔，南卡罗来纳州	I-20, I-520
	哥伦布	I-185
	梅肯	I-16, I-75, I-475
	萨凡纳	I-16, I-95, I-516
	15条线路	**总英里数：1253.19（约2016.8千米）**
夏威夷	火奴鲁鲁檀香山	H-1, H-2, H-3 H-201
	凯卢阿到卡内奥黑	H-3
	4条线路	**总英里数：54.91（约88.4千米）**
爱达荷州	博伊西	I-84, I-184
	波卡特洛	I-15, I-86
	5条线路	**总英里数：611.76（约984.5千米）**
伊利诺伊州	奥罗拉	I-88
	布卢明顿到闹莫	I-39, I-55, I-74
	香槟到乌尔班纳	I-57, I-72, I-74
	芝加哥（西北印第安纳）（埃尔金乔利艾特）	I-55, I-57, I-65, I-80, I-88, I-90, I-94, I-190, I-290, I-294, I-355
	丹维尔	I-74
	迪凯特	I-72
	东圣路易斯	见密苏里州，圣路易斯
	坎卡基	I-57
	皮奥瑞拉	I-74, I-155, I-474
	罗克福德	I-39, I-90
	洛克群岛到莫林	见艾奥瓦州，达文波特
	斯普林菲尔德	I-55, I-72
	23条线路	**总英里数：2236.43（约3599.2千米）**
印第安纳州	安德森	I-69
	埃尔克哈特	I-80, I-90
	埃文斯维尔	I-164
	韦恩堡	I-69
	印第安纳波利斯	I-65, I-69, I-70, I-74, I-465
	拉斐特到西拉斐特	I-65
	西北印第安纳	见伊利诺伊州，芝加哥
	南本德	I-80, I-90

续表

州名称	城市地区	州际公路
	泰瑞豪特	I-70
	13条线路	总英里数：1343.48（约2162.1千米）
艾奥瓦州	锡达拉皮兹	I-380
	Council Bluff	见内布拉斯加州，奥马哈
	达文波特到罗克岛到莫林	I-74，I-80，I-88，I-280
	得梅因	I-35，I-80，I-235
	爱荷华城	I-80，I-380
	苏城（艾奥瓦州—内布拉斯加州—南达科他州）	I-29，I-129
	滑铁卢	I-380
	10条线路	总英里数：808.44（约1301千米）
堪萨斯州	堪萨斯城	见密苏里州，堪萨斯城
	劳伦斯	I-70
	托皮卡	I-70，I-335，I-470
	威奇托	I-35，I-135，I-235
	9条线路	总英里数：874.34（约1407.1千米）
肯塔基州	卡温顿到纽波特	见俄亥俄州，辛辛那提
	列克星敦	I-64，I-75
	路易斯维尔（新奥尔巴尼，印第安纳州）	I-64，I-65，I-71，I-264，I-265
	9条线路	总英里数：782.10（约1258.7千米）
路易斯安那州	亚历山大	I-49
	巴吞鲁日	I-10，I-12，I-110
	拉斐特	I-10，I-49
	门罗	I-20
	新奥尔良	I-10，I-310，I-510，I-610
	什里夫波特	I-20，I-49，I-220
	莱克查尔斯	I-10，I-210
	13条线路	总英里数：902.84（约1452.9千米）
缅因州	班格尔	I-95，I-395
	刘易斯顿到奥本	I-495
	波特兰	I-95，I-295，I-495
	5条线路	总英里数：366.54（约589.8千米）
马里兰州	安纳波利斯	I-97，I-595
	巴尔的摩	I-70，I-83，I-95，I-97，I-195，I-395，I-695，I-795，I-895
	黑格斯敦	I-70，I-81
	大华府地区	见华盛顿特区
	16条线路	总英里数：481.04（约774.2千米）

续表

州名称	城市地区	州际公路
马萨诸塞州	波士顿	I-90, I-93, I-95
	福尔河	I-195
	菲奇堡到来明斯特	I-190
	劳伦斯到黑弗里尔	I-93, I-495
	洛厄尔	I-495
	新贝德福德	I-195
	斯普林菲尔德到奇科皮到霍利约克	I-90, I-91, I-291, I-391
	伍斯特	I-90, I-190, I-290, I-395
	13条线路	总英里数：565.63（约910.3千米）
密歇根州	安娜堡	I-94
	巴特克里	I-94, I-194
	贝城	I-75
	本顿港	I-94
	底特律	I-75, I-94, I-96, I-295, I-375, I-696
	弗林特	I-69, I-75, I-475
	大急流城	I-96, I-196, I-296
	杰克逊	I-94
	卡拉马祖	I-94
	兰辛	I-69, I-96, I-496
	马斯基根	I-96
	休伦港	I-69, I-94
	萨吉诺	I-75, I-675
	13条线路	总英里数：1245.97（约2005.2千米）
明尼苏达州	德卢斯	I-35, I-535
	明尼阿波利斯到圣保罗	I-35, I-35E, I-35W, I-94, I-394, I-494, I-694
	穆尔黑德（法戈，北达科他州）	见北达科他州，法戈
	9条线路	总英里数：952.88（约1533.5千米）
密西西比州	比洛克西到格尔夫波特	I-10, I-110
	哈蒂斯堡	I-59
	杰克逊	I-20, I-55, I-220
	帕斯卡古拉	I-10
	南海文（孟菲斯，田纳西州）	见田纳西州，孟菲斯
	6条线路	总英里数：710.04（约1142.7千米）
密苏里州	哥伦比亚	I-70
	乔普林	I-44
	堪萨斯城（密苏里州到堪萨斯州）	I-29, I-35, I-70, I-435, I-470, I-635, I-670
	斯普林菲尔德	I-44

续表

州名称	城市地区	州际公路
	圣约瑟夫	I-29, I-229
	圣路易斯（东圣路易斯）	I-44, I-55, I-64, I-70, I-170, I-255, I-270
	17条线路	总英里数：1187.56（约1911.2千米）
蒙大拿州	比灵斯	I-90, I-94
	大瀑布村	I-15, I-315
	米苏拉	I-90
	5条线路	总英里数：1198.88（约1929.4千米）
内布拉斯加州	林肯	I-80, I-180
	奥马哈（康索布勒佛斯市，艾奥瓦州）	I-29, I-89, I-480, I-680
	苏城（艾奥瓦州—内布拉斯加州到南达科他州）	见艾奥瓦州，苏城
	6条线路	总英里数：481.66（约775.2千米）
内华达州	拉斯维加斯	I-15, I-515
	里诺	I-80, I-580
	4条线路	总英里数：559.97（约901.2千米）
新罕布什尔州	曼彻斯特	I-93, I-293
	朴次茅斯	I-95
	5条线路	总英里数：224.54（约361.4千米）
新泽西州	卡姆登	见宾夕法尼亚州，费城
	东北新泽西	见纽约州，纽约
	特伦顿	I-95, I-195, I-295
	10条线路	总英里数：431.36（约694.2千米）
新墨西哥州	阿尔伯克基	I-25, I-40
	拉斯科卢塞斯	I-10, I-25
	圣菲	I-25
	3条线路	总英里数：999.90（约1594.7千米）
纽约州	奥尔巴尼到斯克内克塔迪到特洛伊	I-87, I-88, I-90, I-787, I-890
	宾厄姆顿	I-81, I-88
	布法罗	I-90, I-190, I-290, I-990
	格伦斯福尔斯	I-87
	纽约（东北新泽西）	I-78, I-80, I-84, I-87, I-95, I-195, I-278, I-280, I-287, I-295, I-478, I-495, I-678, I-684, I-878, I-895
	纽堡	I-84, I-87
	罗切斯特	I-90, I-390, I-490, I-590
	罗马到尤蒂卡	I-90, I-790
	锡拉求兹	I-81, I-90, I-481, I-690
	29条线路	总英里数：1693.93（约2726.1千米）

续表

州名称	城市地区	州际公路
北卡罗来纳州	阿什维尔	I-26, I-40, I-240
	伯灵顿	I-40, I-85
	夏洛特	I-77, I-85, I-277
	杜兰	I-40, I-85
	费耶特维尔	I-95
	加斯托尼亚	I-85
	格林斯伯勒	I-40, I-85
	希柯利	I-40
	海因波特	I-85
	坎纳波利斯到康柯德	I-85
	罗利	I-40, I-440
	威明顿	I-40
	威明顿到塞伦	I-40
	12条线路	总英里数：1053.29（约1695.1千米）
北达科他州	俾斯麦	I-94, I-194
	法戈（穆尔黑德市，明尼苏达州）	I-29, I-94
	大福克斯	I-29
	3条线路	总英里数：571.13（约919.1千米）
俄亥俄州	阿克伦	I-76, I-77, I-80, I-277
	坎顿	I-77
	辛辛那提（卡温顿，肯塔基州）	I-71, I-74, I-75, I-275, I-471
	克利夫兰	I-71, I-77, I-80, I-90, I-271, I-480, I-490
	哥伦布	I-70, I-71, I-270, I-670
	代顿	I-70, I-75, I-675
	利马	I-75
	洛雷恩到伊利里亚	I-80, I-90, I-480
	曼斯菲尔德	I-71
	米德尔顿	I-75
	斯普林菲尔德	I-70
	托莱多	I-75, I-80, I-90, I-280, I-475
	惠灵（西弗吉尼亚州到俄亥俄州）	见西弗吉尼亚州，惠灵
	扬斯顿到沃伦	I-76, I-80, I-680
	21条线路	总英里数：1726.40（约2778.4千米）
俄克拉荷马州	劳顿	I-44
	俄克拉荷马城	I-35, I-40, I-44, I-235, I-240
	塔尔萨	I-44, I-244, I-444
	7条线路	总英里数：935.36（约1505.3千米）

续表

州名称	城市地区	州际公路
俄勒冈州	尤金	I-5, I-105
	德福德	I-5
	波特兰到华盛顿州温哥华	I-5, I-84, I-205, I-405
	塞勒姆	I-5
	6条线路	总英里数：727.41（约1170.7千米）
宾夕法尼亚州	艾伦敦到伯利恒到伊斯顿	I-78
	伊利	I-79, I-90
	哈里斯堡	I-76, I-81, I-83, I-283
	费城（凯姆顿，新泽西州）	I-76, I-95, I-276, I-295, I-476, I-676
	匹兹堡	I-76, I-79, I-279, I-376, I-579
	雷丁	I-176
	斯克兰顿到威尔克斯	I-81, I-84, I-380
	夏伦	I-80
	威廉姆斯波特	I-180
	约克	I-83
	22条线路	总英里数：1850.11（约2977.5千米）
波多黎各	阿雷西博	PRI-2
	卡瓜斯	PRI-1
	马亚圭斯	PRI-2
	庞塞	PRI-1
	圣胡安	PRI-1, PRI-2, PRI-3
	3条线路	总英里数：1850.11（约2977.5千米）
罗得岛	普罗维登斯区域	I-95, I-195, I-295
	3条线路	总英里数：249.77（约401.9千米）
南卡罗来纳州	安德森	I-85
	查尔斯顿	I-26, I-526
	哥伦比亚	I-20, I-26, I-77, I-126, I-326
	佛罗伦斯	I-95
	格林斯维尔	I-85, I-185, I-385
	北奥古斯塔	见佐治亚州，奥古斯塔
	罗克希尔	I-77
	斯帕坦堡	I-26, I-85, I-585
	10条线路	总英里数：846.58（约1362.4千米）
南达科他州	拉皮德城	I-90, I-190
	苏城	见艾奥瓦州，苏城
	苏福尔斯	I-29, I-90, I-229
	4条线路	总英里数：678.31（约1091.6千米）

续表

州名称	城市地区	州际公路
田纳西州	布里斯托（田纳西州到弗吉尼亚州）	I-81, I-381
	查特怒加	I-24, I-75, I-124
	克拉克斯维尔	I-24
	杰克逊	I-40
	约翰逊城	I-81, I-181
	金斯波特	I-181
	诺克斯维尔	I-40, I-75, I-275, I-640
	孟菲斯（田纳西州到阿肯色在到密西西比州）	I-40, I-55, I-240
	纳什维尔到戴维森	I-24, I-40, I-65,
	14条线路	总英里数：1096.79（约1075.1千米）
得克萨斯州	阿马里洛	I-27, I-40
	奥斯丁	I-35
	博蒙特	I-10
	科伯斯克里斯蒂	I-37
	达拉斯到福特瓦斯	I-20, I-30, I-35E, I-35W, I-45, I-345, I-635, I-820
	厄尔巴索	I-10, I-110
	加尔维斯顿	I-45
	休斯敦	I-10, I-45, I-610
	拉雷多	I-35
	朗维尤	I-20
	卢博克	I-27
	米德兰	I-20
	奥德萨	I-20
	圣安东尼奥	I-10, I-35, I-37, I-410
	天普	I-35
	德克萨肯纳（得克萨斯到阿肯色州）	见阿肯色州，德克萨肯纳
	韦科	I-35
	威奇托福尔斯	I-44
	17条线路	总英里数：3332.79（约5363.6千米）
犹他州	奥格登	I-15, I-84
	普罗沃到奥瑞姆	I-15
	盐湖城	I-15, I-80, I-215
	5条线路	总英里数：977.29（约1572.8千米）
佛蒙特州	伯灵顿	I-89, I-189
	4条线路	总英里数：320.22（约515.3千米）

续表

州名称	城市地区	州际公路
弗吉尼亚州	布里斯托（弗吉尼亚州到田纳西州）	见田纳西州，布里斯托
	夏洛茨维尔	I-64
	纽波特纽斯到汉普顿	I-64, I-664
	诺福克到朴次茅斯	I-64, I-264, I-464, I-564, I-664
	北弗吉尼亚州	见华盛顿特区
	彼得斯堡到科勒内尔岗	I-95, I-85, I-295
	里士满	I-64, I-95, I-195, I-295
	罗诺克	I-81, I-581
	16条线路	总英里数：1156.43（约1861.1千米）
华盛顿州	奥林匹亚	I-5
	里奇兰到坎尼维克	I-182
	西雅图到埃弗雷特	I-5, I-90, I-405
	塔科马	I-5, I-705
	温哥华	见俄勒冈州，波特兰
	雅吉瓦	I-82
	7条线路	总英里数：763.67（约1229千米）
西弗吉尼亚州	查尔斯顿	I-64, I-77, I-79
	亨廷顿	I-64
	帕克斯堡	I-77
	惠灵（西弗吉尼亚州到俄亥俄州）	I-70, I-470
	7条线路	总英里数：612.93（约986.4千米）
威斯康星州	贝罗伊特	I-43, I-90
	欧克莱尔	I-94
	格林贝	I-43
	简斯维尔	I-90
	拉克罗斯	I-90
	麦迪逊	I-90, I-94
	密尔沃基	I-43, I-94, I-794, I-894
	拉辛	I-94
	希博伊根	I-43
	苏必利尔	见明尼苏达州，德卢斯
	7条线路	总英里数：833.56（约1314.5千米）
怀俄明州	卡斯伯	I-25
	夏延	I-25, I-80, I-180
	4条线路	总英里数：913.60（约1470.3千米）

资料来源：联邦高速公路管理局，美国交通部，"州际公路系统"，参看 http://www.fhwa.dot.gov/reports/routefinder/

表格69　美国客运铁路系统

地区	州	系统	线路	授权机构	类型
迈阿密	佛罗里达	Metromover		迈阿密戴德运输	自动化导轨运输
底特律	密歇根	底特律大众运输		底特律交通运输公司	自动化导轨运输
杰克逊维尔	佛罗里达	Skyway		杰克逊维尔交通局	自动化导轨运输
纽约	纽约	肯尼迪机场捷运		纽约和新泽西州港务局	自动轻轨
大洛杉矶地区	加利福尼亚州	Metrolink		南加利福尼亚州地区铁路局	通勤铁路
迈阿密	佛罗里达州	Tri-Rail		南佛罗里达地区铁路局	通勤铁路
阿尔伯克基	新墨西哥州	新墨西哥高铁		中部地区政府委员会	通勤铁路
丹顿	得克萨斯州	A-Train		丹顿郡交通局	通勤铁路
纽瓦克	纽约，新泽西州和费城	新泽西运输通勤铁路		新泽西运输	通勤铁路
纽约	纽约，新泽西州和费城	新泽西运输通勤铁路		新泽西运输	通勤铁路
波特兰区域（西郊）	俄勒冈州	西郊特快服务（WES）		波特兰捷运	通勤铁路
纽约	纽约	长岛铁路		长岛铁路	通勤铁路
纽约	纽约和康涅狄格州	大都会北部铁路		大都会北部通勤铁路	通勤铁路
圣地亚哥	加利福尼亚州	Coaster		圣地亚哥北部铁路局	通勤铁路
华盛顿	华盛顿特区和弗吉尼亚州	弗吉尼亚铁路快运		弗吉尼亚铁路快运	通勤铁路
纳什维尔	田纳西州	Music City Star		地方交通局	通勤铁路
奥斯汀	得克萨斯州	省都市铁路		省会都市交通局	通勤铁路
芝加哥	伊利诺伊州	Metra		东北伊利诺伊州地方通勤铁路公司	通勤铁路
达拉斯	得克萨斯州	DART 通勤铁路	Trinity 铁路快运	达拉斯地区快速运输/沃斯堡交通运输局	通勤铁路
圣何塞	加利福尼亚州	阿尔塔蒙特快速通勤		圣华金河地区铁路委员会	通勤铁路
盐湖城	犹他州	领跑者		犹他州交通运输局	通勤铁路
西雅图/塔科马	华盛顿	Sounder		海湾运输局	通勤铁路
华盛顿	哥伦比亚特区和马里兰州	MARC		马里兰州运输管理局	通勤铁路
波士顿	马萨诸塞州	MBTA 通勤铁路		马萨诸塞州湾区交通局	通勤铁路
芝加哥	伊利诺伊州和印第安纳州	南岸线		北印第安纳州通勤铁路	通勤铁路
费城	宾夕法尼亚州	公共地方铁路		半岛走廊联合权力董事会	通勤铁路

续表

地区	州	系统	线路	授权机构	类型
旧金山	加利福尼亚州	加利福尼亚州铁路		纽约和新泽西州港务局	通勤铁路
泽西城/哈德逊郡	纽约和新泽西州	哈德逊运输港务局		纽约和新泽西州港务局	重轨
卡姆登	宾夕法尼亚州和新泽西州	PATCO 高速线		港务局交通运输公司	重轨
费城	宾夕法尼亚州和新泽西州	PATCO 高速线		港务局交通运输公司	重轨
纽约（斯塔顿岛）	纽约州	斯塔顿岛铁路		斯塔顿岛快速铁路运营局	重轨
纽约	纽约州和新泽西州	哈德逊运输港务局		纽约和新泽西州港务局	重轨
迈阿密	佛罗里达	地铁		迈阿密戴德运输	重轨
洛杉矶	加利福尼亚州	地铁	紫线和红线	洛杉矶都会交通运输局	重轨
亚特兰大	佐治亚州	MARTA 铁路系统		亚特兰大大都会快速运输局	重轨
巴尔的摩	马里兰州	地铁		马里兰州运输局	重轨
克利夫兰	俄亥俄州	RTA 快运	红线	大克利夫兰地区运输局	重轨
芝加哥	伊利诺伊州	L 线		芝加哥运输局	重轨
纽约	纽约	纽约城市地铁		纽约城市运输局	重轨
圣胡安	波多黎各	通勤铁路		交通运输部和公共工程	重轨
华盛顿	哥伦比亚特区，马里兰州和弗吉尼亚	地铁		华盛顿都会地区交通运输局	重轨
波士顿	马萨诸塞州	MBTA 地铁	蓝线、橘线、红线	马萨诸塞州湾区运输局	重轨
费城	宾夕法尼亚州	公共地铁轻轨线		公共地铁	重轨
费城	宾夕法尼亚州	Norrist 高铁线		公共地铁	重轨
卡姆登和克伦顿	新泽西州	River 线		新泽西运输	轻轨
克利夫兰	俄亥俄州	RTA 快运	蓝线和绿线	大克利夫兰地区运输局	轻轨
凤凰城菲尼克斯	亚利桑那州	城市轻轨		山谷公交公司	轻轨
诺福克	弗吉尼亚州	Tide 轻轨		汉普顿道路运输局	轻轨
西雅图	华盛顿	Link 轻轨	轻铁中央线	海湾运输局（国王郡地铁具体操作）	轻轨
明尼阿波利斯	明尼苏达州	海华沙轻轨		城市运输	轻轨
洛杉矶	加利福尼亚州	城市轻轨	蓝线、绿线和金线	洛杉矶大都会运输局	轻轨
休斯敦	得克萨斯州	城市轻轨		得克萨斯州哈里斯郡都会运输局	轻轨
丹佛	科罗拉多州	轻轨		地方交通运输局	轻轨
泽西城/哈德逊郡	新泽西州	哈德逊-卑尔根轻轨		新泽西运输	轻轨
夏洛特	北卡罗来纳州	LYNX 快运	蓝线	夏洛特地区运输局	轻轨

续表

地　区	州	系统	线路	授权机构	类型
巴弗洛	纽约	城市轻轨		尼亚加拉前沿交通管理局	轻轨
巴尔的摩	马里兰州	轻轨		马里兰州运输管理局	轻轨
达拉斯	得克萨斯州	DART轻轨	绿线、蓝线和红线	达拉斯地区快速运输	轻轨
萨克拉门托	加利福尼亚州	轻轨	蓝线和金线	萨克拉门托地方运输局	轻轨
波特兰	俄勒冈州	MAX线	蓝线、绿线、红线和黄线	波特兰捷运	轻轨
匹兹堡	宾夕法尼亚州	T线	红线、蓝线到南山村和蓝线到图书馆	阿勒格尼郡港务局	轻轨
纽瓦克	新泽西州	纽瓦克轻轨		新泽西运输	轻轨
盐湖城	犹他州	TRAX线	蓝线（701）、红线（703）、绿线（704）	犹他州运输局	轻轨
圣地亚哥	加利福尼亚州	圣地亚哥有轨电车	蓝线、绿线和橘线	圣地亚哥大都会运输系统	轻轨
塔科马	华盛顿州	Link轻轨	塔科马运输	海湾运输局	轻轨
费城	宾夕法尼亚州	公共地铁线	地面地铁（线路10、11、13、34和36），线路15和郊区线路101和102	公共地铁	轻轨
波士顿	马萨诸塞州	MBTA地铁	绿线和阿什蒙特到马塔攀高速线	马萨诸塞州湾区运输局	轻轨
海滨	加利福尼亚州	SPRINTER线		北郡运输局	轻轨
旧金山	加利福尼亚州	城市铁路	路线J、K、L、M、N、S（非常有限的时间）和T线	城市运输管理局	轻轨
旧金山	加利福尼亚州	F线（市场到码头）		城市运输管理局	轻轨
圣何塞	加利福尼亚州	轻轨	明矾岩—圣特蕾莎，山景城—温彻斯特和阿尔马登	圣克拉拉谷交通管理局	轻轨
临近的美国地区（除了怀俄明州和南达科他州），以及安大略、不列颠哥伦比亚和魁北克		美国铁路公司		国家客运铁路公司	城际铁路
西沃德/惠蒂尔/费尔班克斯/安克雷奇/温赖特堡	阿拉斯加	阿拉斯加铁路		阿拉斯加铁路公司	城际铁路

资料来源：维基百科，《美国铁路运输系统名单》，参看http://en.wikipedia.org/wiki/List_of_rail_transit_systems_in_the_United_States#cite_note-FTA-0

表格 70　美国主要地铁系统（按客流量排名）

排名	系　　统	服务的最大城市	工作日客流量	路线长度（千米）	成立时间	车站数	线路
1	纽约城地铁	纽约城	8360700	369	1904	468	24
2	WMATA 地铁	华盛顿特区	961500	171.1	1976	86	5
3	CTA 'L'	芝加哥	713500	173.0	1893	144	8
4	MBTA 红线，橘线和蓝线	波士顿	525600	61	1897	51	3
5	BART	旧金山	379300	167	1972	44	5
6	公共地铁—市场到法兰克福和宽街	费城	342800	40	1907	50	2
7	PATH	纽约城	259600	22.2	1908	13	4
8	MARTA	亚特兰大	225300	76.6	1979	38	4
9	洛杉矶地铁红线和紫线	洛杉矶	142600	28.0	1993	16	2
10	迈阿密地铁*	迈阿密	63300	35	1984	22	1
11	巴尔的摩地铁	巴尔的摩	50200	24.9	1983	14	1
12	通勤铁路	圣胡安	43800	17.2	2004	16	1
13	PATCO 快线	费城	36600	22.9	1936	13	1
14	RTA 快速运输红线	克利夫兰	18600	31	1955	18	1
15	斯塔顿岛地铁线	纽约城	17300	23	1860	22	1

* 迈阿密地铁连接着 metromover 地铁线，在这张表的统计数字里只包括了地铁的数据。

资料来源：维基百科，《根据客流量排名美国快速运输系统》，参看 http://en.wikipedia.org/wiki/List_of_United_States_rapid_transit_systems_by_ridership

责任编辑：郭海燕
装帧设计：中文天地
责任印制：冯冬青

图书在版编目（CIP）数据

美国旅游业概况 / 薛亚平编著. ——北京：
中国旅游出版社，2013.2
ISBN 978-7-5032-4605-0

Ⅰ.①美… Ⅱ.①薛… Ⅲ.①旅游业－研究－美国
Ⅳ.①F597.12

中国版本图书馆CIP数据核字（2013）第013969号

书　　名：美国旅游业概况
编　　著：薛亚平
出版发行：中国旅游出版社
（北京建国门内大街甲9号　邮编：100005）
http://www.cttp.net.cn　E-mail:cttp@cnta.gov.cn
发行部电话：010-85166503
排　　版：北京中文天地文化艺术有限公司
印　　刷：北京工商事务印刷有限公司
版　　次：2013年2月第1版　2013年2月第1次印刷
开　　本：787毫米×1092毫米　1/16
印　　张：14
字　　数：260千
定　　价：45.00元
ISBN 978-7-5032-4605-0

版权所有　翻印必究
如发现质量问题，请直接与发行部联系调换